ウォール・ストリート支配の政治経済学

大橋 陽・中本 悟 ［編著］

文眞堂

はしがき

　2008 年の世界的な金融・経済危機からすでに 10 年以上が経過し，先進工業諸国では失業率は歴史的水準にまで低下している。にもかかわらず賃金と物価の上昇率はともに非常に低く，両者のトレード・オフ関係は弱くなりフラット化が進んでいる。このような傾向はアメリカでは 1990 年代の「ニュー・エコノミー」と呼ばれた時期から続いているが，2010 年代になって特に顕著である。

　その背景には情報通信技術（ICT）の発展による職種構成の変化やグローバル・サプライ・チェーンの発展がある。ICT の発展は，一方で定型的で標準的労働を生み出す。それらの労働は労賃の安い途上国に移転することが可能となる。他方では，取引費用の低下をもたらし，多国籍企業や国際的な委託生産による財やサービスのグローバル取引が拡大する。こうしてグローバリゼーションのなかで，労働市場の流動化，労働条件の下方圧力が強まる。同時に，グローバル企業間の競争を背景に，法人税の引き下げ圧力も高まっている。

　グローバリゼーションとともに進んできたのが，金融肥大化であり社会と経済における金融権力の強化であり，金融化と称される傾向である。ウォール・ストリートの政治経済的支配を論じる本書も，広い意味では金融化の研究に連なる。本書の概要については，共編者である大橋さんが序章で紹介しているので，ここでは金融化の研究としての本書の独自性について若干の説明を加えたい。

　第 1 に金融化というのは，金融業界一般や金融機関一般の傾向ではない，ということである。それらはほんの一部の寡占的な巨大金融資本によって推進される傾向だということである。アメリカの中央銀行である FRB は，経済に最大級のシステミック・リスクをもたらしうると考えられる 10 余りのアメリカの巨大な銀行持株会社および非銀行金融会社を特定し，それらに対して経営の安定を求めている。国際的にも G20 のもとに設置された金融安定理事会が，グローバルなシステム上重要な金融機関（G-SIFIs）として毎年 30 余りの金

融機関を特定し，これらに対しても経営の安定化をとくに求めている。本書では「巨大銀行」，「巨大複合金融機関」，「新たな金融寡頭制」，「G-SIFIs」を，金融化を推進する寡占的な金融資本として位置付けている。

　第2に，これらの少数の寡占的な金融機関（本書では銀行を中心に論じている）は，その他多くの銀行がなしえない複合的な業務を行ない，そこから超過利潤（レント）を得る。証券化による手数料や自己勘定による証券取引によるキャピタル・ゲインやデリバティブ取引の利益などである。伝統的な預貸利鞘ではなく，リスクの高いこれらの非金利収益を求める取引こそ巨大銀行の高収益の源泉であり，それはニューディール期に制定された金融規制の撤廃によって実現したのである。「巨大複合金融機関」を実現することになる1999年のグラム＝リーチ＝ブライリー法の成立は，金融規制撤廃の過程において大きな画期となる。ここに，これまで抑制されてきた金融権力は全面的に復活する条件が与えられたからである。

　この金融規制の撤廃は，そのための根拠法を決める議会および根拠法に基づいて金融行政を担う行政府への金融業界による長年の働きかけによって行われた。本書の第3の独自性は，ウォール・ストリートの経済権力が政治資金やロビイングや「回転ドア」によって政治権力を強め，その政治権力を媒介に金融権力がさらに強くなることを明らかにしている。

　金融市場や金融機関は社会全体の価値を生み出す大きな役割をもつ。そのことは大型の開発金融や株式会社，マイクロ・ファイナンスの役割を見ただけでも明らかだ。それらはインフラストラクチャの開発金融を補い，企業の投資資金を提供し，マイクロ・ビジネスを可能とする。そして，生産を拡張し雇用と所得を生みだす条件となる。

　しかし一方では，それらがレントを求めようとすると返済不可能なサブプライム・ローンや学生ローンのようにむしろ社会的コストを高める。金融行政における「大きすぎて潰せない」（TBTF）問題や消費者保護の問題を扱った諸章は，このことを明らかにしている。他方では，社会運動や社会的批判を通じて消費者を犠牲にして暴利を貪った日本のノンバンクに厳格な規制を持ち込んだケースを扱った第9章では，政治権力を媒介にして金融権力を制御することもできることを示している。

　抽象的な金融市場というものは存在しない。市場はそれが国内的であれ国際的であれ，非市場的な制度（政治や法やイデオロギーなど）によって，その具体的なあり方が規定されるのである。政治経済学はこの現実を反映して，金融市場や金融機関の行動を規定する制度をもその分析の射程に入れる。制度が金融を変えてきたし，今後もそうだ。

　第4に，金融化とは直接的には金融の分野における現象であるが，それは実体経済における投資の停滞と過剰資本の増大を基盤としている。実体経済における過剰資本は，金融資産や不動産の市場では，資産価格を上昇させるための必要資本となる。とくに民間金融機関による証券化が進んだ1990年代以降は，より高い利回りを求める投資家にとって証券化は必要となる。証券化はその本源的な利益を生む取引のバブル（例えば住宅バブル）を生むとともに，その取引をベースに発行された債務証券市場のバブルを生んだ。重層的な証券化も進んだ。証券化とは債務証券を次々と作り出すことであるが，詰まるところその債務証券の利益は本源的な利益に規定される。この両者のバランスが崩れた時，二つのバブルは連動しながら破綻する。

　第1章や第5章では証券化を反映した資産格差の拡大が所得格差を拡大し，所得格差がさらに資産格差を拡大するスパイラルのもとで，生産力に比して消費が停滞することを示す。金融化とは，このような実体経済のダイナミズムに相呼応して生じる。証券化とその破綻の危機もまた傾向的に強まるのである。その意味で，金融化とは現代資本主義の深奥のダイナミズムを反映するものである。

　最後になったが、謝意を表したい。大橋さんは編者として，原稿に目を通し細かなチェックをしてくれた。おかげで執筆者はミスを未然に防ぐことができただろう。とはいえ，ありうる間違いや誤認は執筆者自身の責任である。文眞堂の前野隆社長は本書の出版計画を説明した折に，その意義を認め執筆を督励してくださった。また編集部の前野弘太氏は，正確かつ寛容な編集姿勢で本書を完成まで導いてくださった。お二人に，執筆者一同に代わって深く感謝を申し上げる。本書が多くの批判を得て，金融化の研究に資することが執筆者一同の願いである。

中本　悟

目　　次

第Ⅰ部　ウォール・ストリートの権力

第II部　圧迫されるメイン・ストリート

第5章　アメリカン・ドリームの終焉
――所得・資産格差と中間層の崩壊 …………………… **田村太一**　95

序　章

1. 現代アメリカ経済の格差

　2016年アメリカ大統領選の結果は，少なからぬ驚きを持って迎えられた。しかし，ドナルド・トランプがラストベルトの「忘れられた人々」に向けたメッセージからすれば，意外でなかったのかもしれない。

　ラストベルトの白人労働者階級は，メキシコ，中国など低賃金諸国に職を奪われ，まともな賃金のまともな雇用は少なくなっていた。そのうえ，アイデンティティ政治の中で民主党から忘れられ，労働組合も弱体化していた。白人労働者階級が必死に税金を支払っているのに，黒人，ヒスパニックが福祉を爆発させ，ひいては政府を食い物にしているという思いが，偏見や人種差別主義と結びつくことも想像に難くない。

　そうした人々に対し，トランプは，中国との貿易協定でもTPPでも，企業経営者のためだけでなく，もっと労働者のためになる取り決めができたはずだと訴えた。賃金の停滞，失職，住宅費や教育費などの上昇で生活が苦しいのはラストベルトに限られない。中間層の暮らし向きが苦しくなっていく一方，一握りの人が途方もない高額報酬を得ているのが現代アメリカ経済である。

　もちろん，格差があるからイノベーションや経済成長が促進されるという主張もある。しかし，格差は，社会的流動性を低下させ，寿命や健康に悪影響を及ぼし，公共投資の過少や経済成長の鈍化をもたらし，地域社会の荒廃，さらには暴動や騒乱の原因となりうる。

　首都ワシントンDCから北へ60kmほどのメリーランド州ボルティモアは，建国期から有数の大都市として栄えてきた。第2次米英戦争時には，フランシ

ス・スコット・キーがイギリス軍の猛攻後にマックヘンリー要塞に翻る星条旗を見て，アメリカ国歌の詩を作った場所である。そしてガス灯，国道，鉄道といったインフラを早期に揃えた港湾都市として見事な経済発展を遂げた。

しかし，現在の姿は，衛星・ケーブルテレビ局 HBO で 2002 年から 2008 年まで放映された人気ドラマ，『The Wire』の舞台と言った方がしっくりくるであろう。『The Wire』は，都市中心部の貧困，人種，犯罪組織と警察の麻薬取引問題に始まり，労働組合を含む港湾管理体制，市庁と官僚制，学校教育，新聞報道の問題を描いた。典型とは言えないだろうが，アメリカの都市問題を扠った佳作である。

『The Wire』を視聴していた人にとって，2015 年 4 月に起きたボルティモア暴動は意外に思えなかったであろう。前年の 2014 年，ミズーリ州ファーガソンで警察による黒人射殺事件があり，ボルティモアでは逮捕時に負った傷が原因で拘留中に黒人男性が亡くなった。その抗議運動が暴動に転化するのはちょっとしたきっかけがあれば十分であった。

ボルティモアの人口は 1950 年に 94 万 9708 人でピークを迎え，2017 年には 61 万 1648 人にまで減少した。1950 年にはニューヨーク，シカゴ，フィラデルフィア，ロサンゼルス，デトロイトに次ぐ第 6 位の人口規模であった。2017 年には第 30 位である（U.S. Census Bureau, American Fact Finder）。同心円地帯モデルで言われているように，中心業務地区と隣り合わせに貧困地域が取り残されている。1960 年代後半以降，製造業が衰退していく中，深南部の黒人が流入し，白人中間層が郊外に逃避したからである。それによって人種構成も大きく変動した。

表 0-1 にしたがっていくつか数字を見てみよう。中位世帯所得は全米平均で 5 万 7652 ドル，ボルティモア全体で 4 万 6641 ドルであり，ボルティモアは全米平均よりも 1 万 1011 ドル（19％）も低い。ボルティモアは全米平均と比べ，0 歳時余命が 5.1 年も短く，貧困率は 7.8％ポイント，失業率は 3.4％ポイント，また黒人比率は 50.1％ポイント高い。そして平均住宅価格は 10 万 5200 ドル（47％）低い。暴力犯罪スコアは 0 ～ 100 の値で示され，0 が認知件数が最も低く 100 が最も高い。ボルティモアは全米平均 31.1 よりも相当高い 92.1 であり，スコアが示す通り危険な都市として知られている。

表0-1　ボルティモア市の特定地区の諸指標

	中位世帯所得（ドル）	0歳時余命（年）	貧困率（%）	失業率（%）	大卒率（%）	黒人比率（%）	平均住宅価格（ドル）	暴力犯罪スコア	郵便番号
全米平均	57,652	78.7	14.6	6.6	30.9	12.7	225,300	31.1	
ボルティモア市全体	46,641	73.6	22.4	10.0	30.4	62.8	120,100	92.1	
全米平均との差	-11,011	-5.1	7.8	3.4	-0.5	50.1	-105,200	61.0	
地区									
ローランド・パーク	93,203	83.9	8.4	3.4	82.6	11.1	535,714	32.0	21210
フェデラルヒル	73,762	79.2	14.7	6.3	50.3	27.8	313,181	64.4	21230
ホームランド	73,244	84.0	13.3	8.7	52.1	41.0	574,767	53.2	21212
フェルズポイント	69,979	78.7	19.8	5.5	58.3	30.4	371,068	79.6	21231
ハミルトン・ヒルズ	65,792	73.9	12.1	9.3	34.6	55.7	149,182	55.9	21214
カントン	65,501	78.4	17.7	5.1	38.8	16.4	337,871	64.1	21224
モンドウミン	37,314	70.4	26.2	13.3	14.7	95.2	29,308	85.3	21216
ベレア	34,917	66.9	28.2	16.5	14.2	89.6	44,232	86.7	21213
グリーンマウント・イースト	33,877	67.9	30.8	6.2	52.3	51.3	n.a.	87.7	21201
アプトン	28,116	68.2	36.7	11.9	21.1	85.2	38,489	93.0	21217
最大値－最小値	65,087	17.1	28.3	13.1	68.4	84.1	545,459	61.0	

注：地区と郵便番号は一致しないことがあり、データは郵便番号ごとのものである。例えば、郵便番号21217には、アプトンだけでなく、ドルイ
ドハイツ、サンドタウン、ペン・ノースなどが含まれる。また、1つの地区が複数の郵便番号にまたがっている。
アミは特定地区の間の最大値と最小値を示している。
犯罪は暴力犯罪と財産犯罪に大別され、暴力犯罪には、謀殺および故殺、強姦、強盗、加重暴行の4つが含まれる。暴力犯罪スコアは、0〜
100の値で示され、0が認知件数が最も低く、100が最も高い。
出所：中位世帯所得、貧困率、失業率、大卒率、黒人比率については、U.S. Census, 2017 American Community Survey. 0歳時余命はBartolotta
(2017). 平均住宅価格の全米平均とボルティモア市全体はZillow website, 地区についてはLive Baltimore website, 暴力犯罪スコアは
BestPlaces websiteによる。

　ボルティモア市内を地区別に見ると，また違った姿が浮き彫りになる。ローランド・パークの中位世帯所得は，アプトンの 3.3 倍の 9 万 3203 ドルと最も高く，貧困率 8.4％，失業率 3.4％，大卒率 82.6％，暴力犯罪スコア 32.0 と良好な数字が並んでいる。他にもフェデラルヒル，ホームランドといった高所得地区はボルティモア全体の様相とは異なっており，平均住宅価格も高水準である。

　それに対して低所得地区には都市問題が集中して現れている。同じボルティモアでも地区により寿命が 20 年も異なると報じられたように（表 0-1 では17.1 年），ベレア，グリーマウント・イースト，アプトンといった 14 の地区では，0 歳時余命は 70 年に満たない（Bartolotta 2017）。その原因は，医療が不十分なこと，乳児死亡率の高さ，薬物，ホームレス，犯罪，暴力といったことにあるという。また，住宅政策の失敗，サブプライム・ローンは，こうした低所得層，貧困層の住む郵便番号の地区に集中した。

　このように現代アメリカ経済の「メイン・ストリート」の苦境は，都市や地域全体の衰退にも表されているが，都市内部での格差や空洞化にも表されている。ラストベルトの白人労働者階級，また全米の中間層の危機感は，転落が隣り合わせにあり，いつボルティモアの低所得地区のような暮らしになってもおかしくはないという皮膚感覚からきている。

2．経済政策が格差をもたらした

　さて，アメリカにおいて中間層の崩壊と格差拡大に関する懸念が高まったのは，それほど昔のことではない。所得分配の問題は学界でも長い間あまり関心を持たれてこなかった。労働経済学者のアラン・クルーガーは，1990 年代，所得不平等（income inequality）という言葉を使うことを躊躇し，所得の散らばり（income dispersion）という言葉を使っていたと述べている（Krueger 2012）。だが，2000 年代半ば以降，所得や資産の不平等に目を向けざるを得なくなった。

　資産の不平等はつねに所得の不平等よりも大きい。表 0-2 は，1963 年，

1983 年，2016 年の資産分布を表したものである。第 99 百分位の資産は第 50
百分位の資産の何倍なのかを見てみよう。1963 年には 36 倍，1983 年には 40
倍であったが，2016 年には 107 倍となっている。この間に最上位層の資産が
約 7 倍に増えたためである。特徴的なのは，1963 〜 83 年には全所得階層にわ
たって，とくに下位層の資産が伸びたのに対し，1983 〜 2016 年には上位層ほ
ど伸びが大きいことである。

表 0-2　家計資産の分布：1963 年，1983 年，2016 年

	1963 年	1983 年	2016 年	1963 〜 1983 年 変化	1983 〜 2016 年 変化	1963 〜 2016 年 変化
第 99 百分位	$1,457,201	$3,323,063	$10,400,000	2.3	3.1	7.1
第 95 百分位	$409,182	$959,196	$2,387,250	2.3	2.5	5.8
第 90 百分位	$238,860	$520,133	$1,186,570	2.2	2.3	5.0
第 80 百分位	$136,295	$275,937	$499,350	2.0	1.8	3.7
第 50 百分位	$41,028	$82,746	$97,300	2.0	1.2	2.4
第 20 百分位	$1,821	$6,293	$4,800	3.5	0.8	2.6
第 10 百分位	-$18	$724	-$950	-39.2	-1.3	51.5
第 99 百分位／第 50 百分位	36	40	107	1.1	2.7	3.0

出所：Urban Institute website より作成。

　所得について言えば，従来，経済学者は，所得不平等を労働市場の需給から
説明することを好んできた。実際，1997 年に所得不平等拡大の原因について
経済学者に尋ねたアンケート（複数回答可）では，技術変化と回答した経済学
者が約 45％と圧倒的に多く，国際貿易，最低賃金引き下げ，組合組織率低下，
移民増加は 10％前後にとどまっていた（大統領経済諮問委員会 1997，175 頁；
同 2012，第 6 章；Krueger 2012）。
　図 0-1 が示すように，所得のうち上位 1％および 10％の占めるシェアは，
1929 年に始まる大恐慌の直前と，2008 年金融危機の直前にピークをつけてい
る。危機後に一時的に落ち込んだが，現在では再び上昇傾向にある。
　他方，大恐慌期には上位 1％および 10％の所得シェアが低下し始め，1941
〜 79 年の大圧縮期（Great Compression）には低水準を維持した。もともと
大圧縮という言葉は 1940 年代の賃金格差縮小を指すために用いられたもので

図 0-1　上位 1%, 上位 10%が所得に占める割合；1913 ～ 2015 年

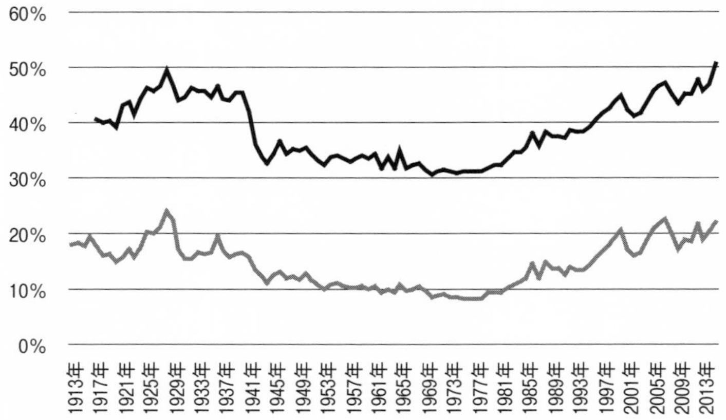

注：上位 1%については 1913 ～ 2015 年，上位 10% については 1917 ～ 2015 年のデータである。
出所：Saez, Alvaredo, Chancel, Piketty and Zucman, World Inequality Database: WID より作成。

ある（Goldin and Margo 1991）。彼らは，この時期の労働市場において，高学歴労働者の供給が増加し，低スキル労働に対する需要が増加したため，高スキル労働と低スキル労働の賃金格差が是正されたと論じた。しかし，所得再分配政策や戦時下の賃金統制を軽視しているであるとか，労働市場要因の変化と所得分配の変化の時期が整合しないとの批判が寄せられた（本田 2005）。

　これについて Piketty and Saez（2003）は，上位への所得集中の劇的な変化が 1941～45 年というきわめて短期間に起こっていることに着目し，戦時経済における最低賃金の上昇と上位賃金の抑制，累進的な個人所得税といった政策的要因を重視した。戦時下では最高限界所得税率は 94％に達したのである。戦時経済以降も高所得者への所得集中がすぐに回復しなかったのは，不平等に関する社会的諸規範が重要な役割を果たしたからである（本田 2005）。

　他方，大分岐期（Great Divergence）は，1979 年以降，所得不平等が再拡大した時期のことである（クルーグマン 2008）。技術変化に起因する労働市場要因だけでは，1920 年代に匹敵する所得集中は説明できないであろう（Krueger 2012; 大統領経済諮問委員会 2012, 第 6 章）。

　したがって研究史によれば，所得不平等に対して，政策や制度が重要な役割

を果たしてきたのであり，社会的規範やイデオロギーの影響も大きい。大分岐について言えば，新自由主義というイデオロギーの下で行われた経済政策の影響である。それは1981年に就任したロナルド・レーガン大統領のレーガノミクスに端を発する「小さな政府」，規制緩和，減税，サプライサイド重視といった政策体系であった。

　新自由主義は金融規制緩和の強力なバックボーンとなり，1980年預金金融機関規制緩和・通貨管理法（DIDMCA）が端緒となった。同法によりまず金利規制が緩和され，94年には地理的営業範囲規制，99年にはグラム＝リーチ＝ブライリー法で業態規制が撤廃され，自由化の完成を見た。そして，80年代初めから90年代初めにかけて2度にわたる貯蓄貸付組合（S&L）の危機が生じた。その後銀行破綻は落ち着いたものの2008年に「大恐慌以来最悪」の金融危機が生じたのである。

　ここで注目されるのは，金融規制と所得不平等になんらかの関係がありそうだということである（図0-1と図0-2）。銀行破綻は1920年代から増えていたが29～33年に9764件に上った。1933年グラス＝スティーガル法などで金融規制が強化されると，銀行破綻はほとんどなくなった。第2次世界大戦中の税制など，他の諸政策と相俟って所得格差は縮小し，それは戦後アメリカ経済に

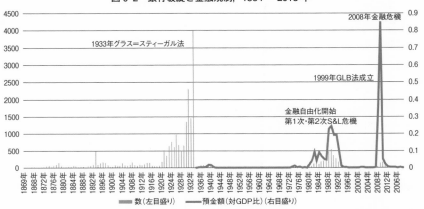

図 0-2　銀行破綻と金融規制，1864 ～ 2018 年

出所：Moss（2009）を改変。*Historical Statistics of the United States: Colonial Times to 1970* (1975)，FDIC website，BEA website より作成。

繁栄をもたらした。しかし 80 年以降の金融規制緩和は，この流れを逆転させ「大分岐」を加速させた。2008 年金融危機における銀行破綻は，件数は少ないが規模が非常に大きかった。

3．誰が経済政策を決めるのか――本書の視角と構成

　本書では，格差拡大に経済政策が一定の役割を果たしてきたとの立場を取っている。つまり，格差拡大に歯止めをかけようと思えばそうできたはずだが，そういう選択をアメリカはしてこなかったと考えている。こうした経済政策のあり方を規定した要因は何であろうか。端的に言えば，誰が経済政策を決めるのであろうか。

　本書では，「ウォール・ストリート」が市場支配力のもたらす政治権力を強めて経済政策のあり方を決定づけ，その結果，「メイン・ストリート」（普通の人々）に苦境がもたらされているのではないかと考えている。

　1980 年以降，経済全体に占める金融サービス・セクターの役割が増大してきた。こうした経済の趨勢と問題については，「金融化」という概念で把握されている（小倉 2016）。しかし，多くの先行研究では，ウォール・ストリートの市場支配力が政治権力との関連で論じられてこなかった。

　金融サービス・セクターは経済政策や制度を自らの利益を実現するように方向づけるが，その過程は同時に中間層，労働者階級からの経済力と政治力の奪取を意味し，政府は国民の幅広い層に対して機能しなくなっている。本書は，このような現代アメリカ経済における金融サービス・セクターへの権力集中を「ウォール・ストリート支配」と規定し，それがもたらす問題群を析出する。

　本書が問うた第 1 の課題は，この「ウォール・ストリートの支配」の構図である。これについては，「第Ⅰ部　ウォール・ストリートの権力」の下，4 章にわたって分析される。

　第 1 章「金融権力の基礎――巨大銀行とアメリカ経済」（中本悟）では，実体経済の停滞と金融経済の膨張の中，証券化など高収益のためのリスク・テイキングが行われ，巨大複合金融機関（LCFIs）が形成された過程とその経済権

力を明らかにする。

　第2章「金融の復権――ウォール・ストリートによるワシントン政治の支配」（中本悟）では，主に政治献金，回転ドア，ロビイングに着目し，少数の巨大複合金融機関の経済権力がいかにして政治権力に転化されるのかを描く。

　第3章「大きすぎて潰せない（TBTF）――コンチネンタル・イリノイ銀行の救済を事例にして」（須藤功）は，ウォール・ストリート支配の実態を「大きすぎて潰せない」（TBTF: Too Big To Fail）政策原理と捉え，中央銀行の「最後の貸し手」（LLR: Lender of Last Resort）機能から出発して，いつどのように定着したのかを歴史的に跡づける。

　第4章「仕組まれた経済――ポピュリズムとグラス＝スティーガル法」（大橋陽）は，危機以降，ウォール・ストリートと政府の腐敗に左右のポピュリズムが噴出し，改革のシンボルとしてグラス＝スティーガル法復活が求められてきたと論じる。

　「ウォール・ストリート支配」の結果，メイン・ストリート，すなわち，普通の人々にはどのような影響がもたらされているのかを明らかにするのが本書の第2の課題である。「第Ⅱ部　圧迫されるメイン・ストリート」の3つの章がこの課題に取り組む。

　第5章「アメリカン・ドリームの終焉――所得・資産格差と中間層の崩壊」（田村太一）では，ウォール・ストリート支配の結果，アメリカ国内経済のなかで所得・資産格差が拡大して，中間層の崩壊を招いてきた点を論じる。

　第6章「学生ローン債務危機――受益者負担の理念と現実」（松嶋紀美子）では，住宅抵当ローンを除けば消費者信用で今や最大のシェアを占めている学生ローンについて，教育における受益者負担の原則が行き詰まりを見せていると論じる。

　ドッド＝フランク法はもっぱら消費者の利益を代弁する消費者金融保護局を創設した。同機関は目覚ましい成果をあげたが，トランプ政権によって弱体化がはかられている。これについては第7章「乗っ取られる政府機関――消費者金融保護局と金融機関の反撃」（大橋陽）で扱う。

　本書の第3の課題は，「ウォール・ストリート支配」に対抗する金融規制の現代的課題は何か，金融権力のグローバル性に着目して探ることである。これ

については「第Ⅲ部　グローバルな存在としての金融権力と金融規制」で論じられる。

2011 年にはウォール街占拠運動が広がり，「私たちは 99％だ」を標語に抗議運動が勢いを増した。それはウォール・ストリートが莫大な利益を手にし，危機後には政府から巨額の公的資金を得て存続がはかられたからである。他方，メイン・ストリートは職を失い，住宅を失い，退職後の備えを失い，希望をも失いかけていた。しかも金融権力の問題はアメリカ国内に限定されない。

第 8 章「新たな金融寡頭制——グローバルなアメリカ金融覇権の生成」（萩原伸次郎）は，少数の巨大複合金融機関による新たな金融寡頭制の生成を，米銀のグローバルな展開がもたらした戦後ケインズ主義体制から新自由主義的金融グローバリズムへの転換として描いた。

消費者保護を促進する金融規制は日本で成功した先例がある。そこで第 9 章「ノンバンクの巨大市場に切り込んだ日本——多重債務と改正貸金業法の成立」（大山小夜）では，2006 年改正貸金業法を取り上げる。1970 年代にはじまる法規制運動がいかにして巨大なノンバンク業界に切り込み，借り手保護を促進する 2006 年改正貸金業法を導いたのかを明らかにする。

最後に第 10 章「岐路に立つ国際金融秩序——リーマン・ショック後 10 年，懸念増す金融の不安定性」（松本朗）では，2008 年金融危機後にグローバルな金融監督・規制体制が新たに成立したが，危機からの回復と成長によってそれが変質して債務拡大が生じ，新たな危機を生む不安定性をもたらしていると論じる。

以上が本書の視角と構成である。執筆陣にとっても本書は新たな研究領域への挑戦であり，十分な議論が尽くされたとは言えない。だが，喫緊の課題を学術研究に昇華させる一助となればと願っている。本書の試みの成否は読者諸氏に判断を委ねるが，研究の発展のために忌憚のないご意見をいただきたい。

［参考文献］

小倉将四郎（2016）『ファイナンシャリゼーション——金融化と金融機関行動』桜井書店。

クルーグマン，ポール著，三上義一訳（2008）『格差はつくられた——保守派がアメリカを支配し続けるための呆れた戦略』早川書房。[Krugman, Paul R.（2007）*The Conscience of a Liberal*, New York, NY: W.W. Norton & Co.]

大統領経済諮問委員会著，平井規之・萩原伸次郎監訳（1997）『1997 米国経済白書』週刊エコノミス

ト臨時増刊4月28日号，毎日新聞社。[Council of Economic Advisers (1997) *Economic Report of the President 1997*, Washington, D.C.: U.S. GPO]

大統領経済諮問委員会著，萩原伸次郎監訳（2012）『2012米国経済白書』週刊エコノミスト臨時増刊5月21日号，毎日新聞社。[Council of Economic Advisers (2012) *Economic Report of the President 2012*, Washington, D.C.: U.S. GPO.]

本田浩邦（2005）「アメリカにおける所得格差の長期的変化」，萩原伸次郎・中本悟編『現代アメリカ経済──アメリカン・グローバリゼーションの構造』日本評論社。

Bartolotta, Devin (2017) "20-Year Gap In Life Expectancy Between Richer, Poorer Areas of Baltimore," WJZ-TV: CBS Baltimore. Accessed February 15, 2019. https://baltimore.cbslocal.com/2017/07/06/life-expectancy-baltimore/

BEA (Bureau of Economic Analysis) website. Accessed February 15, 2019. https://www.bea.gov/

FDIC (Federal Deposit Insurance Corporation) website. Accessed February 15, 2019. https://www.fdic.gov/

Goldin, Claudia and Robert A. Margo (1991) "The Great Compression: The Wage Structure in the United States at Mid- Century," NBER Working Paper, No. 3817.

Historical Statistics of the United States: Colonial Times to 1970 (1975) Washington, D.C.: U.S. GPO.

Krueger, Alan B. (2012) "The Rise and Consequences of Inequality in the United States," Speech at Center for American Progress. January 12. Accessed February 15, 2019. https://www.americanprogress.org/events/2012/01/12/17181/the-rise-and-consequences-of-inequality/

Moss, David (2009) "An Ounce of Prevention: The Power of Public Risk Management in Stabilizing the Financial System," Harvard Business School Working Paper, No. 09-087.

Live Baltimore website. Accessed February 15, 2019. https://livebaltimore.com/

Piketty, Thomas and Emmanuel Saez (2003) "Income Inequality In The United States, 1913-1998," *Quarterly Journal of Economics*, Vol. 118, pp. 1-39.

Saez, Emanuel, Facundo Alvaredo, Lucas Chancel, Thomas Piketty and Gabriel Zucman, World Inequality Database: WID. Accessed February 15, 2019. https://wid.world/

U.S. Census Bureau, American FactFinder. https://factfinder.census.gov/faces/nav/jsf/pages/index.xhtml

U.S. Census Bureau, 2017 American Community Survey. Accessed February 15, 2019. https://www.census.gov/programs-surveys/acs/news/data-releases/2017/release.html

Urban Institute website, "Nine Charts About Wealth Inequality in America (Updated)." Accessed February 15, 2019. https://apps.urban.org/features/wealth-inequality-charts

Zillow website. Accessed February 15, 2019. https://www.zillow.com

第 I 部

ウォール・ストリートの権力

第1章

金融権力の基礎
——巨大銀行とアメリカ経済

はじめに

　2008年に巨大商業銀行や最大手投資銀行（証券会社）は破綻の危機に直面したが，政府による7000億ドルの救済資金枠とFRBによる数千億ドルの資金供給によって破綻は免れた。巨大銀行が倒れると債権債務関係を通じて金融機関のドミノ倒しが起き，金融システムの崩壊を招きかねない，したがって巨大銀行は「大きすぎて潰せない」というのが政府の論理であった。となれば，安全よりも高収益を求めてリスク・テイキングに走った巨大銀行は，どうであっても最終的には公金という強力な保険によってその損失は穴埋めされることになり，銀行経営の自己規律の喪失というモラル・ハザードが生じてしまう。

　これに対して，金融危機の波及で倒産や失業の憂き目を見た多くの人々が「ウォール街を占拠せよ」と抗議活動を行ったことはまだ記憶に新しい。しかし，その後の経過をみれば，金融危機を通じて巨大銀行や大手投資銀行は生き延びたばかりか，むしろその経済的・政治的影響力を強めた。したがって，この「大きすぎて潰せない」という問題はアメリカ社会（および他の先進国においても）にとって，ますます大きな金融行政の問題なのである。

　本章は「大きくて潰せない」ところまで来た金融機関，とくに巨大銀行を中心に，その形成過程とビジネスの特徴，そしてその経済的影響を検討する。

1. 巨大複合金融機関の形成

1.1 銀行規制の緩和と巨大銀行の形成

　はじめに，銀行業界において巨大銀行が占めているポジションについて見ておこう。ここで巨大銀行とは，2018年末で保有資産2500億ドルを超える9つの銀行（JPモルガン・チェース，バンク・オブ・アメリカ，ウエルズ・ファーゴ，シティバンク，USバンク，PNCバンク，キャピタル・ワン，TDバンク，バンク・オブ・ニューヨーク・メロン）であり，すべて巨大銀行持株会社の銀行子会社として存在する[1]。これらの巨大銀行は「2010年ドッド＝フランク・ウォール街改革・消費者保護法」に基づいて設置された金融安定監視評議会（Financial Stability Oversight Council）が，監視対象として毎年作成する巨大銀行リストとほぼ同じである[2]。

　連邦預金保険公社（FDIC, SDI）によれば，2018年末で全米の商業銀行は4715行であり，これらの巨大銀行9行は全銀行の資産の53％，預金の52％，

1　英語表記では，JPMorgan Chase, NA, Bank of America, NA, Wells Fargo Bank, NA, Citibank, NA, US bank, NA, PNC Bank, NA, Capital One, NA, TD Bank, NA, Bank of New York Mellon である。いずれも，銀行持株会社（bank holding company）の傘下にある銀行子会社として存在する。なお，2008年の金融危機のなかで破綻を避けるために投資銀行のGoldman Sachs と Morgan Stanley は銀行持株会社の子会社となり，2018年時点でそれぞれ13位と16位の大手銀行となっている。銀行であれば，預金は連邦預金保険公社（FDIC）によって保護されるほか，FRBによっても救済されうるからである。本章では形式的に資産規模を基準に巨大銀行を規定した。なお，サイモン・ジョンソンとジェームズ・クワックは歴史や政治力を勘案して20世紀初頭のビッグ・シックスと呼ばれた6人の銀行家に模して，現代のビッグ・シックスとしてJPMorgan Chase, NA, Bank of America NA, Citibank, NA に加えてGoldman Sachs と Morgan Stanley を挙げる（ジョンソン＆クワック 2011）。

2　FRBは大銀行を2つに分類する。一つは，その規模，複合性，および相互関連性からしてアメリカ経済に最大級のシステミック・リスクをもたらしうると考えられる最大規模で，最も複合的な銀行持株会社および非銀行金融会社である。これらは，金融安定監視評議会によって指定されており，そのリストにはアメリカ国内で活動する外資系大銀行も入る。本章が対象とする巨大銀行9行は，ほぼこの分類に入る。いま一つは，連結資産が1000億ドル以上の大銀行であるが，これらは倒産したとしても，金融システムや経済全体に同じような破壊的な影響を及ぼすとは考えられてない（FRB, Supervision & Regulation: Large Financial Institutions.）。

純益の51％，フルタイム換算の雇用者の49％をそれぞれ占めている。その下位に位置する保有資産が100億ドル以上2500億ドル未満の114行（全銀行数の2.4％）は，全体の資産と預金のそれぞれの33％，純益の35％，雇用者の29％を占める。そして，資産規模が100億ドル未満の銀行は4592行で全銀行数の97％を占めるが，そのシェアは資産と預金でそれぞれ14％と17％，純益で15％，雇用者で23％のシェアをもつにすぎない。このように，アメリカの銀行業はごく少数の寡占的な巨大銀行，その次位にある大銀行，そしてその下位にある多数の中小規模の銀行といった3層構造から成るといえよう。上に見たように，上位9行の巨大銀行への銀行集中度は極めて高い反面，現在もなお多くの小規模の商業銀行が巨大銀行と併存するというところにアメリカの特殊性がある。

　このような銀行集中は，1980年代以降の金融規制の緩和を背景とした銀行の買収・合併という外部拡張（Stiroh and Poole 2000）と大銀行の事業多角化による内部拡張によるものである。戦後のアメリカの金融規制は，反連邦主義・地方分権の伝統のうえに1929年大恐慌を経て1930年代のニューディール期に確立した。それは金利，営業拠点の立地，業態の3つの側面で預金金融機関の活動を制限するものであった。1927年マクファーデン法および1933年グラス＝スティーガル法によって州境を越えた営業拠点設置は禁止された。また1933年グラス＝スティーガル法によって，貯蓄性預金には上限金利が課された。さらに銀行は民間証券の自己売買など投資銀行業務が禁止されるとともに，投資銀行との資本関係や役員兼任関係も禁止された。この結果，小さな地域を営業基盤とする多数の中小規模の預金金融機関は保護されることとなった。そして，長らく銀行は電力や水道などの公益産業と同じようにリスクも競争も乏しい産業となり，銀行ビジネスは「3-6-3ルール」（3％の預金金利を支払い，6％の金利で貸し出して儲ける。そして3時に退社してゴルフに行く）で動くごく単純なビジネスモデルの「退屈なビジネス」といわれた（ジョンソン＆クワック 2011, 47頁）。

　しかし，このような銀行規制は1980年代以降，規制緩和の方向に大きく舵を切ることとなった。そのきっかけは1970年代の高率のインフレーションである。高率インフレーションのもとで，個人の資金が金利上限が課されている

銀行預金（定期預金）から投資銀行の証券商品にシフトするという金融のディスインターミディエーション（金融非仲介）と呼ばれる事態が生じた。そこで商業銀行や貯蓄金融機関（相互貯蓄銀行と貯蓄貸付組合）は，金利や業務の規制緩和を求めたのであった。なかでも地域で大きな政治力を持っていた貯蓄金融機関は，そのロビー団体である米国貯蓄機関連盟を通じて議会に働きかけて，1980 年預金金融機関規制緩和・通貨管理法（DIDMCA）を通し，商業銀行に先駆けて業務規制の緩和を実現した。

　金融規制緩和の流れに棹を差したのは，1981 年に「小さな政府と強いアメリカ」を掲げて誕生した R・レーガン政権であった。1982 年に成立した預金金融機関法（Garn-St Germain Depository Institutions Act）により 1983 年10 月には定期預金金利は自由化された。さらに 1994 年リーグル＝ニール州際銀行業・支店設置効率化法により銀行の営業拠点の全国的な設置展開が可能となり、銀行の大型合併・再編が進んだ。

　このような一連の規制緩和のなかで，最後まで残ったのが業態規制であった。しかし，銀行に先んじて業務の規制緩和を認められた貯蓄貸付組合（S&L）は，1980 年代はじめには経営破綻が相ついだ

　そのため銀行の業務規制の緩和には慎重論が多かったが，金融業界の強いロビイング（立法工作活動）が効いて，結局のところ 1999 年グラム＝リーチ＝ブライリー法によって業態規制は撤廃された（なお，ロビイングや業界と政府の「回転ドア」の問題は第 2 章で扱う）。これによって，従来の銀行持株会社に加えて金融持株会社の制度を新設し，そのもとで保険や証券業務を行えるようになった。また国法銀行は，保険と証券業務を行う子会社を直接的に保有できるようになり，実質的に業務範囲規制は撤廃された。

　一連の規制緩和で銀行業界では急速な集中が進んだ。1993 年の合併は 481件であったが，1995 年には 608 件（FDIC, FDIC Data Tools: Historical Bank Data）にまで増えた。その結果，銀行は 1990 年に 1 万 2347 行であったが，年平均で 336 件が減り 2017 年末には 60％減の 4918 行にまで減る一方で，支店数は同期間に 5 万 897 支店から 7 万 9163 支店まで 56％増加した。また大型の銀行合併が続発した。一例を挙げると，巨大銀行トップの JP モルガン・チェース銀行自身，数々の大型合併を繰り返して規模を拡大してきた。ケミカ

ルバンクとマニファクチャラーズ・ハノーバー（1991年），ファースト・シカ
ゴとナショナル・バンク・オブ・デトロイト（1995年），ケミカルバンクと
チェース・マンハッタン（1996年），バンク・ワンとファースト・シカゴ
（1998年），JPモルガンとチェース・マンハッタン（2000年），そして最後に
JPモルガン・チェースとバンク・ワン（2004年），という合併を重ねてきて
巨大銀行としての現在の規模になったのである。東部名門銀行として1世紀に
わたりライバルとして対抗してきたケミカル，マニファクチャラーズ・ハノー
バー，チェース・マンハッタン，JPモルガンは，かくしてJPモルガン・
チェースという一つの巨大銀行になったのである。このような銀行集中の結果，
多数の内外支店を有する巨大銀行が誕生した。この過程で，もともと階層化し
ていた銀行業界は，冒頭にみたようにさらにその度合いを高めたのであった。

1.2　証券化と巨大複合金融機関

　このように銀行規制の緩和を背景として巨大銀行が誕生したのであるが，商
業銀行業界と相並んで金融界のもう一つの業界である投資銀行業界（証券業
界）における規制緩和も進んだ。まず最初の規制緩和は1975年の固定性株式
の売買手数料の廃止であった。年金基金や投資信託のような機関投資家は大口
取引の手数料の値引きを要求するようになった。また大手の投資銀行のメリル
リンチのCEOであるドナルド・リーガンやソロモン・ブラザーズのCEOで
あるウィリアム・ソロモンも固定手数料の自由化を打ち出していた。そこで証
券取引委員会（SEC）は，1975年にニューヨーク証券取引所における固定売
買手数料の廃止を決定したのだった。その結果，大規模な機関投資家は安い手
数料で大口取引ができるようになり取引高が急増した。同時にリーガン率いる
メリル・リンチのように，手数料自由化により薄利となった証券の委託売買と
いう伝統的なビジネスから脱却し，収益率の高い証券の発行引き受けや分売，
企業の合併・買収業務などに業務を多角化する動きが進んだ。
　さらに証券業分野での特筆すべき規制緩和がある。それは1984年不動産
ローン市場強化法および1986年税制改革法である。前者によって，連邦法に
よって規制されていた金融機関の不動産担保ローンの証券（MBS: Mortgage-

backed securities）業務への参入が認められた。しかもこの法律は州法の規定に優先するものであり、これによって投資銀行や商業銀行が不動産担保ローンの証券化分野に参入することが自由にできるようになった。そして後者によって、民間の不動産担保ローン・コンデュイット（特別目的会社）の設置が認められた。

　不動産担保ローンの主要なものは住宅担保ローンであるが、この住宅担保ローンの証券化それ自体は、すでに政府系機関が行っていた。そこへ民間のMBS市場が誕生したことにより、MBS市場は一挙に拡大したのだった。そのため住宅担保ローンを行った金融機関は、その債権を投資銀行や特別目的会社に売り、これらが住宅担保ローンの返済元利を担保に債券を発行し、全世界の投資家に販売するという証券化の動きは加速された。そして銀行等が設立した特別目的会社の取引は銀行本体のバランスシートから外されたため銀行の不良資産が隠されていた、という問題がのちに明らかになった。この民間特別会社の住宅担保ローン債権保有額は、1985年の第1四半期では192億ドルに過ぎなかったが経年的に増加し、2007年第2四半期には129倍の2兆4700億ドルに達した。また民間の預金金融機関による住宅担保ローンも同期間に8300億ドルから3兆4000億ドルへと3.9倍に増加した（FRB, Data: Mortgage Debt Outstanding, Table 1.54）。

　このような民間主導の住宅ローンの証券化が進めば、ローンの貸し手は借り手がサブプライム層であろうと、ローンさえ組めばそれを転売しキャッシュを手に入れ、それでもって次の顧客にローンを販売するようになった。そして投資銀行や商業銀行はMBS取引において、① 住宅ローンの証券化（債券の組成）、② MBSの発行引き受け、③ MBSの投資家への販売、のそれぞれの過程で手数料を稼ぐのである。

　証券化の対象は不動産担保ローンにとどまらない。金利が支払われる広い範囲の債権や債券がその対象となる。その結果、資産担保証券（ABS：自動車ローン債権、リース債権、クレジットカード・ローン債権、企業の売掛金など、基礎となる資産のプールを担保にして発行された証券）や債務担保証券（CDO：金利が支払われる貸付債権や公社債、ソブリン債、ABS、クレジット・デリバティブなどを組み合わせて、トランシュと呼ばれる別々の債券にスライ

スされた証券商品）が組成され，投資家にとってはキャピタル・ゲイン（資産
売却益および含み益）を獲得する手段となるのである。大手銀行はこの証券化
ビジネスに邁進し，証券化を行うとともに投資家でもあった。2002 年から
2007 年の期間に組成された 14 兆ドルの世界の不動産担保証券，資産担保証
券，債務担保証券，その他のでっち上げの証券化商品の 80％はアメリカの大
手銀行によるものであった。そして，これら証券化商品はその商品のリスクが
高ければ高いほど，その取引手数料率も高い。証券化商品の発行金融機関には
発行手数料として，資産担保証券（ABS）では取引額の 0.1％〜0.5％が，債務
担保証券（CDO）では 1.5％〜1.75％が手に入る。2002 年〜2007 年の間に，総
額で 3000 億ドルの発行手数料が入り込んだのであった（Prins 2009, pp.44-
45）。

　このように，銀行業および証券業における規制緩和は，以下のような結果を
もたらした。

　第 1 に金融集中がすすみ巨大銀行が形成されるとともに，金融危機を経てそ
れらはさらに規模の拡大と業務の多角化を進めた。2008 年の金融危機によっ
て破綻した大手投資銀行のベアー・スターンズが JP モルガン・チェース銀行
に，メリル・リンチがバンク・オブ・アメリカにそれぞれ救済買収されるな
ど，巨大銀行持株会社の業務の多角化と金融集中が進んだ。銀行持株会社はそ
の傘下に，銀行業，証券業，保険業，その他の金融サービスを配する巨大複合
金融機関となっている。

　第 2 に，銀行と証券の垣根がなくなったことにより巨大銀行は伝統的な預貸
業務から投資銀行業務へと業務多角化を行った。民間金融機関主導の住宅ロー
ンの証券化は，住宅担保ローン証券（MBS）市場を一挙に拡大した。このこ
とは，一方ではサブプライム層も含め住宅購入者を増やし住宅バブルの一因と
なった。他方では，住宅担保ローン証券や債務担保証券（CDO）などの証券
化された債券は，その組成，発行引き受け，販売に至る過程で投資銀行や商業
銀行の特別目的会社に手数料をもたらすとともに，自己売買によってキャピタ
ル・ゲインを獲得する機会を創出したのである。

2．巨大銀行のリスク・テイキングと高収益戦略

　巨大銀行 9 行のビジネスの特徴を描き出してみよう。

　第 1 は，既述のように巨大銀行は銀行持株会社の主要な銀行業の子会社として存在するということである。たとえば資産規模トップの JP モルガン・チェース銀行（資産規模は 2018 年末で 2 兆 2000 億ドル）は，銀行持株会社である JP モルガン・チェース & Co.（JPMorgan Chase & Co.，同 2 兆 3000 億ドル）が擁する多数の子会社のなかで最大の銀行子会社であり，そしてこの銀行の傘下に自動車ローン会社，特別目的会社，モーゲージ証券会社，代替資産管理会社，リース会社，地域開発会社等多数の子会社がある。そして国内に5041，外国に 33 支店をもっている。銀行子会社としては，このほかにもチェース銀行 USA（Chase Bank USA, NA）があり，これ自身，全米 19 位（同 1322億ドル）の大銀行でありクレジットカード・ローンが主業務である[3]。

　銀行持株会社である JP モルガン・チェース & Co. の主なビジネスは一般の個人向けの貸付，資産運用，住宅ローン，クレジットカード・ローン，自動車ローン，法人向けの貸付，証券の発行引き受け，証券の委託売買，M&A 業務などの投資銀行業務，商業不動産ローン，機関関投資家や富裕者層のための資産管理・運用など実に多様である。これらの業務は，銀行持株会社の傘下にある JP モルガン・チェース銀行とチェース銀行 USA という 2 つの商業銀行，投資銀行，資産の運用会社など，多くの子会社の分業によって総合的な金融サービスとして行われる。その結果，2018 年では JP モルガン・チェース & Co. は全米の総世帯の半数と取引しており，預金シェアは首位の 9%，クレジットカード販売シェアは首位の 22% といった消費者金融サービスを行う一方，法人および投資業ではフォーチュン 500 社の 80% 以上と取引があり，グローバル投資手数料は首位の 8.7% のシェア，企業の合併買収のアドバイザリー収

　3　JPMorgan Chase & Co. は，2018 年 12 月に JPMorgan Chase Bank, NA が Chase Bank USA, N.A を吸収合併する申請を通貨監督庁に対して行った。

入は1兆ドルを超える。また資産管理業務では，世界の最大規模の年金や政府
系ファンドや中央銀行と取引を行っている（JPMorgan Chase & Co. 2018,
p.1, p.13）。

　この銀行持株会社の取締役会会長兼最高経営責任者はジェームズ・ダイモン
（James Dimon）であり，同時にその傘下にある JP モルガン・チェース銀行
およびチェース銀行 USA の会長兼最高経営責任者である[4]。銀行持株会社の
取締役は，そのほとんどが JP モルガン・チェース銀行ならびにチェース銀行
USA の取締役を兼任しており，そうすることによって持株会社の銀行子会社
間の分業の調整を図っていると考えられる。このような銀行持株会社の取締役
と銀行の取締役との重複は他の巨大銀行の銀行持株会社も同じである。

　第2に，内外支店の圧倒的な多さである。2018 年末における巨大銀行の国
内支店と在外支店はそれぞれ，JP モルガン・チェース銀行では 5041 支店と
33 支店，バンク・オブ・アメリカでは 4338 支店と 27 支店，ウエルズ・ファー
ゴ銀行では 5637 支店と 14 支店，シティバンクでは 701 支店と 172 支店，US
バンクは，3095 支店と 1 支店，PNC バンクは 2442 支店と 2 支店，キャピタ
ル・ワンは 536 支店と 0 支店，TD バンクは 1240 支店と 0 支店，バンク・オ
ブ・ニューヨーク・メロンは 2 支店と 15 支店である。これら巨大銀行 9 行の
国内支店は 2 万 3032 支店，在外支店は 264 支店で総計は 2 万 3296 支店，これ
は全銀行の支店数の 4 分の 1 を占める（Federal Reserve Statistical Release,
Data: Large Commercial Banks.）。また，2018 年末で全米の銀行の在外拠点が
保有する預金，貸付，資産のうちこれら巨大銀行 9 行のシェアは，それぞれ
86％，94％，90％と極めて高い集中度である（FDIC, SDI）。このようして巨
大銀行は，内外拠点のネットワークを活かしてグローバル規模で総合的な金融
サービスを行う巨大複合的金融機関である。

　第3に，この結果として，これらの巨大銀行は高い収益性を実現している。
多くの中小規模の銀行の主たる収益源が伝統的な預貸業務から生じる金利収益

4　ちなみにジェームズ・ダイモンの 2018 年の年収は 3100 万ドルであり，その内訳は 150 万ドル
の給与，500 万ドルのボーナス，2450 万ドルの株式報酬であった（Davis 2019）。給与の 16 倍の
株式報酬とすることで，経営者をして株価重視の経営を志向させるインセンティブとなってい
る。株価重視の経営もまた金融化現象の一つである。

表 1-1 商業銀行の金利収益と非金利収益の規模別シェア（%）

商業銀行の資産規模と銀行数	金利収益合計	非金利収益合計	非金利収益内訳			
			信託業務	預金口座サービス	トレーディング勘定収益・手数料	付随的収益
2500 億ドル以上の巨大銀行 9 行	46.7	56.5	50.6	60.4	85.8	52.0
100〜2500 億ドル未満の大銀行 114 行	37.1	33.5	39.7	25.9	13.8	37.0
100 億ドル未満の銀行 4,592 行	16.2	10.0	9.7	13.7	0.4	11.0
全銀行 4,715 行	100.0	100.0	100.0	100.0	100.0	100.0

注：トレーディング勘定には，証券の自己勘定取引の損益，自己勘定で行う金利，為替，証券，商品，信用関連のデリバティブ取引の損益を含む。付随的収益は投資銀行業務，助言，証券の売買仲介・発行引き受け，に関連する手数料。ベンチャーキャピタル収益，サービシング手数料，証券化収益，保険関連の手数料・収益，債権売却損益，不動産売却損益，証券を除くその他の資産売却損益，その他から成る。

出所：FDIC, Statistics on Depository Institution より作成。https://www5.fdic.gov/sdi/main.asp?formname=standard

であるのとは対照的に，既述のように投資銀行業務などに力を入れてきた巨大銀行は非金利収益のシェアが高い（小倉 2016; 神野 2019）。そして表 1-1 に明らかなように，巨大銀行の非金利収益シェアは金利収益シェアよりも 10％も大きい。というのは，大銀行ほど多様な業務をもとに非金利収益が大きいからである。総収益（金利収益と非金利収益の総計）に占める非金利収益のシェアは，資産規模 100 億ドル〜2500 億ドル未満の規模の銀行では 27.3％であるが，巨大銀行では 33.5％を占める。JP モルガン・チェース銀行に至っては 44.0％と非常に高い。そして「非金利収益」のなかでは，自己勘定取引や OTC デリバティブ取引（Over-the-counter derivatives，デリバティブの店頭取引）の損益を含む「トレーディング勘定収益」および代替投資と一部 OTC デリバティブ取引の損益を含む「付随的収益」（小倉 2016, 126 頁）のシェアが大きい。大規模な銀行ほど，自己勘定による証券取引やデリバティブ取引によってキャピタル・ゲインや手数料などを獲得しようとして，ハイリスク・ハイリターンによる高収益を指向している。このように自己勘定によるリスクテイキングのビジネスは巨大銀行の独擅場である。

　巨大銀行がハイリスク・ハイリターン指向の経営戦略が可能なのは，他の多

くの銀行にはない隔絶した好条件を巨大銀行がもっているからである。具体的には，第1に金融商品の開発能力であり，このための人的および技術的能力，研究開発投資であり，第2に開発・組成した金融商品を販売するネットワークと証券化するための資産を購入するだけの資金，そして第3に金融行政機関との緊密な関係を維持できる政治的な力である（第2章を参照）。巨大銀行はこれらの側面で他の多くの銀行がもちえない優越的条件をもっているのである。

　これらの3つの優越的な基盤は，まさに大規模だということにある。多くの中小規模の銀行が高収益を期待できる市場に参入しようとしても，これらの3つの条件が高い参入障壁となる。そして金融危機は巨大銀行のこれらの優越的条件をさらに強めた。というのは2008年の金融危機の際の政府による救済資金という一種の補助金のおかげで，巨大銀行の資金調達コストはその分だけ低くなり，金融危機前よりも後のほうが巨大銀行とその他の銀行との資金調達コストのギャップは広がったからである（Baker and McArthur 2009）。それに何よりも「大きすぎて潰せない」というセイフティーネットがあればこそ，ハイリスク・ハイリターンのビジネスにも挑戦できるというものだ。これらの優越的条件によって，巨大銀行は超過利潤（レント）を実現する。この結果，巨大銀行の収益率は構造的に高い（図1-1）。このような優越的条件による高利

図1-1　銀行の自己資本利益率

出所：FDIC, Quarterly Banking Profile: Quarterly Return on Equity.

潤が，巨大銀行の中核を担う経営陣の破格の報酬の源泉であり，政党や連邦議会の議員に対する政治献金，さらには高額のロビイングへの支出の源泉となっている。

3．巨大銀行と経済の金融化・証券化

3.1　証券化と金融肥大化

　巨大銀行の形成は経済全体に大きな影響を及ぼす。その影響を一言でいえば，経済の金融化である。それはジェラルド・エプスタインが言うように，「国内経済と国際経済において，金融的動機，金融関係者，金融機関，金融市場の役割がしだいに増してゆく」（Epstein ed. 2005, p.3）傾向である。この金融化という用語は，ネオリベラリズムやグローバリゼーション，そして金融資本主義とともに，1990 年代以降の資本主義を表現する用語として使われることが多い（高田 2015; Foster 2007）。 金融化の具体的な現れとして，企業，家計，政府における債務と金融資産の増加，付加価値や利益に占める金融機関のシェアの増大，株主優先のコーポレート・ガバナンス，国際取引における実需とかけ離れた金融取引の増加，金融政策の役割の増大，国際的な金融規制の撤廃，さらには能力のある学生が金融機関の職を選好すること，金融理論の流行などを指摘できよう（ドーア 2011）。

　このように金融化現象は多様であるが，その基本的な特徴はいわゆる実体経済に対して金融経済が資産と負債の両面で不均等に大きくなるという金融肥大化である。図 1-2 は，広義の固定資産（民間および政府が保有する住宅および非住宅固定資産）と狭義の固定資産（民間非住宅固定資産），そして金融資産の推移を示している。固定資産とは住宅や非住宅の建造物，設備，そしてソフトウエアなどの知的財産といった固定資本の投資残高である。固定資本投資は，住宅の場合には幅広い産業連関効果があるし，非住宅の設備投資や知的財産への投資はイノベーションを進め高付加価値を創りだす。新しい技術を体化した設備やソフトウエアがイノベーションを引き起こすからだ。一方，金融資

図 1-2　固定資産と金融資産の推移（1950 年＝ 100）

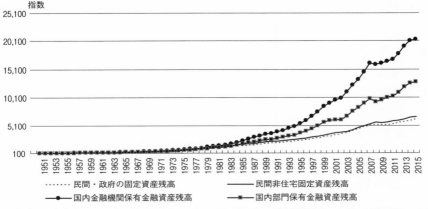

出所：固定資産データは，BEA, Data archve: Fixed asset，金融資産データは，FRB, Financial
　　　Accounts of the United States, Historical Data.

産は現預金，売掛債権，貸出債権，証券投資，直接投資，デリバティブ取引な
どからなり，それは利子や配当，キャピタル・ゲインあるいは手数料という果
実を生む。

　固定資産と金融資産は 1980 年初めころまでは並んで増加してきたが，1980
年代後半から両者の増加率のギャップが開き始め，90 年代後半以降はその
ギャップは急拡大しており金融肥大化が進んでいる。とくに金融機関保有の金
融資産は破竹の勢いで増えてきた。これは既述のように，民間金融機関に不動
産担保ローンの証券化が認められ，投資銀行や商業銀行の特別目的会社が不動
産担保ローン債権の買い取りをし，それを担保に MBS（不動産ローン担保証
券）を発行・保有するほか，さまざまな資産を担保にした証券化商品の開発が
行われたからである。

　このように証券化によって，巨大銀行は証券化に関わる手数料を稼ぐ一方
で，さらに貸出を拡大することができるし，巨大銀行自身も投資家として自己
勘定によってキャピタル・ゲインを得ることができる。その結果，全法人企業
の利潤全体に占める金融部門の利潤シェアは 2003 年には 25.8％にも達した。
一方で，製造業法人のそれは 1981 年までは 40％を超えていたが，2003 年には
13.1％にまで落ち込んだ（CEA 2017, Table B-6）。金融化は非金融企業や家計

でも進んでいる（小倉 2016, 第1章）。非金融企業の総資産に占める金融資産の比率は，1980年代半ばに30％を超えるようになり，2014年にはついに46％に達した（FRB, Financial Accounts of the United States）。アメリカの家計においては，もともと日本やヨーロッパのそれと比べて証券投資のシェアが高いのが特徴であったが，金融化のなかでさらにそれは高まった。こうして非金融企業は固定資本投資によって営業利潤を増やし利益率を高めるよりも，金融資産投資によって利益率を高めようとする傾向が強まり，家計もまた定期預金よりも証券投資志向が強まった。

3.2　実体経済の停滞と金融化

　上述のように金融化は巨大銀行が主導してきたものであるが，実体経済の側にも金融化を促迫する要因がある。それは実体経済の停滞である。図表1-4は，民間非住宅純固定資産額（設備，構築物，ソフトウエアなどの知的財産の資産から減価償却を差し引いた額）に対する民間純投資額（設備，構築物，ソフトウエアなどの知的財産への投資から減価償却を差し引いた額）の比率を示しており，イノベーションの一つの指標である。その純投資比率の動きをたどると戦後は1960年代末にピークに達し，その後は1990年代後半のICT（情報・通信技術）の普及に伴う一時的な回復を除けば低下傾向にある[5]。これは民間企業が利潤をイノベーションに向けて再投資をし，営業利潤率を上げる動きが鈍化していること示しており，実体経済の停滞を意味する。

　利潤の再投資によって現行の営業利潤率を見込めないとなれば，その利潤は企業にとっては過剰資本となる。ところが一方で，債券や株式などの金融資産価格が上昇しキャピタル・ゲインを得られるとなれば，実体経済で過剰な資金が金融市場に流れ込み金融資産価格をさらに引き上げ，それがまたキャピタル・ゲインを一層増加させ，これがまた金融市場へのさらなる投資を呼び込むという自己循環的な流れができる。このような局面では実体経済にとっては過

　5　R・J・ゴードンは，1990年代後半の成長の再来が期待できない理由として，① 純投資比率の低下，② 製造業の生産能力の上昇率の鈍化，③ ICT機器の性能向上の鈍化，④「ムーアの法則」のサイクルの長期化を挙げている（Gordon 2016, Chap.17）。

図表 1-4　民間企業の非住宅純固定資産に対する純投資比率

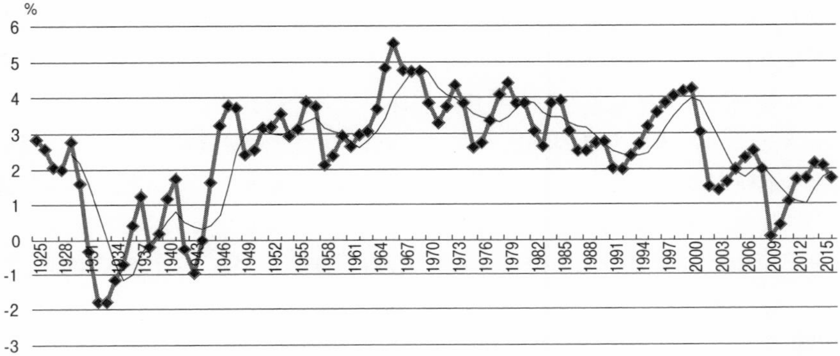

注：実線は 5 年移動平均の値。
出所：BEA, Data archve: Fixed asset。

剰資本であっても，金融市場にとっては必要資本となるのだ。もともと金融資産価格は，配当や確定利子といった実体経済に根差した要因によって決まるが，キャピタル・ゲインを求める自己循環的な流れができると，もはや実体経済に利益源泉をもたなくても金融資産価格は上昇する。この自己循環的運動がその極限に達するときがバブルである（Kotz 2010）。

　このように金融化は，金融の世界だけではなく実体経済の停滞という要因を含む現代資本主義の現象である [6]。金融化は「資産効果」を通じて実体経済にも反作用する。キャピタル・ゲインによって消費が増え，生産が増えることもある。また労働所得が伸び悩む一方で，金融資産保有層や多額のストック・オプションを得る経営者層のキャピタル・ゲインは増えるので所得格差が拡大する。この「資産効果」なくしては，現在の所得格差はありえない。現在の所得格差は，労働所得格差に加えて資産所得格差が不可欠の要因である。しかし，この自己循環は永遠に続くわけではない。何かをきっかけに，たとえば金利の上昇をきっかけに流入する資金が停滞すると，金融資産価格は下がる。もとも

6　巨大銀行による証券化の対象は，住宅担保ローンのみならず消費者ローン，オートローン，企業の銀行借り入れなど広く行われ証券化によって新たな債務が拡大する。この証券化という債務創出マシンは，社会のさまざまな金融取引をキャピタル・ゲイン目的の取引に転じる。このようにただに産業のみならず，広く社会全体から金融取引を通じて高利潤を獲得しようとする金融化と証券化は金融資本蓄積の新たな段階を画するものである。

と高い資産価格は実体経済に根差しているわけではないので，キャピタルロス回避のために売りが始まると一転価格の下落が始まり，投げ売りがその速度を加速する。そして今度は「逆資産効果」によって実体経済を縮小させるのである。これが，サブプライム層への住宅担保ローンの証券化のブームとバーストが引き起こした事態であった。バブルが弾けると，金融資産をもっていない人々も連鎖倒産で失業したり，住宅ローンの返済ができなくなり住宅が差し押さえられたのであった。

　民間預金金融機関の住宅担保ローン残高は 1985 年から 15 年間で倍加したが，2001 年からはわずか 8 年間でさらに倍加した。そして住宅担保ローンの証券化を担った巨大銀行の特別目的会社の住宅ローン残高は 2001 年からの 8 年間で 7 倍にも増加した。ローンそのものよりも証券化ビジネスが急拡大したのであった。ローンの証券化が新たな債務を支えたのである。そして 2008 年の金融危機以降は，預金金融機関による住宅担保ローンは減り続けたが，2014 年以降には再びそれが増加に転じ，そして 2018 年末には前のピークであった 2008 年の水準に戻った。しかし，民間の特別投資会社による住宅担保ローン残高は減り続け，2018 年時点ではピーク時の 2007 年の 5 分の 1 にまで減少した（FRB, Data: Mortgage Debt Outstanding, Table 1.54）。

　住宅担保ローンに替わってここ 10 年くらいで増加したのが，レバレッジド・ローンと呼ばれる企業向け貸付である。これは主として LBO（Leveraged buyout: 企業買収後に生じるキャッシュフローを引き当てに，銀行借り入れや債券発行によって調達資金を行い，その資金で企業買収を行う企業の M&A の方法。買収資金の 50～70％は借り入れ）や企業の財務再編や債務の借り換えを目的とする企業向け貸付である[7]。何れにしても格付けの低いリスキーな貸付であるが金利は高い。すでにその残高は 2018 年末に 1 兆 1000 億ドルに膨れ上がっている（ちなみに住宅担保ローン残高は 3 兆 800 億ドル）。この債権はサブプライム・ローンと同じように，特別目的会社に売られて証券化され，機関投資家の投資対象となる。こうして証券化されたものをローン担保証券（CLO: Collateralized Loan Obligation）と呼ぶ。LBO は複数の銀行がシンジケートを組んで融資することが多い。そのシンジケート・ローンをアレンジする商業銀行や投資銀行にはアレンジメント手数料，短期のローンを行う銀行や

投資銀行には金利，そして CLO の売買を行う機関投資家にはキャピタル・ゲインをもたらすのである。その発行残高は 2018 年には，6000 億ドルに達した。

　企業の買収合併のタイプとしての LBO は，LBO によって買収対象企業を買収した後で，いったん非公開化したうえで財務再編によって株価を上げ再び公開することによって資金調達し，借入を返済しようとするものであり，投資銀行や商業銀行主導の M&A である。サブプライム・ローンを支えた巨大銀行は，このレバレッジド・ローンでも積極的である。すでに 2017 年時点で，バンク・オブ・アメリカの 700 億ドル弱を筆頭に，600 億ドル強の JP モルガン，500 億ドル弱のゴールドマン・サックスと続く（Platt 2017）。こうして利率の高いレバレッジド・ローンおよびそれを証券化した CLO は銀行や機関投資家の新たな収益源となっている。これもまた実体経済の停滞のなかで生じた過剰資本が，リスク・テイキングによって高利益を求める動きなのである。

おわりに

　1980 年代以降の金融規制の緩和は，もともと階層化していたアメリカの銀行業の上位集中をさらに高め，巨大銀行をその他の銀行とは隔絶した地位にまで押し上げた。しかも，これらの巨大銀行は銀行持株会社によって，投資銀行業務を含む総合的な金融業務を行う巨大複合金融機関であり，証券化と経済の金融化とを主導した。証券化とは，サブプライム・ローンの証券化やレバレッジド・ローンの証券化に見られるように，それによって次々と新たな債務を作り出すマシンである。そして出来上がった債務証券は，実体経済の停滞によっ

7　LBO は，買収相手企業を買収するためのペーパー・カンパニーを作り，その会社が買収資金を調達する。このため，買収資金のための銀行借り入れや債券発行を買収企業の返済能力と切り離すことができるので，小規模企業が大規模企業を買収することができる。あたかも巨象を包む袋を作りその袋口を猫が咥えているように。買収後の財務再編を行ったうえで，新規公開会社として債権や株式によって債務を返済する。LBO は 1980 年代にブームとなった。詳しくは，中本（1990）を参照。この方式であれば，極めて大型の M&A が実現できる。LBO には買収資金の貸し付けをする金融機関やペーパー・カンパニーが発行する債券に投資する投資家などの役割が大きく，その意味で金融主導であり，これもまた金融化の一つの現象である。

て生じる過剰資本と機関投資家にとっては格好の投資対象となり，キャピタ
ル・ゲインを派生させ，バブル形成の一つの要因となる。バブル形成の過程は
同時に，積み上がった債務証券の価格をその本源的利益から乖離させ，バブル
を反転させる動きが昂じる過程でもある。

　こうした1990年代以降巨大銀行が主導してきた金融化は，何か自然に生ま
れてきた傾向ではない。それは，巨大銀行の経済力を政治的な権力に転化し，
政治的権力を媒介にさらに経済力を強めようとするウォール・ストリートとワ
シントン政治との結合の産物である。2008年の金融危機のときの「大きすぎ
て潰せない」という政府の政策によって巨大金融機関が救済されたのも，この
ようなウォール・ストリートの政治的・社会的影響の帰結である。

[参考文献]

小倉将志郎（2016）『ファイナンシャリゼーション――金融化と金融機関行動』桜井書店。

神野光指郎（2019）『アメリカ金融システムの動態』文眞堂。

ジョンソン，サイモン，ジェームズ・クワック著，村井章子訳（2011）『国家対巨大銀行――金融の
　肥大化による新たな危機』ダイヤモンド社。[Johnson, Simon, and James Kwak（2010）*13
　Bankers: The Wall Street Takeover and the Next Financial Meltdown.* New York, NY: Pantheon
　Books.]

高田太久吉（2015）『マルクス経済学と金融化論――金融資本主義をどう分析するか』新日本出版社。

ドーア，ロナルド（2011）『金融が乗っ取る世界経済――21世紀の憂鬱』中公新書。

中本悟（1990）「1980年代アメリカにおける企業合併・買収運動――LBOを中心に」『季刊経済研
　究』（大阪市立大学）第13巻第2号。

松井和夫（1986）『現代アメリカ金融資本研究序説――現代資本主義における所有と支配』文眞堂。

Baker, Dean and Travis McArthur（2009）"The Value of 'Too Big to Fail' Big Bank Subsidy,"
　Center for Economic and Policy Research Issue Brief, September.

BEA（U.S. Department of Commerce, Bureau of Economic Analysis）, Data Archive. Accessed
　September 4. https://apps.bea.gov/histdata/

CEA（Council of Economic Advisers）（2017）*Economic Report of the President,* Washington. D.C.:
　U.S. GPO.

Davis, Michelle（2019）"Jamie Dimon Gets $31 Million Pay for JPMorgan's Record Year,"
　Bloomberg, January 18.

Epstein, Gerald A. ed.（2005）*Financialization and the World Economy,* Cheltenham, UK ;
　Northampton, Massachusetts: Edward Elgar Publishing.

FDIC（Federal Deposit Insurance Corporation）, FDIC Data Tools. Accessed August 22, 2019.
　https://www.fdic.gov/open/datatools.html

FDIC（Federal Deposit Insurance Corporation）, SDI（Statistics on Depository Institutions）.
　Accessed September 4, 2019. https://www5.fdic.gov/sdi/main.asp?formname=standard.

FDIC（Federal Deposit Insurance Corporation）, Quarterly Banking Profile. Accessed September 4,
　2019. https://www.fdic.gov/bank/analytical/qbp/

Foster, John Bellamy (2007) "The Financialization of Capitalism," *Monthly Review*, April.

FRB (Board of Governors of the Federal Reserve System), Data. Accessed August 22, 2019. https://www.federalreserve.gov/data.htm

FRB (Board of Governors of the Federal Reserve System), Federal Reserve Statistical Release, Data: Large Commercial Banks. Accessed September 4, 2019. https://www.federalreserve.gov/releases/lbr

FRB (Board of Governors of the Federal Reserve System), Financial Accounts of the United States. Accessed September 4, 2019. https://www.federalreserve.gov/releases/z1/

FRB (Board of Governors of the Federal Reserve System), Supervision & Regulation: Large Financial Institutions. Accessed September 4, 2019. https://www.federalreserve.gov/supervisionreg/large-financial-institutions.htm

Gordon, Robert J. (2016) *The Rise and Fall of American Growth: The U.S. Standard of Living Since the Civil War*, Princeton, New Jersey: Princeton University Press. (高遠裕子・山岡由美訳 (2018) 『アメリカ経済 成長の終焉』上・下, 日経 BP 社。)

JPMorgan Chase & Co (2018) *Annual Report.*

Kotz, David M. (2010) "The Final Conflict: What Can Cause a System-Threatening Crisis of Capitalism? ," *Science and Society*, Vol.74, No.3.

Lee, Seung Jung and Jonathan D.Rose (2010) "Profits and Balance Sheet Developments at U.S. Commercial Banks in 2009 ," *Federal Reserve Bulletin*, May.

Platt, Eric (2017) "KKR muscles into US Leveraged Loan Business," *Financial Times*, June 20.

Prins, Nomi (2009) *It Takes a Pillage: An Epic Tale of Power, Deceit, and Untold Trillions*, Hoboken, New Jersey: John Wiley & Sons, Inc.

Stiroh, Kevin J. and Jennifer P. Poole (2000) "Explaining the Rising Concentration of Banking Assets in the 1990," *Current Issues in Economics and Finance*, Vol. 6, No. 9, Federal Reserve Bank of New York.

第 2 章

金融の復権
——ウォール・ストリートによるワシントン政治の支配

はじめに

　本書は，1930 年代のニューディール期に確立した金融規制が 1980 年代以降段階的に緩和されるとともに，巨大複合金融機関（LCFIs: Large, Complex Financial Institutions）と称される巨大金融機関が経済的支配力を強めてきた過程——一言でいえば「経済の金融化」の過程——とその結果をさまざまな側面から分析する。金融化の過程は，金融の自由化，株主（機関投資家）重視の企業経営，一方では銀行に対する証券市場の優勢と他方では銀行持株会社の発展，実体経済の資本蓄積に対する金融的資本蓄積の優勢，資産価格上昇とバブルの形成，資産格差による所得格差の拡大，貿易に対する国際金融取引の優勢，金融覇権戦略，優れた能力の若者の金融業界における偏在と金融業界の高額の報酬など，多様な現象として現れている。金融化論は，これらの多様な現象の中のいくつかを取り扱うものが多い。

　ところが，これまでの金融化論は一部のものを除けば，金融化を進めた二つの動因への論及がほとんどない。その一つは，金融化は少数の寡占的な巨大複合金融機関のビジネス戦略（資本蓄積戦略）の結果であること，そしていま一つは，それは政治過程を媒介して実現されたことである。ウォール・ストリートの巨大複合金融機関については本書の第 1 章で明らかにした。そこで本章では，巨大複合金融機関がリードするウォール・ストリートの経済権力が政治権力に転化し，今度はその政治権力が経済権力を強化する過程を論じる。

　こう言えばすぐに，「そんなことは，ヒルファディングの『金融資本論』（1910 年）やレーニンの『帝国主義論』（1917 年）以来，とっくの前から何度

も言われていることだ」との反論がきそうだ。あるいは，もっと近くでは1990年代末のアジア通貨危機のときには，東アジアはクローニー資本主義（縁故資本主義）だとアングロ・サクソンの市場主義者から言われ，前近代的な政財界の融着が市場をゆがめていると批判されたのだった。

　たしかに人的結合や政治資金による政治権力との経済権力との癒着は，古今東西にわたってありアメリカとてその例外ではない。したがって本章の目的は，この一般的なことを確認することではない。そうではなく，金融業界による政治過程への介入のアメリカ的特徴，そしてここ30年来の変化を明らかにすることにある。そこで，アメリカにおける経済権力の政治権力へのアプローチの特徴を見てみよう。本章ではとくに，政治献金，回転ドア（revolving door），ロビイング（lobbying）に注目することにする。経済権力の政治権力へのアプローチと転化は，ウォール・ストリートと政治の場合ではどうなのか，以下この問題に焦点を絞る。

1. ウォール・ストリートによる選挙・政治献金

1.1　表現の自由としての選挙・政治献金

　経済権力の政治権力へのアプローチと転化の第一は，選挙・政治献金である。多種多様な利害関係にある団体や企業，組織が，自己に有利な政策や規制を求めて，政策の根拠法を作る連邦議会の議員や政党，また法案の拒否権をもつ大統領に対して莫大な政治資金を提供する。このような行為は，合衆国憲法修正第1条によって認められている。同修正第1条のなかで，連邦議会は言論または出版の自由を制限する法律，ならびに国民が平穏に集会する権利および苦痛の救済を求めて政府に請願する権利を制限する法律は制定してはならないと謳われ，これを政治的な言論や集会に資金を提供することを認めたものと解釈されているからだ。

　こうして選挙・政治資金の提供は国民の権利として認められる一方で，連邦議会の議員選挙や大統領選挙には巨額の資金が必要である。任期2年の下院は

2 年ごとに全議員の選挙がある，任期 6 年の上院は 2 年ごとに約 3 分の 1 の議席が改選となる。選挙のたびに増えてゆく選挙資金を集めるのは，太い金づるを持っていない議員にとって頭痛の種である。しかし，選挙ごとに最も多額の選挙資金を使った上院候補者の勝率はここ 20 年ほどでつねに 90％を超えるとなれば，新人はいっそう多くの資金を投じなければならない。これが，また選挙資金を増やしてゆく。民主党の上院議員で反ウォール・ストリートの急先鋒であるエリザベス・ウォーレンはいう。議員が大口の個人献金をできるような金持ちや CEO と何度も何度も話している間に議員の世界観は変わり，議員にとって何が政治的に重要なのかが献金の多寡を基準にするようになると（Warren 2017, p.165［大橋訳 2018, 202 頁］）。このことは，多額の政治資金を提供することによって，法律や政策を自己に有利なものに引き寄せることができるということになる。

　アメリカの政治を分析する NPO の一つである Center for Responsive Politics（以下 CRP と略記）によれば，各州とも州全域が選挙区の上院議員選挙のほうが州内の分区で選挙する下院議員よりも選挙資金がより多くかかる。当選した上下両院の議員の平均的な選挙資金は 1990 年で 387 万ドルであったのが 2018 年には 4 倍の 1575 万ドルに増えた。これだけの資金を 200 ドル以下の少額個人献金を募って賄える議員は，バーニー・サンダース上院議員などほんのわずかである。ほとんどの議員は，個人献金よりも政治活動委員会（PAC: Political Action Committee）と呼ばれる選挙資金や政治資金を調達するための政治団体や自前で資金を調達する。

1.2　カネはモノを言う

　先にも述べたように選挙には多額の資金がいる。CRP によれば 2000 年と 2016 年とを比較すると，上下両院の議員選挙（下院の全議席の改選と上院の議席の 3 分の 1 の改選）の必要資金は，インフレ調整済みで 24 億ドルから 43 億ドルへ，大統領選では 14 億ドルから 25 億ドルへ，それぞれ増加した。アメリカは他の先進国と異なり，政党の力が弱く党員に規範を徹底させられないということもあり，議員は多くの時間を資金集めに割く必要がある。ある推計で

は立候補者と現職議員は 30％〜70％の時間を資金集めの電話かけなどに費や
しているという（Lessig 2015, p.13）。週 6 日につき 2 日から 4 日の計算だ。と
なれば，議員は企業の PAC や企業幹部の個人献金を組織してくれるロビイス
トが提供してくれる政治献金は喉から手が出るほど欲しいものとなろう。

　一方，資金を出す方では，1907 年ティルマン法で企業・団体献金は禁止さ
れている。ただし 1971 年連邦選挙運動法は，個人献金に上限規制を設けると
ともに，企業や団体が選挙資金集めの PAC を設置し，その構成員（幹部や株
主）に政治献金を要請することが合法化された[1]。さらに 2010 年にシチズン
ズ・ユナイテッド対連邦選挙委員会裁判において最高裁は，個人や企業，団体
の主義・主張の自由な表明を認めるためには，その政治資金支出も自由だとし
て，政治資金の献金枠を撤廃した。この政治活動のために作られるのがスー
パー PAC と呼ばれる政治活動団体であり，特定候補の選挙運動に直接資金を
支出することはできない。しかし，政策に関する主張や特定候補の対立候補へ
の批判は自由に認められている。そのため多額の資金を投じて，テレビ CM
で対立候補を誹謗するネガティブ・キャンペーンが増えたと言われる。そして
スーパー PAC は，大企業や大きな労働組合，大富裕者層が無制限に政治資金
を出すことから，金持ちのための政治をますます進めるものとして批判がある
（なお，候補者や政党への選挙・政治資金の流れは図表 2-1 を参照）。ちなみ
に，2016 年の大統領選では，ドナルド・トランプもバーニー・サンダースも
自分を直接支援する PAC は持っていなかったが，スーパー PAC は彼らを支
援するキャンペーンを行った。

　こうした政治献金に対しては，エリザベス・ウォーレンが言うように，個々
の議員は資金源とは別に自分の政治姿勢を保とうとするかもしれない。しか
し，名前も知らない少額の多数の個人献金者よりも，企業の PAC やロビイス
トといった大口の献金者との付き合いは強くならざるを得ない。議員個人とし
て便宜を図ることを目的として献金者に接近しないかもしれないが，しかし献
金する側からすれば，その意図は，エリザベス・ウォーレンが言うように，ま

1　個人献金は 2019-20 年選挙では，候補者 1 人当たり 2800 ドル，一つの PAC につき 5000 ドル，
　政党の全国委員会には 3 万 5500 ドルといった具合に上限がある。また，PAC から別の一つの
　PAC に対する献金は 1 件当たり 5000 ドルの上限がある。

図 2-1　選挙・政治資金献金の流れ

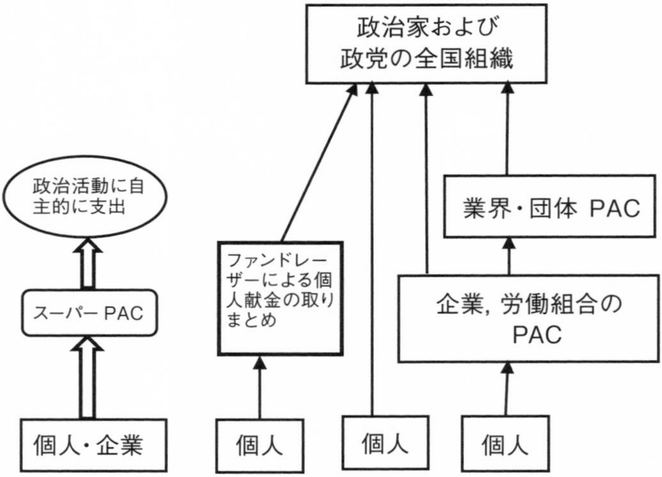

出所：著者作成。

ずは議員との関係を創ることにある。彼女は言う。「銀行や金融企業からの大口献金は，何か特定のものを買っているわけではなく，企業のロビイストが面会を求めればいつでも，2回でも3回でも4回でも，面会できる可能性がはるかに高くなることを意味する。それはまた，企業経営者が下院金融サービス委員会の委員に私用電話をかけて業界との懸念についてただ話をするときに，委員の誰もが歓迎することを意味する。それは公職を持つ者と大金を持つ者との間に，グリーティングカード，誕生日の電話，立ち寄りといった結びつきを構築することになる」（Warren 2017, pp.163-164［大橋訳 2018, 200 頁］）と。このように，献金は献金した側が議員との接触と関係を深めるきっかけとなる。そして，何より重要なことは，その関係を通じて議員の価値観を変えることができるのだ。

　この四半世紀をみると，金融業界からの献金が労働界などほかの部門とは不比例的に増加した（表2-1）。（なお，表中の「その他」とは，ハーバード大学などの有名大学，ニューヨーク市などの地方自治体などが入る。後述のように，大学や地方自治体も予算獲得などのためにロビイストと契約し，ロビイストは当該予算に関連する議員に献金する。また，「イデオロギー・単一問題」

表 2-1　部門ごとの選挙献金

（単位：百万ドル）

部門	1992 年	2016 年	倍率
金融・保険・不動産	128	1,149	9.0
その他ビジネス	79	497	6.3
弁護士・ロビイスト	68	264	3.9
労働	53	219	4.1
その他	52	721	13.9
健康・医療	46	293	6.4
通信・電子	39	336	8.6
アグリビジネス	39	120	3.1
エネルギー・天然資源	37	178	4.8
イデオロギー・単一問題	31	517	16.7
運輸	27	98	3.6
建設	26	135	5.2
防衛	10	31	3.1

注：各部門の選挙資金の献金は，個人，PAC，その他からなる。1992
　　年と 2016 年は大統領選のあった年。
出所：Center for Responsive Politics の選挙資金献金データ。

とは人工中絶や銃規制など，党派色が強い献金分野である）。金融業界からの
選挙・政治資金の献金について言えば，それは巨額であることに加えて，共
和，民主の両党にほぼ均等に党派色なく支出された。PAC による選挙資金は
直接的に，スーパー PAC の資金は間接的に選挙の候補者を資金的にバック
アップする。その結果として，議会では銀行業界や証券業界が支援してきた金
融規制緩和派が反対派を上回るようになり，次々と金融自由化の法律を通過さ
せたのであった。またウォール・ストリートによる大口の PAC の献金は，金
融業界がその幹部を回転ドアを通じて行政府高官に送り込みことを容易にす
る。まことに，「カネはモノを言う」（money talks）のである。

2. 回転ドアとウォール・ストリート＝財務省複合体の形成

2.1　ウォール・ストリートとワシントン政府の回転ドア

　経済権力が政治権力に転化する第2のルートは，回転ドアと呼ばれるアメリカに独自な政治システムである。それは大統領が変わるごとに，大統領などによる政治任用（political appointment）によってワシントンの行政府の多くの高官や幹部が民間の組織の幹部から任用されたり，逆に行政府の高官や幹部が民間企業に転職することをいう。民間と行政府の幹部が，この回転ドアによって人材交流や人的ネットワークを形成するのだ。大統領が政治任用する際には，大統領選で貢献した者への論功行賞はもちろんのことであるが，大統領の交友関係や利益団体の代理人であるロビイストもその有力な対象者である。この回転ドアを通じて，民間は業界としてあるいは個別企業として自己に有利な行政ルールやその施行を誘導することができる。なお，このような回転ドアはヨーロッパでは一般的ではないし（Julien 1988），日本でもほとんどない。

　このように，アメリカでは大統領が変わるたびに，大統領の政治任用により行政府のトップや幹部が大幅に入れ替わる。トランプ政権では5千人以上の政治任用のうち上院の承認を必要とする高官が千人以上含まれていた。このような政治的任用によって，経済界のビッグネームで公職経験のない大物が行政府のトップに座ることは多い。現にトランプ大統領からして不動産業では成功したが，一度も公職経験がない。彼らが公職に就く際には，それまでのビジネスと手を切ることが求められるが，その価値観や交友関係まで断ち切るわけにはいかない。そこに回転ドアの本当の価値がある。

　連邦議会は政策の根拠となる法律は作るが，実際に政策を実行するには細かなルールや規制が必要である。それらを決定し，施行するのは行政府である。そこで一方では，政策の対象となる業界や企業は，自己に有利なルールを作るべく回転ドアを通じて行政府に自分たちの大物を押し込もうとするし，他方では行政機関はその政策対象に詳しい人材を引っ張ろうとする。とくに近年，金

融の世界は証券化やデリバティブなど，高度に専門化し複雑になっている。こうなると行政当局にとっても，実務経験と実際の知識をもっているウォール・ストリートの人材は必要とされ，金融政策策定のうえで彼らの発言が不釣り合いに強くなる。その結果，かつて J・スティグラーが「捕虜理論」として主張したように，規制機関である行政機関が規制対象の捕虜になって，その政策が公益というより政策対象である金融業界の利益を促進することを目的とするようになる（ジョンソン＆クワック 2011）。

　経済の金融化が進んだ 1990 年代以降，回転ドアによってウォール・ストリートと行政府の人的交流は太くなった。それは財務長官の政治任用に典型的に見られる。財務長官は，内外金融，予算管理，通貨管理など広範な業務を行う財務省のトップだ。戦後，ウォール・ストリートから公職を経ずに直接，財務長官になったのはレーガン政権のときのドナルド・リーガンでメリル・リンチの CEO からの転職であった。その後のジョージ・H・W・ブッシュ政権を経て，再びウォール・ストリートからの直接任用になったのはクリントン政権からである。

2.2　ゴールドマン・サックスと財務省

　表 2-2 から明らかなように，シティグループおよびゴールドマン・サックスと財務省とが回転ドアによって強い関係を作っている。なかでもゴールドマン・サックスの存在は際立って大きい。ゴールドマン・サックスから財務長官として最初に来たのは，同社の共同会長であったロバート・ルービンである。もともと金融界に好意的であったクリントンが，ウォール・ストリートで信用を得るようになったのは彼のおかげであったし，1992 年の大統領選の資金調達でもルービンはクリントン当選に貢献した。クリントンはこれに応えて，ルービンに国家経済会議の初代議長のポストを用意したのであった。

　その後ルービンは財務長官になり，クリントンを督励して 1980 年代から進んできた金融自由化の最後の難関であった銀行業と証券業の業態の自由化を盛り込んだ 1999 金融サービス近代化法（通称グラム＝リーチ＝ブライリー法）の成立へと導いた。また対外的には，NAFTA 成立直後に起きたメキシコの

表 2-2

	財務長官在任期間	主な前職	財務長官後の主な職
ク リ ン ト ン 政 権	ロイド・ベンツェン（1993年1月～1994年12月）	下院議員（1948年～56年）その後，金融企業の社長。上院議員（1971年～93年）	
	ロバート・ルービン（1995年1月～99年7月）	ゴールドマン・サックスの共同上席パートナー兼共同会長（1990年～92年）。経済政策担当大統領補佐官・国家経済会議（NEC）初代議長（1993年～95年）	シティグループの取締役兼上席相談役（1999年～2009年）。フォードの取締役（2000年～）。外交問題評議会（CFR）の共同議長（2007年～2017年）。
	ローレンス・サマーズ（1999年7月～2001年1月）	ハーバード大学教授，世界銀行副総裁・チーフエコノミスト（1991年～1993年），財務副長官（1995年～1999年）	ハーバード大学学長（のちに辞任），シティグループの顧問。オバマ政権で国家経済会議（NEC）議長（2009年～2010年）
G・W・ブ ッ シ ュ 政 権	ポール・オニール（2001年1月～2002年12月）	大手アルミメーカーのアルコアの会長（1987年～2000年），会長兼最高経営責任者（1987年～1999年）	投資ファンド運用会社ブラックストーン・グループの上席相談役
	ジョン・スノー（2003年2月～2006年6月）	大手運輸会社CSXの会長兼・最高経営責任者（1991年～2000年），財界団体のビジネス・ラウンドテーブル会長（1994年～1996年）	未公開株式投資ファンドサーベラス・キャピタル・マネジメント会長（2006年～）
	ヘンリー・ポールソン（2006年7月～2009年1月）	ゴールドマン・サックスの共同会長兼共同最高経営責任者（1998年～1999年），会長兼最高経営責任者（1999年～2006年）	大統領選でヒラリークリント支持を表明（2016年6月）
オ バ マ 政 権	ティモシー・フランツ・ガイトナー（2009年1月～2013年1月）	1988年に財務省に入省。国際担当財務次官に昇任（1999年）。IMF政策開発審査部長（2001年～2003年）。NY連銀総裁（2003年～2009年）。	プライベート・エクイティ会社のワバーグ・ピンカスの社長（2014年）
	ジェイコブ・ルー（2013年2月～2017年1月）	シティグループの2つの部門の最高執行責任者（206年～2009年），行政管理局長（2010年～2012年），大統領首席補佐官（2012年1月～2013年1月）	プライベート・エクイティ会社の役員。鉄鋼製品メーカーの持株会社ステルコ持株会社およびスティール・カンパニー・オブ・カナダの役員。
ト ラ ン プ 政 権	スティーブン・ムニューシン（2017年2月～）	大統領選でトランプ陣営の資金管理責任者（2016年）ゴールドマン・サックスに勤務（1985年～2002年）。同最高情報責任者（2001年）。ヘッジファンド投資会社 Dune Capital Mangement の共同最高経営責任者・兼会長（2004年～2016年）。	

出所：各種資料より筆者作成。

金融危機に対して，アメリカ政府の緊急融資を行い，それによってアメリカの大手銀行やメキシコ国債最大の引き受け手であったゴールドマン・サックスの損失を回避した（Prins 2014）。ルービンは，金融サービス近代化法の上院通過を見たうえで財務長官の辞任を表明した。そして行った先が，同法の最大の受益者となったシティグループであり，その取締役であった。彼は，財務長官時代に減った報酬を補って余りある破格の報酬で迎えられたのである。これは，まさにウォール・ストリートと財務省との回転ドアの典型であるが，個人的にも回転ドアがいかにキャリアと報酬に貢献するかを示すものである。

　ウォール・ストリートから次に財務長官として来たのがヘンリー・ポールソンで，ゴールドマン・サックスの共同会長兼共同 CEO からの転身であった。財務長官として彼は，在任期間中に起きた 2008 年の金融危機に対応したが，どの金融機関の倒産を認め，どの金融機関は救済するのかを決定する重責を担った。彼は，ゴールドマン・サックスの長年のライバルであるリーマン・ブラザーズは倒産，ベア・スターンズは JP モルガン・チェースに吸収合併させるという判断を下す一方で AIG は救済した。そして，当時下院議長であった民主党のナンシー・ペロシに民主党議員への説得を懇願し，7000 億ドルの金融機関救済の財政支出を実現した。同社も 100 億ドルの救済資金を手にしたうえ，AIG が救済されたので，保険金として 129 億ドルを受け取ることができた（Prins 2017）。このポールソンは多くのゴールドマン・サックスの経営幹部を財務省に連れてきたので，付いたニックネームはガバメント・サックス（Government Sachs）であった（Dealbook 2016）。

　次のオバマ政権のもとで財務長官を務めたガイトナーは，ゴールドマン・サックス出身ではなく長らく財務省に勤める公務員であったが，ローレンス・サマーズやポールソンの弟子に当たる存在であった。その意味では，彼らと同じくウォール・ストリートの価値観の持ち主であった。そして彼は，就任直後の 2009 年 1 月 27 日に，前年に成立した緊急経済安定化法の施行過程ではゴールドマン・サックスのロビイストであるマーク・パターソンを財務省の首席補佐官に任用した。実はその 1 週間前にオバマ大統領は大統領令で，政府任用された者は任用後 2 年間は以前の勤務先のためにロビイングを行うこと，規制を作ること，契約を結ぶことを禁止していた。しかし，回転ドアの向こう側から

パターソンのように直接的に政府任用されること自体は禁じていなかったのだ。これでは，まるで鶏小屋には狐を放ち，逃げないように鍵をかけるようなものである（Prins 2009, p.198）。

　そして，トランプ政権は再びゴールドマン・サックスから財務長官を政治任用した。スティーブン・ムニューシンである。彼は，銀行が自己勘定でリスクを取って金融商品を購入・売却また取得・処分をすることを禁止したドッド＝フランク法のなかのボルカー・ルールを批判し，その撤廃を主張している。

　このようにクリントン政権以来，回転ドアによって財務長官をゴールドマンから直接任用してきたほか，財務省関連の行政機関のトップにもゴールドマンから政治任用してきた。またシティグループの影響も強い。かくして歴代政権においてウォール・ストリートと財務省との人的交流と人的結合が進んだ結果，J・バグワティが名付けたように「ウォール・ストリート＝財務省複合体」が形成され，ウォール・ストリートの価値観が金融行政に根付くのである。それは世界銀行やIMF，そして国務省にも影響力にも浸透し，財務省，IMF，世界銀行は外国に金融市場の開放と自由化，国内の規制緩和と市場経済化を迫り，アメリカの金融覇権の一翼を担うこととなった（Bhagwati 1998）。

　民間金融機関から回転ドアで金融行政機関に来た者は，大統領政権が変われば回転ドアによって再び民間に戻って行くが，その報酬は公職に就いたことで減収になった分を補って余りある。それが公職時代の貢献に対する論功行賞の成果であり，今後果たす役割への期待を込めた前祝である。こうして回転ドアを行き来することは，個人的にも経済界での出世階段における大きな飛躍である。

3．回転ドア・ロビイストの隆盛

3.1　企業のロビイングの拡大

　経済力の政治力への転化の第三のルートは，国民が政治家に直接，自分たちの意見を表明するだけでなく，議員への働きかけをもっぱら職業としてやって

いるロビイスト（lobbyist）やロビイング会社（lobbying firm）を使って行う
ロビイングである。

　もともとロビイングとは，典型的には連邦議会の議員および議員スタッフ，
大統領，政府高官といった公権力に働きかけることであり，このことによって
立法や行政を自己に有利なように動かす。それは新たに規制を作る新たな法律
を作ることもあれば，従来の法律の撤廃の場合もあれば，行政府のルールに関
することもある。また，マスコミや選挙民にも働きかけ，世論を動かそうとす
ることも広義ではロビイングである。ロビイストは上下両院に登録する必要が
あるが，2018 年ではほぼ 1 万人が登録されていた。

　ウォール・ストリートの経済権力が政治権力を媒介に自分の利益を拡大しよ
うとすれば，なによりもそのための政策の根拠法を議会で成立させる必要があ
る。また予算についても，アメリカは日本と違って議会が策定し法律として決
める。そして，大統領はこれらの法案に対して拒否権をもっている。したがっ
て，多種多様な利害関係者が議員や大統領に対してロビイングと呼ばれる立法
工作活動を行う。その際，ロビイングを専業として行っているロビイング会社
やロビイストたちとビジネス上の契約を結び，彼らにロビイングを依頼するの
が一般的である。大学であっても，何らかの施設を作る際にロビイストを通じ
て地元出身の議員に補助金を予算に盛り込んでもらう（「イヤマーク」を付け
るという（軽部 2009））。一方，議員のほうはロビイストが大口の献金を束ね
てくれることを期待する。

　ロビイングなりロビイストという言葉は，アメリカでも何かしら胡散臭さが
付きまとう。しかし一方では，前述のように表現の自由と結社の自由，そして
政府への請願権は，国民に保障された権利だとする強固な主張も存在する。
CRP によれば，2018 年における独立して実際に活動しているロビイストの登
録者数は 1 万 1654 人で，ピーク年の 2007 年の 1 万 4825 人より減っている
が，ロビイングに対する支出は増える一方で 2007 年の 29 億ドルから 2018 年
には 35 億ドルに増加した。

　ロビイストはワシントンに集中しているが，もともとそうであったわけでは
ない。それはいまやロビイストの最も重要な顧客となった企業の行動変化によ
る。すなわち 1970 年代以降，収益性の低下や環境規制の強化に危機感を抱い

た企業は業界団体を設立して，政治への働きかけを強化しようとした。たとえば 1972 年には，大手企業 200 社の CEO が集まるシンクタンクにしてロビイングを行うビジネス・ラウンドテーブルが結成されたし，1973 年には全国製造業者協会（NAM）が本部をアトランタからワシントンに移した。また企業もワシントンにオフィスを置くようになり，その数は 1950 年当時 100 社以下であったのが 1990 年代には 500 社を超えるようになった（ライシュ 2008, 183頁）。もはや政治を語るのではなく，政治に働きかける時が来た，というわけである[2]。

　1990 年代以降，企業が政治に積極的になるとともに，ロビイストは専門職として，政府の政策の変化から企業を保護したり，逆に企業に有利な変化を探したりして，その存在意義を高めてきた。ロビイング研究の専門家である L・ドラットマンによれば，こんにち労働組合および公益団体が合わせて 1 ドルをロビイングに使うとすれば，大企業と関連団体は 34 ドルを使っていることになる。最も多くの資金をロビイングに使っている 100 の組織のうち 95 の組織は企業を代表している（Drutman 2015b）。ニューヨークにあるストレイトガス・リサーチ・パートナーという投資調査会社によれば，企業のロビング支出の対資産比率が高い上位 50 社の株価指数（2009 年～2018 年）は S&P500 のそれを毎年 5 ％も上回っていた（Tepper, Jonathan and Denise Hearn 2019, p.187）。かくしてロビイストやロビイング会社は，その顧客である企業に高い収益性をもたらすのである。この超過利潤（レント）のゆえにこそ，企業や業界団体はロビイングというレントシーキング活動を行うのである。

3.2 回転ドア・ロビイスト

　先にも述べたように，ロビイストやロビイング会社と契約するのは，地方自治体，大学，労働団体，外国政府，外国企業など多種多様であるが民間企業が

2　1970 年代が企業の集団的な意思形成のうえで画期をなすことは，多くの研究に共通している。M・ユシームは企業の兼任重役制による情報収集と人的結合の発展が，業界を越えた資本家階級としての意思を形成するという（Useem 1984）。1970 年代は同時に企業の政治活動が盛んになる時期であり，L・ドラットマンによれば 1970 年代は「企業のロビイングの政治的覚醒」の時期だという（Drutman 2015a）。

圧倒的に多い。ロビイストたちは，現職議員との個人的接触や公聴会を通じて意見表明を行う一方で，議会スタッフや行政府職員に対しても法案の準備や起草のために労を惜しまず援助する。あるいは，選挙民に対して世論形成を行おうとする。

　ロビイストはどこから来るのか。その正体は元連邦議会の議員や幹部職員，そして元行政府の幹部職員，つまり回転ドアの向こう側から来るのが圧倒的に多い。というのも，下院の前職議員は前の同僚議員に対して 1 年間，上院の前職議員は前の同僚議員に対して 2 年間，それぞれロビイングすることは禁じられているものの，ロビイング以外であれば前・元議員は先輩議員として現役の議員に接触を図ることは容易だからだ。ましてやロビイング会社に対して現職議員への接近方法を指南することは何の問題もない。このような議員出身の回転ロビイストは多い。第 115 会期（2017 年～2019 年 1 月）でもって引退や落選した上下両院議員の 44 人のうち実に 59％にあたる 26 人が，ロビイング会社やコンサルティング会社に雇われ，立法府や行政府に影響力ある職についていた（Zibel 2019）。そしてまた，行政府の幹部職員のロビイスト転身も多い。複雑な法律や膨大な規制文書を 1 ページずつ，1 行ずつ読んで，顧客である企業に有利な抜け穴を探し出すことは，立法過程や行政に豊富な経験と知識をもつ行政府の幹部職員や議会の立法補佐職員を除いては難しいだろうからである[3]。

　ウォール・ストリート（金融・保険・不動産業を示すいわゆる FIRE 部門）は，ロビイングの支出ランキングではほぼ毎年，健康・医療部門に次いで 2 位もしくは 3 位であり，活発なロビイングを行っている。CRP によれば，2018 年では 2150 人のロビイストと契約し，しかもこれらのロビイストのうち回転ドア・ロビイスト，すなわち議員や行政府，議会の上級職員であった者の比率は 62％に及ぶ。上院の銀行・住宅・都市問題委員会所属であった議員やスタッフの 115 人，下院の金融サービス委員会所属であった議員やスタッフの 99 名がロビイストとして活動している。

3　ラピラ＝トーマスは，回転ドア・ロビイスト台頭の理由として，① 議会スタッフのなかで立法補佐職員の定員削減があったこと，② 議会では多くのスタッフを擁する政党の幹部の影響力が高まったことを挙げている。議会の職員が減った分だけ議員の情報分析能力が低下し，その不足を補うためにロビイストに頼るようになるとともに，強くなった政党幹部の影響力は議員を辞めても残るからである。（Lapira and Thomas 2017, p. 21）。

　『ワシントン・ポスト』は，2008 年の金融危機から 10 年後の 2018 年時点で，2008 年当時上院の銀行・住宅・都市問題委員会および下院の金融サービス委員会に属しており，その後議員や職員を辞めた者の職歴を調べている（Stein 2018）。それによれば，前者の委員会に属していた 10 人の議員のうち 6 人，そして後者の委員会に属していた 37 人の議員のうち 9 人がロビイング会社に雇われていた。上級職員でも同じように，前者では 40 人のうち 15 人が，後者でも 40 人のうち 17 人が JP モルガン・チェースやシティグループ，ゴールドマン・サックスといったウォール・ストリートの大手金融機関のロビイストに転職した。ロビイング会社に行かなかった元議員たちも大手金融機関に転職した。彼らは回転ドアを通ってロビイストや金融機関に転職するのであるが，その金銭的刺激はきわめて大きい。というのは，インフレ調整後の彼らの報酬は，連邦議員の場合には 2006 年の 16 万 5000 ドルから 2015 年の 15 万 1510 ドルへ，そして議会の首席補佐職員の中位の報酬は 16 万ドルから 14 万 7000 ドルへ，それぞれ低下した。一方，議会から民間に行った場合には 100 万ドル以上の報酬が得られるからである（Stein 2018）。

　こうしてウォール・ストリートは，多額のロビイング支出をしながら回転ドアを通じてウォール・ストリートから行政府へ人材を押し込み，他方では行政府からウォール・ストリートに人材を引っ張ろうとする。ウォール・ストリートのロビイング支出は，2008 年の金融危機後も増え続けてきた。「大きすぎて潰せない」ウォール・ストリートの大手金融機関には，たとえばシティグループには 450 億ドル，JP モルガン・チェースには 250 億ドルといったように巨額の救済資金が提供された。しかしその一方では，2008 年においても，それぞれ 770 万ドルと 540 万ドルのロビイング支出をしていたのだ（Grow, Epstein and Berner 2009）。

　そして金融危機を機に，金融行政において消費者保護を打ち出すとともに金融機関の資本規制の強化を図った 2010 年成立のドッド＝フランク法の立役者の一人であったクリス・ドッド議員（上院銀行委員会委員長，民主党）と，もう一人の立役者のバーニー・フランク議員（下院金融サービス委員会委員長，民主党）には，他の議員よりもかなり多い選挙資金が献金されていた（Grow, Epstein and Berner 2009）。ドッド議員は 2010 年には議員を辞めて，アメリ

カ映画協会の会長兼首席ロビイストとして活動した後，2018 年には Arnold & Porter 法律事務所に勤務し金融コンサルティングを行っている。他方，フランク議員は 2015 年にニューヨークのシグナチャ銀行の取締役の転じ 100 万ドル以上を稼いだのだった。

おわりに

　本章は，ウォール・ストリートの経済権力が政治権力に転化するプロセスとその結果について明らかにした。すなわち，政治家に対する選挙・政治資金の献金はカネの面から，回転ドアは財務省とウォール・ストリートとの人的交流と人的ネットワークの面から，そしてウォール・ストリートによるロビイングは議員と行政府への直接的な働きかけの面から，それぞれウォール・ストリートの権力を政治権力に転化させてきた。その過程は同時に，ウォール・ストリートの価値観とイデオロギーが立法府と行政府に浸透してゆく過程でもあった。ウォール・ストリートの支配力が政党において及ぶ先は，共和，民主の党派を問わない。

　ウォール・ストリートの経済権力は，政治を媒介にしてさらに経済権力を強めようとしてきた。その結果，金融行政においては公益が後退し，ウォール・ストリートの利益が優先される。1930 年代のニューディールの金融規制によって抑制されてきた金融の政治的権力は，ここに復活し，強力なものとなる。本章のタイトルである金融の復権が意味するのは，このことである。1980 年代以降進んできた経済の金融化とは，ウォール・ストリートによる政治を媒介にした金融権力の強化にほかならない。ウォール・ストリートによって飲み込まれた公益と民主主義を取り戻すには，「政治の金融化」の改革が不可欠である。

［参考文献］
ウォーレン，エリザベス著，大橋陽訳（2018）『この戦いはわたしたちの戦いだ——アメリカの中間層を救う闘争』蒼天社出版。［Warren, Elizabeth (2017) *This Fight is Our Fight: The Battle to Save America's Middle Class*. New York: Metropolitan Books/Henry Holt and Company.］
軽部謙介（2009）『ドキュメント　アメリカの金権政治』岩波新書。
ジョンソン，サイモン，ジェームズ・クワック著，村井章子訳（2011）『国家対巨大銀行——金融の

肥大化による新たな危機』ダイヤモンド社。[Johnson, Simon, and James Kwak (2010) *13 Bankers: The Wall Street Takeover and the Next Financial Meltdown.* New York, NY: Pantheon Books.]

ライシュ, ロバート著, 雨宮寛・今井章子訳 (2008)『暴走する資本主義』東洋経済新報社。[Reich, Robert B. (2007) *Supercapitalism: The Transformation of Business, Democracy, and Everyday Life.* New York, NY: Alfred A. Knopf.]

Bhagwati, Jagdish (1998) "The Capital Myth:The Difference between Trade andin Widgets and Dollars," *Foreign Affairs*, May/June.

Dealbook (2016) "The Guys From 'Government Sachs'," *The New York Times*, December 1.

Drutman, Lee (2015a) *The Business of America is Lobbying: How Corporations Became Politicized and Politics Became More Corporate.* Oxford; New York, NY: Oxford University Press.

Drutman, Lee (2015b) "How Corporate Lobbyists Conquered American Democracy," *The Atlantic*, April 20.

Grow, Brian, Keith Epstein and Robert Berner (2009) "The Home Foreclosure Fiasco," *Business Week*, February 23.

Julien, Bruno (1988) *Les Groupes de Pression Americains: Le Lobby Agro-alimentaire à L'assaut du Pouvoir : un Modèle Pour L'Europe?.* [津守英夫ほか訳 (1990 年)『アメリカの圧力団体──権力に迫る食料・農業ロビイスト』農山漁村文化協会。]

Lapira, Timothy M. and Herschel F. Thomas (2017) *Revolving Door Lobbying: Public Service, Private Influence, and the Unequal Representation of Interests.* Lawrence , Kansas: University Press of Kansas.

The Economist (2011) "Money and Politics: Investment and Lobbying," October 1.

Lessig, Lawrence (2015) *Republic lost: The Corruption of Equality and the Steps to End It.* New York, NY: Twelve.

Prins, Nomi (2009) *It Takes a Pillage: An Epic Tale of Power, Deceit, and Untold Trillions.* Hoboken, New Jersey: Jhon Wiley & Sons, Inc.

Prins, Nomi (2014) *All the Presidents' Bankers: The Hidden Alliances that Drive Power.* New York, NY: Nation Books. (藤井清美訳 (2016)『大統領を操るバンカーたち──秘められた蜜月の 100 年』上・下, 早川書房。)

Prins , Nomi (2017) "The Goldman Sachs Effect: How a Bank Conquered Washington," *Le Monde Diplomatique*, 29 January.

Stein, Jeff (2018) "Many Lawmakers and Aides Who Crafted Financial Regulations after the 2008 Crisis Now Work for Wall Street," *The Washington Post*, September 7.

Stigler, George (1971) "The Theory of Economic Regulation," *The Bell Journal of Economics and Management Science*, Vol. 2, No. 1. pp. 3-21.

Tepper, Jonathan amd Denise Hearn (2009) *The Myth of Capitalism: Monopolies and the Death of Competition*, Hoboken, New Jersey: Jhon Wiley & Sons, Inc.

Useem, Michael (1984) *The Inner Circle: Large Corporations and the Rise of Business Political Activity in the U.S. and U.K.* New York, NY; Oxford University Press. [岩城博司・松井和夫監訳 (1986)『インナー・サークル──世界を動かす陰のエリート群像』東洋経済出版社。]

Zibel, Alan (2019) "Revolving Congress: The Revolving Door Class of 2019 Flocks to K Street," Public Citizen, May 30.

第 3 章

大きすぎて潰せない（TBTF）
──コンチネンタル・イリノイ銀行の救済を事例にして

はじめに

　2008 年金融危機に直面したアメリカ金融当局は，大手投資銀行リーマン・ブラザーズの経営破綻は放置したものの，シティグループやワコビア，さらに AIG など経営危機に直面した多くの大手金融機関を救済した。連邦準備制度（FRB）は「最後の貸し手」（LLR: Lender of Last Resort）機能を発揮して流動性を制約なしに供給し，連邦預金保険公社（FDIC）は「システミック・リスクによる例外規定」（SRE: Systemic Risk Exceptions）を活用して銀行持株会社による投資銀行の統合支援や暫定的流動性保証プログラム（Temporary Liquidity Guarantee Program）による銀行発行債券の保証に踏み込み，そして財務省は不良資産救済プログラム（Troubled Assets Relief Program）を創設して不良資産の買い取りや資本注入に邁進した（FDIC 2017）。

　この金融危機を契機として，大手銀行を対象とする「大きすぎて潰せない」（TBTF: Too Big To Fail）政策から，中央銀行制度や預金保険制度の対象外とされてきた投資銀行などのシャドー・バンクをも救済の対象に含めて「重要すぎて潰せない」（Too Important To Fail）政策にシフトしたとの指摘もある。何れにしても，巨大金融機関の経営破綻が及ぼす社会経済の混乱の回避を名目に TBTF 政策が導入され定着することになった。

　TBTF 政策の歴史的起源は 1970 年代に遡る。TBTF の用語は，後述するように，コンチネンタル・イリノイ国法銀行（正式名称は Continental Illinois National Bank & Trust Co. of Chicago であるが，コンチネンタル銀行または CINB と略記）の恒久的救済案が公表された 1984 年 7 月 26 日から 2 か月も経

たない9月15日から10月4日にかけて，救済問題に関して連邦議会下院（金融機関監督・規制・保険小委員会）が実施した公聴会で初めて用いられたとされる（Nurisso and Prescott 2017）。本章はTBTF政策が定着する契機となったコンチネンタル銀行の救済に焦点を当て，FRBのLLR機能とFDICのペイオフ（payoff：預金保険支払いによる破綻銀行の清算）の分業体制がどのようにFRBとFDICが一体となったTBTF政策に移行したのかを跡づけようとしている。

　以下，第1節では中央銀行制度としてのFRBの改革に止まらず，大恐慌期になぜ連邦預金保険制度を導入しなければならなかったのか，FDICとFRBの関係を含めて跡づける。ニューディール期に形成された金融封じ込め体制は1970年代初頭のフロート制移行とともに崩壊を開始し，金融自由化政策の進展とともに銀行倒産に起因する金融危機が再来する。遂にFDIC，FRB，財務省は，大手銀行の一角を占めるコンチネンタル銀行の経営破綻に直面する。第2節では，この過程をコンチネンタル銀行の経営戦略に着目して追跡する。親会社の銀行持株会社のもと広く国内外で多様な金融関連業務をアグレッシブに拡張していた巨大複合金融機関の破綻処理は，従来とは根本的に異なる方法にならざるを得なかった。第3節では，コンチネンタル銀行の経営破綻とその救済過程に焦点を当て，TBTF政策が巨大複合金融機関による金融支配の手段として登場する歴史過程を特徴づけることにする。

1．連邦準備制度と連邦預金保険制度

1.1　大恐慌と連邦準備制度の改革

　イギリスなど主要国の中央銀行制度を検証して創設したFRBにもかかわらず，純粋な民間加盟銀行だけを出資者とする12地区の連邦準備銀行を中心に組織としたことなどから，「最後の貸し手」（LLR）の機能が連邦準備法に明示的に書き込まれることはなかった[1]。銀行預金取り付けの連鎖が金融恐慌に帰結することを阻止するため，中央銀行当局が準備金を集中し，健全経営銀行に

対して懲罰的高金利で制約なしに適格手形の割引によって貸し出すことで，中央銀行は LLR として機能する――こうした中央銀行の政策原則は「バジョット・ルール」と呼ばれる（Bagehot 1873）。しかし，大恐慌に直面して連邦議会は，1932 年グラス＝スティーガル法を制定し，緊急時に連邦準備銀行に対して適格手形以外の約束手形を担保とする貸し出しを，公定歩合より少なくとも 1％高い割引率で，暫定的に（1933 年 3 月まで）認めた（連邦準備法第 10 条に B 項を追加）。

　さらに，1932 年緊急救済建設法（第Ⅱ編第 210 条）は，連邦準備法第 13 条に第（3）項を追加し，「異常な急迫時に」は連邦準備銀行が加盟銀行以外の個人，パートナーシップまたは法人に対して，加盟銀行に認められている適格手形類の割引を認めた。連邦準備局（1935 年銀行法による再編前の呼称）は，連邦準備銀行の唯一の所有者である加盟銀行に不公平との理由から，加盟銀行以外の法人に金融機関（特に州法銀行）は含まれないと解釈して抵抗したが，1933 年 3 月 24 日の法律（1933 年銀行法ではない）で非加盟の州法銀行および信託会社に対する連邦準備銀行貸出を加盟銀行貸出と同条件で認めた（FRB 1933, pp.38-39）。また，手形割引の条件として適格な裏書と担保の両者の提供を必要としたが，後に 1935 年銀行法第Ⅲ編 321 条で裏書または担保のいずれかに緩和された。

　しかし，第 13 条（3）項に基づく連邦準備制度全体の 1936 年 7 月までの累積貸出は，123 件の承認，総額 150 万ドルに止まった。最高額はタイプライター製造会社に対する 30 万ドルの融資で，他には野菜生産者に対する 25 万ドルの貸出などであった。1935 年銀行法で，連邦準備法第 10 条 B 項から緊急時などの規定が削除され，また加盟銀行貸出における担保の制限もなくなった。しかし，適格手形の再割引という「真正手形原則」を逸脱する手段を用意したにも拘らず（Sastry 2018, p.18），長老銀行家の支配する連邦準備銀行取締役会は金本位制のゲームのルールに拘束されて十分な流動性の供給に失敗した（須藤 2015）。

1　他の理由に，州政府認可の州法銀行に対する中央集権的圧力への反感が建国期からあったことや，預金準備率などへの厳格な銀行規制があったことなどがあった。

1.2 FDIC の創設とその機能

　大恐慌では，連邦準備制度に加盟しない小規模の州法銀行に対する取り付けの連鎖が集中して，金融システムの脆弱性を露呈させた。これが大銀行の反対を押し切って，連邦預金保険制度を成立させた最大の要因であった。多くの州が支店開設を認めない単店舗主義（単一銀行制度）をとり，そのため地方銀行はニューヨークやシカゴなど金融中心地の大手銀行とコルレス関係を結び，決済資金や法定預金準備金（フェデラル・ファンド）などの資金運用，時には不足資金の借り入れなどでコルレス銀行のネットワークを形成した。後述するように，金融中心地の大手銀行の経営破綻はこうしたコルレス銀行網の崩壊に直結する危機を内包していたのである。

　FDIC は 1933 年銀行法に依拠して 1934 年 1 月に暫定機関として発足し[2]，1935 年銀行法で恒久的機関となった。連邦準備制度加盟銀行は強制的に，同制度に非加盟の州法銀行や信託会社は任意で被保険銀行となり，2500 ドルまでの預金が払戻し保証（ペイオフ）の対象とされた[3]。各州の銀行法に準拠する州法銀行や信託会社は FDIC の加盟は任意であったが，1935 年末時点で既に，支店を含めた全銀行の 90.4%，全商業銀行の 93.4%が被保険銀行となった（FDIC 1935, Table 101, p.122）。預金保険制度の発足によって，預金取り付けに起因する金融恐慌対策は FRB と FDIC の共同作業となった。不健全経営による銀行破綻は FDIC がペイオフで処理し，健全経営の銀行には連邦準備銀行が LLR 機能で対処することになったのである。

2　当初 1933 年銀行法では，FDIC 創設に関する条文は連邦準備法第 12 条に B 項を追加する形であったが，翌年 6 月 16 日の法律で連邦準備法から切り離された（FDIC 1934, pp.128-130）。

3　保険補償限度額は 5,000 ドル（1934 年），1 万ドル（1950 年），1 万 5000 ドル（1966 年），2 万ドル（1969 年），4 万ドル（1970 年），10 万ドル（1980 年）と漸次増額された（FDIC 1984, p.69）。

4　連邦準備制度については，12 の連邦準備銀行の取締役会は加盟銀行が全役員 9 名中 6 名を（内 3 名を加盟銀行，3 名を産業界から）選出し，総裁等の幹部職員を任命する。ワシントンの連邦準備制度理事会は，当初は財務長官と通貨監督官を職権理事と大統領任命で上院の承認による計 7 名で構成され，連邦準備銀行申請の総裁とその給与や公定歩合の承認を主な責務としていた。しかし，1935 年銀行法で職権理事 2 名に大統領任命の理事が取って代わり，組織統治と金融政策の自律性を高めた（須藤 2017）。

　1935年銀行法による金融制度改革で，FRBは政府と銀行業界からの独立性を強化する一方[4]，FDICの運営管理では連邦政府の役割が強化された。FDICの運営は3名構成の理事会が責任者となった。国法銀行を管轄する財務省の通貨監督官が職権で理事となり，残る任期6年の2名の理事は議会上院の承認のもとに大統領が任命し，内1名が議長を務めた。本章が検討する時期の理事は，議長を兼務するアイザック（William M. Isaac, First Kentucky National Corp.副頭取），スプレーグ（Irvine H. Sprague, ジョンソン大統領の首席連絡官），そして通貨監督官コノヴァー（C. Todd Conover, コンサルタント会社 Edgar, Dunn & Conover, Inc.）の3名であった（FDIC 1983）。

　1933年銀行法では，被保険銀行と連邦準備銀行がFDICの株主となり，被保険銀行は預金量に比例する保険料を拠出するとされた。さらに財務省が1.5億ドルの資本金を拠出し，連邦準備銀行の出資分——1935年末で1.39億ドル（FDIC 1935, p.12）——に加えて，被保険銀行からの保険料収入で預金保険基金を構成した。その後，1935年法で恒久化されたFDICは，被保険銀行の年間保険料率を総預金量の12分の1パーセントに設定し，他方で被保険銀行の株式応募は撤廃された。FDICの資本金と運営資金を除く資金は合衆国政府債に投資された。1947年には，連邦準備銀行が出資した資本金の全額と財務省出資金の内47.4億ドルが返却され，1948年に財務省出資分の残りが銷却された（FDIC 1947, p.30; 1948, p.22）。

2．金融自由化と金融危機——コンチネンタル銀行の経営危機

2.1　フロート制移行とシャドー・バンキング化の進展

　第2次世界大戦後のアメリカ金融システムは相対的に安定していたが，マクロ経済の悪化とインフレーションが進行するにつれて，1970年代半ばに金融規制は転機を迎えることになった。また，ブレトン・ウッズ体制の崩壊は国際資本移動の管理を放棄させ，固定為替相場制から管理フロート制への移行は金融規制の変革を促した（Bordo 2014, p.131）。

　インフレの高進により FRB の金利規制（レギュレーション Q）は「金融革新」を誘発し，金融資産の銀行からノンバンク金融機関による証券市場やユーロダラー市場への流出（ディスインターミディエーション）を惹き起こした。それは，いわゆる「シャドー・バンキング（影の銀行）」が急成長する起点ともなった。ディスインターミディエーションはニューディール期に形成された金融封じ込め体制を掘り崩し，金融自由化の誘因となった。1980 年預金金融機関規制緩和・通貨管理法（DIDMCA）は金利規制の段階的な撤廃を用意し，1982 年預金金融機関法（Garn-St Germain Depository Institutions Act）は住宅ローンを提供してきた貯蓄貸付組合（S&L）と銀行との垣根を取り去って結果的に S&L 危機を誘発し，一方で経営危機に陥った銀行を緊急的に合併させる権限を FDIC に与えた。

　金融革新は金融機関の競争激化の結果であった。商業銀行との競争で追いやられた S&L は投機的な証券投資に失敗して壊滅的打撃を受け，経営基盤の脆弱な地方の単店舗銀行もまた破綻をきたすケースが増加した。FDIC 被保険銀行の破綻数は 1943 年以降一桁台を保っていたが，1974 年以降は二桁台に突入し，1982 年には 42 行（総預金 99 億ドル，総資産 116 億ドル）に急増した（FDIC 1983, p.53）。また，ニューヨークやシカゴやボストンなどマネー・センターの大銀行は S&L や証券会社などのノンバンクとの競争に直面し，支店展開の禁止や業際規制が残る中で，銀行持株会社を活用しつつ他州の銀行による融資の購入，経営の多角化，さらに開発途上国への投資などを積極的に推し進めていった。

2.2　金融自由化とコンチネンタル銀行の経営戦略

　マネー・センター銀行の中でもシカゴを拠点とするコンチネンタル銀行（CINB）は，アメリカ経済の長期リセッションの中で，最も躍進した銀行の一つであった。CINB はその持株会社コンチネンタル・イリノイ・コーポレーション（CIC）を活用しつつ，業務の多角化・グローバル化を積極的に展開した。連邦準備制度理事会は，銀行統合やノンバンク統合（Regulation Y），外国支店の開設，またエッジ法会社設立——連邦準備法 25 条（a）項に基づき国

際金融業務を営む法人（Regulation K）──の許認可権を行使して CINB の申請に応えた。

1970 年代前半，子会社の設立や出資を通して CIC は，ベンチャー資本への参加や不動産抵当融資を拡大した。70 年代後半に入ると，カナダでの不動産抵当金融や生命保険分野に参入した。さらに，1980 年にはテキサス州での石油開発融資を目的とする子会社（Continental Illinois Energy Development Corp.），投資信託販売の子会社（Continental Illinois Trust Company of Florida），オランダに金融子会社（Continental Illinois Overseas Finance Corp.）などを設立した。そして 1981 年には子会社を通じて東部・南部・中西部の 13 箇所に国内支店を，海外にはカナダ，バルセロナ，プエルトリコ支店を開設した（U.S. House 1984, pp.32-46）。表 3-1 に示されるように，CIC の資産に占めるノンバンクの割合は 1974 年の 2.98％から 1982 年の 5.13％に増加し，また CIC の収益に占めるノンバンクの割合も 1974 年の−13.48％から 1982 年の 55.21％にまで上昇した。

一方，CINB の資金調達は定期預金や，あらゆる金利感応型の資金であった。1970 年代前半から海外の支店や子会社を通じて，定期預金を 1972 年の 25

表 3-1　コンチネンタル・イリノイ・コーポレーション（CIC）の資産および収益に占めるノンバンクの割合（1974-1983 年）

年末	資産（100 万ドル）			収益（1,000 ドル）		
	CIC (a)	ノンバンク (b)	(b) / (a)	CIC (c)	ノンバンク (d)	(d) / (c)
1974	19,641	585	2.98%	95,690	−12,898	−13.48%
1975	20,226	560	2.77%	112,890	−1,376	−1.22%
1976	21,985	577	2.62%	127,804	1,463	1.14%
1977	25,800	768	2.98%	143,123	7,230	5.05%
1978	31,059	921	2.97%	167,817	5,479	3.26%
1979	35,790	1,321	3.69%	195,807	10,190	5.20%
1980	42,089	1,741	4.14%	225,941	13,702	6.06%
1981	46,972	1,667	3.55%	254,623	41,707	16.38%
1982	42,899	2,199	5.13%	77,887	43,000	55.21%
1983	42,097	2,129	5.06%	108,319	33,000	30.47%

出所：U.S. House（1985），p.53.

億ドルから 1974 年の 57 億ドルへと大幅に伸ばしていた（U.S. House 1984, p.37）。

2.3　コンチネンタル銀行の経営危機

　CINB ／ CIC の経営危機は，1982 年 7 月，オクラホマ・シティのペン・スクエア銀行（Penn Square Bank, NA）の破綻によって露呈した。通貨監督官コノヴァーの議会公聴会での証言によれば，CINB/CIC の投資はエネルギー（石油・ガス）開発分野に過度に集中し（1982 年 7 月以降の損失の 3 分の 2 を占めた），しかもペン・スクエア銀行から巨額のエネルギー貸付を購入していた。その結果，CINB の 1982〜83 年の平均貸出ポートフォリオの約 20％を石油・ガス貸出が占め，1982〜84 年の貸し倒れ損失の約 67％を石油・ガス関連の貸出が占め，その大半がペン・スクエア銀行から購入したものであった（U.S. House 1984, pp.202-203, 264）。

　コノヴァーはさらに，CINB が資金調達で変動性の高い資金——外国短期資金，フェデラル・ファンド，譲渡可能定期預金証書（CD）——に依存し，それらが急激に流出した点を重視した。とくにユーロ市場で調達した外国短期資金は，2 年程は安定的な資金源であったが，1984 年 5 月に突如，同行を海外金融市場から完全に締め出すことになった（U.S. House 1984, pp.205-206；スプレーグ 1988, 188 頁）。すなわち，CINB の危機はコア預金の不足と大口資金への依存も原因としていた。

　これらの変動性の高い資金は預金保険適用外の短期資金であったため，信頼性の喪失にとりわけ敏感であった。FDIC 理事スプレーグ（1988, 191 頁）によれば，FDIC が支援に乗り出す前の 10 日間でテレックスによって 60 億ドル超のこうした資金が流出した。シカゴ連邦準備銀行（シカゴ連銀）の銀行検査官による 1980 年 6 月時点の CINB の検査報告書が同年 9 月 26 日に提出され，シカゴ連銀取締役会で検討された——1981 年 2 月 20 付の CINB 副会長ミラー（Donald C. Miller）宛のシカゴ連銀書簡を参照。1981 年 8 月 21 日付の報告書についても，同様に取締役会で検討されている（U.S. House 1985, pp.199-200）。自行が緊急的な連邦準備銀行貸出の対象になっているにも拘らず，それ

を検討する連銀取締役会9名の中に大銀行代表の取締役として，自行会長のアンダーソン（Roger E. Anderson）が就任していた（表3-2参照）。この会議にアンダーソンが参加していたかどうかは不明であるが，彼の影響力があったことも想定できる。

　CINBのもう一つの重要な資金源に，2,299行（1984年4月末現在）に及ぶコルレス銀行ネットワークによる投下資金があった。表3-3は議会小委員会スタッフの調査に基づくもので，上段は1984年6月6日時点でCINBに付保対象預金限度10万ドルを超えて保有するコルレス銀行について，CINBに対する全投資額（エクスポージャー）の対自己資本比率が50%未満のコルレス銀行83行を，さらにエクスポージャーの金額により3グループに分けている。これらは規模の大きなコルレス銀行を示し，CINBに対して10万ドル以上を投資する976銀行の総資産の内の72%を，また要求払預金の55%を，定期預

表3-2　シカゴ連邦準備銀行取締役会の構成（1982年12月31日現在）

選出・任命区分	利　害	在任期間	取締役（役職）	本　　職	所在州
クラスC（理事会）	公益	1980-83	John Sagan（会長）	フォード自動車・副社長（トレジャラー）	ミシガン
		1980-84	Stanton R. Cook *（副会長）	トリビューン社・CEO	イリノイ
		1978-84	Edward F. Brabec **	シカゴ配管工組合・ビジネス・マネジャー	イリノイ
クラスB（大銀行）	加盟銀行	1980-82	Roger E. Anderson	コンチネンタル銀行・会長	イリノイ
	産業	1977-85	Mary Garst	The Garst Co. 畜牛部門マネジャー	アイオワ州
クラスB（中銀行）	加盟銀行	1980-85	Patrick E. McNarny	ファースト・ナショナル銀行・CEO	インディアナ
	産業	1981-86	Leon T. Kendall	Mortgage Guaranty Insurance Corp.・CEO	ウィスコンシン
クラスA（小銀行）	加盟銀行	1981-86	O. J. Tomson	シチズンズ・ナショナル銀行・頭取	アイオワ
	産業	1979-84	Dennis W. Hunt	Hunt Truck Lines・社長	アイオワ

注：* 1983年初より会長。** 1984年初より副会長。
出所：Federal Reserve Bank of Chicago（1977-1986）。

表 3-3　コンチネンタル銀行に対するコルレス銀行のエクスポージャー
（1984 年 6 月 6 日，100 万ドル）

エクスポージャーの対自己資本比率	1 銀行のエクスポージャー金額	コルレス銀行数	総資産	要求払預金 (a)	定期預金 (b)
	50 以上	21	644,999	242	1.803
50% 未満 *	20 ～ 49.9	23	197,040	61	402
	10 ～ 19.9	39	94,199	63	158
	小　計	83	936,238	366	2,363
50% 以上 **	―	179	17,100	61	273

エクスポージャーの対自己資本比率	フェデラル・ファンド売却 (c)	エクスポージャー (d)＝(a+b+c)	自己資本 (e)	(d)／(e)
	715	2.760	29,069	9.5%
50% 未満 *	185	648	9,681	6.7%
	242	463	4,887	9.5%
	1,142	3,871	43,637	8.9%
50% 以上 **	727	1,061	1,160	91.5%

注：* コンチネンタル銀行に付保対象預金限度 10 万ドルを超えて保有し，エクスポージャーの対自己資本比率が 50% 未満のコルレス銀行を示す。
　　** 同様にコンチネンタル銀行に対するエクスポージャーの対自己資本比率が 100% 以上の 66 行および同 50～100% の 113 行，計 179 のコルレス銀行を示す。
出所：U.S. House（1984），pp.434-437。

金の 81% を，付保対象外のフェデラル・ファンド貸出（Federal Fund Sold）の 48% を，そしてエクスポージャー全体の 65% を占めている。また 83 行のうちエクスポージャーが 5000 万ドル以上の 21 行は，それらエクスポージャーの 65.3%（18 億 300 万ドル）を定期預金が占め，25.9%（7 億 1500 万ドル）をフェデラル・ファンド貸出が占めていた。他の 2 グループの場合も要求払預金の割合は小さかった（U.S. House 1984，pp.436-437）。

　表 3-3 の最下段には，同様にエクスポージャーの対自己資本比率が 50～100% の 113 行（イリノイ州の銀行が 70 行，アイオワ州・インディアナ州・ウィスコンシン州の銀行が 31 行，その他 8 州の銀行 12 行）と，同 100% 超の 66 行（イリノイ州の銀行が 54 行，その他 9 州の銀行 12 行）の合計 179 のコルレス銀行のデータも示している。これらの小規模コルレス銀行のエクスポージャー構成も大規模コルレス銀行と類似するが，全銀行のエクスポージャーの

対自己資本比率は 91.5%と著しく高い。

　また，1984 年 6 月 22 日付のスプレーグ宛内部メモによれば，CINB のコルレス銀行 2,299 行のうち，付保対象限度額の 10 万ドル超の資金を投下する 975 行についての緊急調査結果がある。これら 975 行の投下資金は同年 4 月 30 日時点での CINB のコルレス銀行資金の 99%を占め，59 億 6000 万ドルに上った。その内訳は，要求払預金が 6.7 億ドル（11.2%），定期預金が 29 億 3000 万ドル（49.2%），そしてフェデラル・ファンド貸出が 23 億 6000 万ドル（39.6%）であった（U.S. House 1984, p.600）。CINB が破綻処理されることになれば，こうしたコルレス銀行ネットワークも崩壊することになる。

3．コンチネンタル銀行の救済——TBTF 政策の登場

3.1　コンチネンタル銀行の緊急救済と LLR の復活

　CINB の破綻危機に対する規制・監督機関のリアクションは，1984 年 5 月の海外資金流出に直面した同行からの支援要請に始まった。5 月 11 日，連邦準備制度理事会議長ボルカー（Paul A. Volcker）のもとで FDIC と通貨監督官が会合を持ち，5 月 17 日にはモルガン・ギャランティ・トラストなど 16 行による 45 億ドルの信用供与を内容とする暫定救済計画（Temporary Assistance Plan）が発表された（U.S. House 1985, pp.164-165; スプレーグ 1988，192-203 頁）。

　5 月 16 ～ 17 日にかけて，ニューヨークのモルガン・ギャランティ・トラスト社で，ボルカー，ニューヨーク連銀総裁ソロモン，FDIC 理事らで緊急会合を持ち，暫定救済計画を作り上げた。それは「秩序ある恒久的な方法で当該銀行の問題を解決するのに必要な資金と流動性と時間の保証を提供する」ものであった。具体的な救済方法は，第 1 に，FDIC は 20 億ドル（内 5 億ドルは大手銀行グループが提供）を一覧払い劣後債で救済資金として提供する。第 2 に，連邦準備銀行は割引窓口を通じて LLR としての役割を果たす。ただし，担保付きで無制限に資金供給するとの条件付き（＝バジョット・ルールの堅持）であった。シカゴ連銀の CINB に対する緊急融資額は 40 億ドルに達した

(*Wall Street Journal*, May 18, 1984; *New York Times*, May 18, 1984)。緊急支援が 1984 年に拡大し，FRB 全体で約 70 億ドルに急増したことがわかる（Gilbert 1994, p.7）。

　第 3 に，28 銀行で構成するコンソーシアムが，55 億ドルのスタンバイ・クレジットを提供する。緊急融資は市場金利で，付保対象外の一般債権者を含む全債権者に対して，事実上 100％の預金保険を適用する内容であった。その狙いは，取り付けを中止させ，再発を防止することであり，前例もあった（スプレーグ 1988, 203 頁）。その後 1984 年 5 月 21 〜 22 日に開催された FRB 金融政策会合では，CINB の経営危機と FDIC 等による緊急救済が国内外金融市場に及ぼす影響が集中的に議論された。とりわけ金利上昇による低開発諸国（LDCs）の債務交渉への悪影響が懸念された。また議論の中で，緊急救済により CINB は一時的に「政府保証銀行」なったと位置づけられた（FOMC 1984, p. 3）。

3.2　コンチネンタル銀行の恒久的救済パッケージと TBTF

　暫定救済計画の後，恒久的救済計画が出来上がる 7 月までの間に，CINB の買収交渉が公式・非公式にいくつも行われた。たとえば，ケミカル銀行，シティコープ，シカゴ・ファースト・ナショナル，さらに石油で財を成したテキサス州のバス家（Bass Family）などが交渉相手であった。しかし，これらの交渉は実を結ぶことなく，FDIC の恒久的救済プログラムが 1984 年 7 月 26 日に公表された。

　恒久的救済プログラムの内容は，第 1 に不良債権の買い取りである。FDIC が不良債権を簿価（約 45 億ドル）で買い取り，シカゴ連銀が CINB に緊急融資した 35 億ドルを FDIC が肩代わりする。第 2 は持株会社に対する資本注入である。10 億ドルの不良債権の償却を補充し，さらにシカゴ連銀に対する 35 億ドルの債務を FDIC が引き受けるため，FDIC が CINB の持株会社 CIC の優先株 10 億ドルを取得する。この資本注入分は CINB に投下され，FDIC はこの優先株の一部を普通株に転換するオプションを持つ（FDIC は CIC の普通株の約 80％を取得することになる）。

　第3はCICの現株主の処遇である。現株主は，一定期間内に普通株約4000万株を取得する権利を持ち，この資本注入分もCINBに投下される。第4は暫定救済プログラムの処理である。暫定救済による20億ドルの劣後融資が返済される一方，シカゴ連銀は引き続きCINBに対して必要とする流動性を供給し，主要銀行が55億ドルの資金を提供するファンディング・ファシリティの存続に対応する。第5はFDICのCINBに対する権利である。CINBとCICは，1984年9月14日またはそれ以前に発生したすべての請求権をFDICに譲渡し，それら請求権で取得した回収資金はシカゴ連銀に対するFDICの債務の支払いに充てられる。第6は経営体制の変更である。CICとCINBの取締役会は新たに2名の経営責任者を指名する。CICの取締役会長および最高経営責任者にスウェアリンゲン（John E. Swearingen）を，CINBの取締役会長および最高経営責任者にオグデン（William S. Ogden）を指名し，両2名は2社の取締役となる。最後に，日常的な銀行業務に対してFDICは関与しない。以上であった（U.S. House 1985, pp.165-168）。

3.3　恒久的救済案をめぐる財務省とFDIC・FRBの対立

　ところが，恒久的救済案を取りまとめる過程でFDIC・FRBと財務省との間に激しい対立が起こった。FDICとFRBはCINBのすべての預金者と債権者とを完全に保護するプランを策定したこと，とりわけCINBの持株会社を保護することで銀行以外の事業会社も保護することに財務省は強く反発したのである（以下，U.S. House 1985, pp. 169-171；スプレーグ 1988，第10章を参照）。

　恒久的救済案は，連邦預金保険法第13条（c）項に基づいていた。同条項は被保険銀行が閉鎖の危機にあるとき，または閉鎖を阻止するため，当該銀行の業務の継続がコミュニティに対する適切な銀行サービスの提供に不可欠であるとFDIC理事会が判断した場合，理事会の裁量で，理事会が定める諸条件で，当該被保険銀行に対して融資や資産購入や預金をする権限を有すると規定した。財務省は，FDICとFRBの救済案がこの規定に反すると批判したのである。

　「コミュニティに対する適切な銀行サービスの提供に不可欠である」との条文を，スプレーグは「不可欠性原理」（Essentiality Doctrine）と名付けている

(Sprague 1986, p.27)。しかし，こうした救済は既存の銀行にとって FDIC が
支援する競争者を創り出すことを意味した。また FDIC がコミュニティの小規
模銀行の全預金者・債権者を保護したケースはそれまでにもあったが，CINB
救済案はこれらのケースとも異なった。実際，5 月 22 日の FOMC 政策決定会
合では，サンフランシスコ連銀総裁ボールズ（John J. Balles）は，自行の中・
小銀行代表の取締役 5 名が FDIC の政策に強い抵抗を示していること，彼らは
付保対象の 10 万ドルを超える預金者の預金が大銀行に流出することを恐れて
いると発言している（FOMC 1984, p. 24）。

　ところが，財務省において国法銀行を監督する部局のトップでもある通貨監
督官は，記者発表で CINB の危機を否定した 1 週間後の 1984 年 5 月 17 日，既
に FDIC に対して第 13 条（c）項に基づく救済を主張したのである。恒久的救
済案を決定するにあたっては，FDIC もまた第 13 条（c）項を適用し，CINB
がコミュニティにおける適切な銀行サービスの提供に不可欠であるとした
（U.S. House 1985, pp.176-177）。不可欠である根拠として，CINB はアメリカ
の 10 大銀行の一つで，① 340 億ドルの資産，国内 14，海外 29 の合計 57 箇所
の拠点と数千人のスタッフを擁していること，② 中西部全域で広範な商業銀
行・個人および信託業務を提供していること，③ 小切手決済など不可欠な銀
行サービスで何百もの銀行が CINB との間に重要なコルレス関係を持っている
こと，④ これら地方のコルレス銀行や多くの大手銀行が CINB に相当の資金
を投下し，これら諸銀行の流動性や資本に対する潜在的な悪影響はアメリカの
銀行業に重大な混乱をもたらすこと，⑤ CINB の破綻が国内外の金融市場に深
刻な混乱をもたらす原因となり，資金調達コストの上昇が広範な金融機関に影
響を及ぼすこと，そして ⑥ CINB との間に預金関係を維持し，CINB から他の
不可欠なサービスの提供を受ける多くの法人顧客が深刻なダメージを受ける可
能性があること，以上であった。

　財務省，とりわけリーガン（Donald T. Regan）財務長官の強硬な反対にも
拘らず，技術的理由で FDIC は，CINB の債務ではなくその持株会社の CIC の
優先株を購入せざるを得なかった。下院公聴会での通貨監督官コノヴァーの証
言によれば，持株会社の社債信託契約で債権所有者の許可なしに CINB の優先
株を発行できず，ヨーロッパで売却された社債の保有者の同意が得られないた

めであった（U.S. House 1984, p.302）。FDIC 理事スプレーグによれば，CIC と
の契約条項によって，CINB は CIC またはその子会社に対して，自行の株式の
いかなる部分をも売却・処分することを禁止していた。このことから，FDIC
は CIC の支配権を取得するほかなかった（スプレーグ 1988，239 頁）。細部の
説明は両者で異なるが，FDIC は契約上の問題を挙げていた。

　他方で，スプレーグは，財務省が持株会社の救済を「誤った公共政策」（bad
public policy）と主張して最後まで抵抗した背景には政治的な配慮にあったと
述懐する。財務省の一高官の発言を引用しつつ，「これは行政府が大統領選挙
の年に史上最大の救済から身を遠ざけようとしている」（スプレーグ 1988，
240-241, 246-248 頁）のだと示唆した。

　当時のレーガン政権側が持株会社の救済による世論の反感を恐れた背景に
は，もう一つ，CINB の経営破綻を推し進めたトップ・マネジメント 3 名によ
るゴールデン・パラシュート（golden parachute）問題もあった。CIC 取締役
会会長で最高経営責任者のアンダーソン（Roger E. Anderson），同副会長ミ
ラー（Donald C. Miller），同社長パーキンス（John H. Perkins）は，1984 年 4
月 30 日 付で自主的早期退職となった。その見返りとして，アンダーソンは
1984 年分の給与として 51 万 5000 ドル，1983 年分の利益分配金 1 万 4000 ド
ル，一括補助年金 27 万ドル，65 歳退職時の株式報酬執権代償現金支給 7 万
7000 ドル，その他の特権が与えられることになっていた（表 3-4 参照）。通貨
監督庁法務部も 1984 年 7 月 3 日の時点で，高額な報酬も「コンチネンタルの
資産規模と業界レベルの慣行に照らして」穏当な水準であると結論していたの
である（U.S. House 1984, p.177）。

　さらに，経営破綻銀行のすべての預金者と債権者を救済し，結果的に親会社
の持株会社をも救済した前例（ペン・スクエア銀行）があったとはいえ，10
大銀行に位置付けられる巨大銀行と多くの子会社の持株会社を連邦政府が救済
することになった。この事実が世論に与える影響は大きく，連邦議会下院金融
機関監督・規制・保険小委員会は 1984 年 9 月 18 ～ 19 日と 10 月 4 日，この問
題で公聴会を開催した。親委員会の委員長でもあるセントジャメイン
（Fernand J. St. Germain: 民主党）は，1982 年預金金融機関法のスポンサーの
一人として，銀行規制の緩和と FDIC による緊急合併権限を導入した人物で

表 3-4　CINB/CIC トップ・マネジメントの退任時の報酬 * （ドル）

氏　名 （役　職）	Roger E. Anderson （CINB/CIC 会長）	John H. Perkins （CINB/CIC 頭取）	Donald C. Miller （CINB/CIC 副頭取）
勤続年数	37 年	37 年	25 年
給　与	$515,000	$430,000	$325,000
1983 年分利益分配	$14,909	$12,448	$9,409
インセンティブ報酬	0	0	0
補助年金	– **	$19,720	$12,500
一括補助年金	$269,792	–	–
コンサルタント料（月額）	$12,212（〜 1986 年 7 月） $1,500（〜 1988 年 6 月）	$14,532（〜 1986 年 8 月）	$15,375（〜 1985 年 3 月）
65 歳退職時株式報酬失権 代償現金支給	$77,000	$57,000	$51,000
退職後の投資顧問サービス	あり	あり	あり
カントリークラブ・ラン チョンクラブ会員権	あり（5 年間）	あり（5 年間）	あり（5 年間）

注：*1984 年 8 月 24 日付株主総会議案書による。副会長 David G. Taylor，副頭取 Edward M.
Cummings については省略した。
　　** 1984 年 4 月の取締役会では，早期退職に伴う報酬として（一括補助年金ではなく）補助年金
36,150 ドルが承認されていた。
出所：U.S. House (1984), pp.177-189.

あった。

　公聴会でマッキニー議員（Stewart B. McKinney：共和党）から，TBTF 政
策が行われているとの発言が飛び出した。マッキニーによれば，1970 年代に
ニューヨーク市やクライスラー社の救済を議会が承認したケースと比較して，
CINB の救済は大きな違いがある。これは確かであり，時と共に国民にも明ら
かになる。また，規制当局者は第一に，アメリカ合衆国に新種の銀行，すなわ
ち「TBTF（大きすぎて潰せない）銀行」を作り上げようとしてきたことが分
かったと発言した。(U.S. House 1984, p.89.)

　さらに，通貨監督官コノヴァーは，1983 年末時点で 11 の TBTF 銀行（多
国籍マネー・センター銀行）が存在することを暗に認めた（表 3-5 参照）。ワ
イリー議員（Chalmers P. Wylie: 共和党）もまた通貨監督官コノヴァーに対し
て，多国籍マネー・センター銀行 11 行のうち 1 行でも倒産すること予知でき

表 3-5　総資産規模で見た多国籍マネー・センター銀行トップ 11（1983 年）

順位	銀行	総資産（10 億ドル）	シェア（%）
1	Citibank	114	5
2	Bank of America	110	5
3	Chase Manhattan	80	3
4	Manufacturers Hanover	58	3
5	Morgan Guaranty	56	2
6	Chemical Bank	49	2
7	Continental Illinois	41	2
8	Bankers Trust	40	2
9	Security Pacific	36	2
10	First Chicago	36	2
11	Welles Fargo	24	1
合　計		643	27

注：シェアは全銀行資産に占める当該銀行資産の割合を示す。
出所：Stern and Feldman（2004），p.65.

るか，われわれはその内の 1 行でも倒産させることができるのかと質問した。これに対してコノヴァーは，その方法を見つけることが重要であると答弁した。他方，パットマン議員（Bill Patman：民主党）の「いくつかの銀行は大きすぎて潰せないということに同意するか」との質問に対して，FDIC 理事会議長アイザックは，「一部の人々はそのように解釈している」が，自分は「費用対効果の最も高い処置を企画した」のだと弁明している（U.S. House 1984, pp. 299-300, 576. 以下も参照。Barth *et al.* 2012, pp.10-11; Stern and Feldman 2004, pp.63-65）。

おわりに──システミック・リスクと TBTF/LLR

　大恐慌に直面して，単店舗主義下の小規模銀行が連邦準備制度の外側にあって金融構造の脆弱性を露呈したことから，連邦議会は金融中心地の大銀行の反対を押し切って預金保険制度を導入した。金融恐慌に直面した場合に備えて，

連邦準備銀行は適格手形の再割引を通じて最後の貸し手として機能し，連邦預金保険公社は不健全経営で破綻に直面した銀行には預金保険の支払いによって取り付けを阻止する分業体制が構築された。しかし，IMF の固定為替相場制が瓦解してフロート制に移行したのち，金融規制の緩和と金融機関の競争が激化した結果，金融市場のグローバル化が進行する一方で，地方銀行のみならず金融センターの大銀行すら経営破綻に陥る事態が出現して，連邦準備制度と連邦預金保険公社の分業体制は，財務省を巻き込む形で「大きすぎて潰せない」政策に結集することになった。この TBTF 政策へと本格的にシフトする契機となったのが，1984 年のコンチネンタル銀行の救済であった。ところが，TBTF 政策によって地方銀行の預金は TBTF で守られた巨大銀行へのシフトを助長する結果となり，預金保険制度は創設段階とは逆に大銀行の守護神と化したのである。

　その後議会は，1994 年に支店銀行制度を認め，1999 年には銀行業務と証券業務の分離規制も撤廃した。金融の自由化とグローバル化，シャドー・バンキング化がいっそう進行する中で，1998 年には巨大ヘッジファンド（LTCM）が経営危機に直面した。LTCM は，ニューヨーク連邦準備銀行が主導して 16 の大手金融機関による 36 億ドルの救済投資を誘導して救済した。議会は既に 1987 年の株式市場の暴落（ブラック・マンデー）を契機に，連邦準備法に巧妙かつ決定的な変更を加えていた。同法第 13 条（3）項から適格手形の種類と満期についての規定を削除し，連邦準備銀行の承認または満足する手形に変更していた。金融システムが崩壊の瀬戸際にある場合，連邦準備銀行は真正手形原則から逸脱してブローカー・ディーラーのような証券会社に対する緊急融資の準備を整えていたのである。議会はまた，1991 年連邦預金保険公社改善法で「システミック・リスクによる例外規定」（SRE）を用意した。この規定は，財務長官が大統領と協議の上，破綻銀行の最小費用処理原則の例外であると正式に宣言するよう，FDIC 理事会と FRB 理事会がそれぞれ勧告することで実施されるものであった（FDIC 2017, p. xvii）。こうして 2008 年金融危機をシステミック・リスクと認識することで，金融規制当局による事後処理のための出動態勢はできていたのである。

［主要文献］

須藤功（2015）「連邦準備制度の支配者たち（1915〜1955年）――大恐慌期の組織改革と最高管理者の社会経済的背景」『三田学会雑誌』（慶応義塾大学）第108巻2号，7月。

須藤功（2017）「危機に直面して――連邦準備制度のミッションと統治機構の変容」谷口明丈・須藤功編『現代アメリカ経済史――「問題大国」の出現』有斐閣，第8章。

戸田壮一（2014）『アメリカにおける銀行危機と連邦預金保険制度』白桃書房。

野村重明（2011）『アメリカの連邦預金保険制度』日本経済評論社。

Bagehot, Walter (1873), *Lombard Street: A Description of the Money Market*, Henry S. King ［久保恵美子訳（2011）『ロンバード街』日経BP社］

Barth, James R., Apanard (Penny) Prabha, and Phillip Swagel (2012), "Just How Big Is the Too Big to Fail Problem?," *Current Views* (Milken Institute), March.

Bordo, Michael D. (2014), "Rules for a Lender of Last Resort: An Historical Perspective," *Journal of Economic Dynamics & Control*, Vol. 49, September.

Federal Reserve Bank of Chicago (1977-1986) *Annual Report of the Federal Reserve Bank of Chicago*, Retrieve from Federal Reserve Bank of St. Louis, FRASER Website.

FRB (Federal Reserve Board) (1933), *Annual Report*, Washington, D.C.: U.S. GPO.

FRB (Board of Governors of the Federal Reserve System) (1999) Study Group on Subordinated Notes and Debentures Federal Reserve System, "Using Subordinated Debt as an Instrument of Market Discipline," Staff Study 172, December.

FDIC (Federal Deposit Insurance Corporation) (1934-35, 1947-48, 1983) *Annual Report*, Washington, D.C.: U.S. GPO.

FDIC (Federal Deposit Insurance Corporation) (1984) *The First Fifty Years; A History of the FDIC 1933-1983*, Washington, D.C.: FDIC.

FDIC (Federal Deposit Insurance Corporation) (1997) *History of the Eighties: Lessons for the Future*, Washington, D.C.: FDIC.

FDIC (Federal Deposit Insurance Corporation) (2017) *Crisis and Response: An FDIC History, 2008-2013*, Washington, D.C.: FDIC.

FOMC (Federal Open Market Committee) (1984) Meeting Minutes, Transcripts, and Other Documents, May 21-22, Retrieve from Federal Reserve Bank of St. Louis, FRASER Website.

Gilbert, R. Alton (1994), "Federal Reserve Lending to Banks That Failed: Implications for the Bank Insurance Fund," Federal Reserve Bank of St. Louis, *Review*, Jan./Feb.

Nurisso, George C. and Edward S. Prescott (2017), "The 1970s Origins of Too Big to Fail," Federal Reserve Bank of Cleveland, *Economic Commentary*, No. 2017-17, October.

Sastry, Parinitha (2018), "The Political Origins of Section 13 (3) of the Federal Reserve Act," Federal Reserve Bank of New York, *Economic Policy Review*, September.

Sprague, Irvine H. (1986), *Bailout: An Insider's Account of Bank Failures and Rescues*, New York: Basic Books. ［高木仁ほか訳『銀行破綻から緊急救済へ――連邦預金保険公社理事会・元議長の証言』東洋経済新報社，1988年］

Stern, Gary H. and Ron J. Feldman (2004), *Too Big to Fail: The Hazards of Bank Bailouts*, Washington, D.C.: Brookings Institution Press.

U.S. House (1984), Committee on Banking, Finance, and Urban Affairs, *Inquiry into Continental Illinois Corp. and Continental Illinois National Bank: Hearings before the Subcommittee on Financial Institutions Supervision, Regulation, and Insurance*, 98th Congress, 2nd session, September 18, 19 and October 4, 1984, Washington, D.C.: U.S. GPO.

U.S. House (1985), Committee on Banking, Finance, and Urban Affairs, *Continental Illinois National Bank: Report of an Inquiry into Its Federal Supervision and Assistance: Staff Report to the Subcommittee on Financial Institutions Supervision, Regulation, and Insurance of the Committee on Banking, Finance, and Urban Affairs*, 99th Congress, 1st Session, Washington, D.C.: U.S. GPO.

第 4 章

仕組まれた経済
——ポピュリズムとグラス＝スティーガル法

はじめに

　ドナルド・トランプが大統領に就任すると，ホワイトハウスの大統領執務室には，第7代大統領アンドリュー・ジャクソンの肖像画が飾られるようになった。ジャクソンは，人種差別主義や先住民の虐殺および強制移住という負の歴史を残した。だが，彼は独立13州以外の出身者で初の大統領となり，腐敗構造を打破するために官僚を入れ替える猟官制（現在の政治任用）を導入したことにより，民衆の支持を得た。白人男子普通選挙が各州で広がったことと相俟って，建国期の共和制と対比的に，この時期はジャクソニアン・デモクラシーと呼ばれている。金融について言えば，ジャクソンにとって中央銀行の先駆けと言える第2合衆国銀行は，腐敗と大きな政治的影響力ゆえに民衆の利益に反するものであった。それゆえ特許更新を拒否し葬り去った（楠井 1994）。

　さて，トランプ現象はポピュリズムから説明されている。アメリカ史においてポピュリズムとは，19世紀末，金融，鉄道の独占などに抗議した中西部，南部の農民運動に起源を持つ用語である。人民党の指導者，ウィリアム・ジェニングス・ブライアンは民主党の大統領候補指名を争い，1896年民主党全国大会で有名な「金の十字架」演説を行った。その演説では，金本位制とそれによって利益を得ている東部の銀行家などの特殊利益を攻撃し，銀貨の自由鋳造による景気浮揚策を訴えた。現在，ポピュリズム論が喧しいが，ここでは概念そのものには深入りせず，グラスルーツ（草の根）からの特殊利益に対する異議申し立てと緩やかに捉えてみよう。

　2008年金融危機以降，ティーパーティ運動から，ウォール街占拠運動，

2016 年大統領選の予備選におけるバーニー・サンダースの躍進，ウィメンズ・マーチに至るまで，党派を問わず社会運動，政治運動が生起してきており，ポピュリズムとして捉えられる。Reich（2014）によると，政治状況は，共和党対民主党，つまり保守（右派）対リベラル（左派）という対立軸よりも，ポピュリスト対エスタブリッシュメントという対立軸になると言う。その根本問題は政府，システムの腐敗である。ポピュリストは，エスタブリッシュメントによって「システムは仕組まれている」と考えている。そして 6 つのポピュリスト的政策課題を挙げ，そこでは右派と左派が合意できるはずだと続けている。それらの政策課題の上位 2 つは，巨大金融機関の解体と，グラス＝スティーガル法の復活である。しかし，現実において事はライシュの言うほど単純ではない。

　政府が特殊利益によって支配されているという点で，左右のポピュリズムは合意しているが，両者には大きな相違がある。右派のポピュリズムは，税金を収奪し財政支出に歯止めがかからない「大きな政府」が問題だと考える。他方，左派のポピュリズムは，政府こそが解決策だと捉え，政府の規制によって資本主義のあり方を変えようとする（藤本・末次 2011, 11-12 頁）。

　本章では，2008 年金融危機以降の金融規制改革論議におけるポピュリズムの発露について明らかにする。そのうえで，改革のシンボリックな存在となったグラス＝スティーガル法を，左右のポピュリズムが現実政治の中でどのように扱ってきたのかを追究していく。

1．ポピュリズムの台頭

1.1　2008 年金融危機と救済[1]

　1990 年代後半の IT バブルが崩壊すると，その後の成長を支えたのは信用膨張による住宅バブルであった。中国など経常収支黒字国のグローバル貯蓄が経

1　2008 年金融危機の出来事については，Federal Reserve Bank of St. Louis ウェブサイトの "Financial Crisis Timeline" に依拠している。

常収支赤字のアメリカに流入し，金利が過度に低位に維持されていた。だが，金融規制が不十分であったため，資金は生産的投資に回らず，資産バブルを生じさせた。2008年金融危機は，金融だけでなく幅広く実体経済に打撃を与えた。900万の労働者が失職し，500万世帯が住宅を差し押さえられ，13兆ドルの家計資産が失われた。そうした普通の人々つまり「メイン・ストリート」には救済が届かなかった。他方，危機の主犯であったにもかかわらず，「ウォール・ストリート」は救済された。しかも責任を取らされた経営者はほとんどいなかった。

　ジョージ・W・ブッシュ政権末期，2008年10月3日成立の緊急経済安定化法に基づき，7000億ドル規模の不良資産救済プログラム（TARP）が実施された。10月12日，大手金融機関9社に1250億ドルの公的資本を注入したことを皮切りに，金融機関支援や資産流動化支援が行われ，12月19日にはビッグスリーなど自動車産業の救済が行われた。また，FRBは，11月から量的緩和第1弾（QE1）と呼ばれる大規模資産購入を開始した。財務省証券に加え，モーゲージ担保証券（MBS）まで買入対象資産を拡大してそれを担保に資金を貸し出したのである。これは10年6月まで行われ，1兆7250億ドル規模に及んだ[2]。

　2009年1月20日，バラク・オバマが大統領に就任した。まもなく2月4日，ティモシー・ガイトナー財務長官が金融安定化プランを発表し，2月18日，TARPに基づく住宅差し押さえ対策が発表された。しかし，それはあまりにも不十分であったので，05年には53万件（住宅数に占める差し押さえ件数の割合は0.48％）であった差し押さえ件数は，08年に233万件（1.84％）と急増し，09年に282万件（2.21％），10年には287万件（2.23％）というピークに達することになる（ATTOM Data Solutions website）。08年10月12日の資本注入から約8カ月後，早くも09年6月17日に大手金融機関10社が683億ドルを返済したのと対照的に，メイン・ストリートの救済は不十分で，打撃は長期に渡った。

　景気刺激策としては，2009年2月17日，7972億ドル，対GDP比5.5％に及

2　QE2は2010年11月から11年6月までに6000億ドル規模，QE3は12年9月から月額400億ドル規模で開始され，14年10月29日に終了が決定された。

ぶ米国復興・再投資法が成立した。同法には，左派から刺激策の規模が小さす
ぎるとの批判があった一方，右派からは政府の肥大化と財政赤字を招くという
批判があった。

　2010 年 7 月 21 日，ドッド＝フランク法が成立した。ニューディール以来の
金融規制の抜本的見直しとされ，オバマは，高額報酬などでウォール・スト
リート批判をした。しかし，ニューディール金融立法とは異なり，ドッド＝フ
ランク法は，巨大金融機関を解体するほど厳しくはならなかった。

　こうした事態に対してポピュリズムが台頭してきた。ティーパーティ運動と
ウォール街占拠運動である。前者については 1.2 で詳述するので，後者につい
て簡単に触れておこう。

　2011 年 9 月 17 日，SNS で「ウォール街を占拠せよ」という呼びかけが広ま
り，ウォール街から 2 区画のズコッティ公園に人々が集まった。占拠運動は，
ワシントン，フィラデルフィア，シカゴ，シアトルなど他の都市に，また海外
に広がったが，11 月 15 日に警察による参加者の排除が行われ，運動は終結し
ていった（パッカー 2014, 555-598 頁）。

　そこでは，所得不平等，雇用の質と量の改善，金融改革，学生ローン債務免
除，住宅差し押さえの事態改善など，参加者はそれぞれの経済的苦境を訴え
た。なかでも人口に膾炙した標語は「私たちは 99％だ」というもので，1％の
人々に所得と資産が集中している経済格差問題が浮き彫りになった。

1.2　反「大きな政府」

　2009 年，ティーパーティ運動は，危機対応に反発し，政府の肥大化，財政
赤字を強く批判した政治運動として勢いを増した。この運動の名称は，1773
年ボストン茶会事件（Boston Tea Party）と，「課税はもうたくさんだ」
（Taxed Enough Already）という標語の頭字語にちなんだものである。ボス
トン茶会事件とは，イギリス本国の植民地圧政に抗議し，独占販売を許されて
いたイギリス東インド会社の船舶に乗り込み，船荷の紅茶箱を海に投げ捨てた
事件のことで，アメリカ独立革命のきっかけとなった。

　ティーパーティ運動は，ローカル・レベルの運動で，しかも小規模のものが

多い運動の集合体である。統一的な全国組織はなく、それらの運動は、ティーパーティ・パトリオッツ、アメリカンズ・フォー・プロスペリティ、フリーダムワークスなどといった全国組織の傘下に入っているものもあれば、独立しているものもある。ティーパーティ運動には以下の特徴があるという。「(1)政治の素人であり、それをむしろ誇りに思っている。これは同時に専門家不信を持っていることも意味している。(2)徹底的に小さな政府を追求する。ただし、宗教保守派との重なりも大きい。(3)極端までに妥協を排する。(4)基本的に内政に関心があり、国際関係に対する関心は強くないし、概して理解も弱い。(5)国防費を聖域扱いしない議員が相当数含まれている」(久保文明・東京財団「現代アメリカ」プロジェクト編著 2012, vi頁)。

　最大規模の全国組織ティーパーティ・パトリオッツは、当初、財政責任、限定された政府、自由市場をモットーに掲げていた。これは、リバタリアンのロン・ポール下院議員(共和党、テキサス州)が「ティーパーティのゴッドファーザー」と呼ばれていたことからも当然である。リバタリアンは建国の理念たる憲法を字義通りに遵守しようとし、経済的問題では「大きな政府」に反対して夜警国家的な限定された政府を求め、同性婚や人工妊娠中絶などの社会的問題でも個人の自由を追求する。その運動の発端は、オバマ政権の米国復興・再投資法による財政赤字や、医療費負担適正化法によって医療保険加入が個人の意思に関係なく強制される前にある。つまり、ブッシュ政権のイラク戦争や銀行救済への批判にまで遡り、金融安定化法に賛成した共和党議員を「名ばかり」(RINO)と酷評したのである(渡辺 2012, 38-42頁)。

　ティーパーティ運動はまた、サラ・ペイリン(元アラスカ州知事)や、ミシェル・バックマン下院議員(共和党、ミネソタ州)を顔として担ぎ出した。こちらは、キリスト教国としてアメリカという面を重視している点で、宗教右派と重なってくる。つまり、外交的には軍事介入も辞さず、不法移民の取り締まり強化、人工妊娠中絶禁止などを主張している。社会問題についてはまったく異なる考えを持ちながらも、ティーパーティ運動全体をつないでいたのは反「大きな政府」という1点であった。だがティーパーティ運動が全米に展開し、選挙を通じて議会に進出していく中で、ポールらはティーパーティ運動から離れていくことになった(渡辺 2012, 2-50頁)。

　オバマ政権に最初の審判が下った 2010 年中間選挙は，民主党の歴史的惨敗であった。100 議席の約 3 分の 1 が改選となる上院では，民主党が 53 議席（無所属 2 議席を含む）と多数を維持したものの，435 議席すべてが改選となる下院では，63 議席減の 193 議席となった。共和党は 242 議席である。共和党内では保守色の強い共和党調査委員会という議員連盟が多数となった。それと掛け持ちする議員が多かったが，バックマンは 10 年 7 月にティーパーティ議員連盟を創設し，ジム・ジョーダン下院議員（共和党，オハイオ州）は 15 年 1 月 26 日に 9 名で自由議員連盟を立ち上げた。

1.3　妥協なき政治姿勢と献金

　このティーパーティ運動は，共和党の中にいながら，民主党だけでなく党内穏健派の政治姿勢に反発した。党指導部の密室政治による民主党との妥協を許さなかったのである（パッカー 2014, 39 頁）。
　顕著な例が「財政の崖」である。IT バブル崩壊後の 2001 年と 03 年に 10 年 12 月 31 日までの時限的なブッシュ減税が成立した。危機後の景気後退の深化を懸念したオバマ大統領は，その減税を 12 年 12 月 31 日まで 2 年間延長した。その措置の結果，連邦債務は法定上限に達した。特別措置が講じられたがその期限日の 11 年 8 月 2 日，債務不履行を避けるため，延長されたブッシュ減税が切れる 13 年 1 月 1 日から 9 年間で 1 兆 2000 億ドルの歳出を強制的に削減する法案が成立した。削減の約半分が国防費で，残りは社会保障，公共事業の分野の歳出が対象となる。この強制的歳出削減とブッシュ減税延長終了後の実質増税が同時に起こることから，崖から転落するような景気悪化が予想され，これを当時の FRB 議長のベン・バーナンキは「財政の崖」と呼んだ。
　アメリカ経済のみならず世界経済に甚大な影響を与える可能性があるにもかかわらず，ティーパーティ系議員は反「大きな政府」という政治的信条にしたがって妥協しなかった。そして 2015 年秋，政府職員だけでなく国民の生活を脅かす政府機関閉鎖すら辞さない強硬姿勢で，同じ共和党のベイナー下院議長を辞任させた。
　減税と財政規律をさらに徹底的に追求しているのが自由議員連盟である。報

道によると自由議員連盟は 30 名程度の小グループである。しかし，日本の政党の党議拘束のようなものがあり，一糸乱れぬ 30 票がキャスティングボートを握っている。

　トランプの最重要公約の一つはオバマケア廃止で，保健福祉長官に廃止論者のトム・プライスを指名したほどであった。だが，オバマケア代替法案により，無保険者が 10 年間に 2400 万人増加して計 5200 万に上ることから，民主党と共和党穏健派は反発した。自由議員連盟も反発したが，その理由は無保険者の増加を防ぐということではなかった。彼らにとって，オバマケアは完全廃止すべきものであった。財政赤字を増やすとともに，罰金まで科して加入を強制して個人の選択の自由を奪うからである。このように，自由議員連盟はトランプの政策とも真っ向から対立することがある。それはなぜか。

　ティーパーティ運動，それから自由議員連盟を支援しているのは，億万長者コーク兄弟である。非上場のエネルギー複合企業，コーク・インダストリーズを経営し，コーク財団等を通じてアメリカンズ・フォー・プロスペリティを支援している。つまり，コーク兄弟の意向を反映した人工芝運動である（メイヤー 2017, 249-253 頁）。人工芝運動とは，一般市民の自発的な草の根運動を装ったものである。コーク兄弟のビジネスは金融にも及んでいることから，彼らはドッド＝フランク法の撤廃を望んだ。アメリカンズ・フォー・プロスペリティとクラブ・フォー・グロースの支援もあり，2011 年 1 月 5 日，バックマンがドッド＝フランク法撤廃法案を提出した。彼女は，財務省，FRB をはじめとする 10 の金融当局を束ねる金融安定監視評議会は，「あからさまな権力の濫用」で違憲であると批判した（Schroeder 2011）。そしてまた，ドッド＝フランク法は危機の原因たるファニーメイ（連邦住宅抵当公庫），フレディマック（連邦住宅抵当貸付公社）という政府後援企業に何も手をつけていないと言った。「この政府は 14 兆ドルの債務を持ち，毎年財政赤字で浪費をしているのだから，全権を与えられた監視機関に値すると考えるのは傲慢にもほどがある」（Schroeder 2011）。

2．金融規制改革論議と腐敗

2.1　ブラウン＝カウフマン法案の挫折

　オバマの大統領当選から 5 日後，ラーム・エマニュエル首席補佐官は，「ルールその 1．危機を無駄にしないこと。危機は，大改革をする絶好のチャンスだ」と新政権の会合で発言した（ジョンソン＆クワック 2011, 256 頁）。だが政権発足後も，金融規制改革は穏やかなものにもかかわらず遅々として進まなかった。ウォール・ストリートは救済で得た環境を，1500 人超のロビイストと豊富な資金によるロビー活動で死守しようとしていた（ジョンソン＆クワック 2011, 258 頁）。ドッド＝フランク法をめぐって金融業界は，1 日 100 万ドル，総額 5 億ドルもの大金をロビー活動と政治献金に費やした。

　その最中の 2010 年 4 月 20 日，シェロッド・ブラウン（民主党，オハイオ州），テッド・カウフマン（民主党，デラウェア州）らが，安全銀行法案（SAFE［Safe, Accountable, Fair & Efficient］Banking Act）を上院に提出した。ブラウンは激戦州にもかかわらず民主党左派の進歩派として当選を重ねた有力議員である。カウフマンは，ジョー・バイデンの首席補佐官を長年務めた人物で，バイデンの副大統領就任により空いた議席に任命された。カウフマンは，残存任期のうち最初の 2 年を務めるだけで，再選を目指すつもりはなかった（パッカー 2014, 439-440 頁）。選挙資金調達の心配をしなくてよいわけである。

　安全銀行法案は，ビッグ・シックス（バンク・オブ・アメリカ，シティグループ，JP モルガン・チェース，ウェルズ・ファーゴ，ゴールドマン・サックス，モルガン・スタンレー）の「大きすぎて潰せない」問題に対処するという目的を持っていた。同法案は，銀行の非預金債務を対 GDP 比 2% に制限し，非銀行金融機関（AIG，メトロポリタン生命，ゼネラル・エレクトリックなど）の非預金債務を対 GDP 比 3% に制限することを内容としていた。

　これは，銀行と証券を分離した 1933 年グラス＝スティーガル法を，現代的

に復活させるものの一種と言える。預金・貸出という伝統的銀行業が比重を落とし，シャドー・バンキングが大きくなる中で総合金融機関化した業界に対処しようという趣旨である。

　これは，オバマ大統領が法案に含めるように指示したボルカー・ルールよりはるかに厳しいものであった。オバマは安全銀行法案を支持せず，クリス・ドッド上院銀行委員長も反対に回った。2010 年 5 月 6 日，同法案は上院で米国金融安定回復法の修正案として採決された。結果は，賛成 33 票，反対 61 票，大差での否決であった。

　この事情は Connaughton（2012）に詳しい。著者ジェフ・コノートンは，30 年余り，ジョー・バイデンの選挙活動で陽の当たらない汗かき役を果たしてきた。そして同議員事務所やクリントン政権のホワイトハウスで薄給の職に就き，ブッシュ政権下では経験を生かしてロビイストをしていた。それもバイデンが副大統領になってやっと報われるはずであった。カウフマンとともに新副大統領の政権移行プロジェクトを取り仕切ったが，選挙後，風向きが変わった。登録ロビイストは政権発足後 2 年間ホワイトハウスに関わることを禁じるという規則が設けられたのである。コノートンのような「階層」の人々だけを狙い撃ちした規則である。この規則には特例があり，政府の要職にはウォール・ストリートや高額報酬を得てきた大企業トップが就くことになった。コノートンはカウフマンを支えてウォール・ストリートに戦いを挑む覚悟をした（パッカー 2014, 439–440 頁）。

2.2　ドッド＝フランク法第 716 条の実質的撤廃

　ドッド＝フランク法第 716 条は「スワップ従事企業の連邦政府救済禁止」を定めた条項である。提案したブランシェ・リンカーン上院議員（民主党，アーカーンソー州，農業委員長）にちなんでリンカーン修正条項，またスワップ・プッシュアウト条項とも呼ばれる。リンカーンは，当時再選を目指しており，最初は金融業界に甘い提案をしたところ不評を買ったため，全く異なる提案に書き換えた。しかし，リンカーン修正条項は数々の問題があったにもかかわらず左派のスローガンとなった（ガイトナー 2015, 520 頁）。

　この条項は，連邦預金保険公社（FDIC）を利用する条件として，銀行は証券派生スワップ（クレジット・デフォルト・スワップ（CDS），エクイティ・スワップ，コモディティ・スワップ）を銀行本体から外すこと（プッシュアウト）を求めた。預金者の金で「ギャンブル」をすることを認めないという論理である。別会社に移さなくてはらないのは一定のスワップだけで，銀行は，ヘッジなどの目的を有する限り，金利，通貨，原資産（ローンなど）を引き続き銀行内に保有できた。審議の中でかなり対象範囲が限定されたため，プッシュアウト対象はデリバティブ取引全体の5％相当にすぎなかった。

　ウォーレン（2018）などによると，1500ページに上る2015年クロムニバス法案には，ドッド＝フランク法第716条を実質的に撤廃する変更が隠されていた[3]。クロムニバスとは，つなぎ予算決議を意味する“CR”と，予算の全面書き換えを意味する“omnibus”の合成語である。リンカーン修正条項の実質的撤廃を提案したのは，ケビン・ヨーダー下院議員（共和党，カンザス州）であった。ウォール・ストリートと縁のなさそうな「農村部」の議員である。彼は地元紙のインタビューで，ウォール・ストリートを助ける意図はなく，その措置は「将来被る負債から納税者を確実に保護することと，全米の農家や牧場主や小銀行に不当な負担を課さないこと，この2つのバランスを取る常識的で現実的な解決策」と答えている（Helling 2014）。

　それを文字通りに受け取る人はいないであろう。彼は，ティーパーティの支援を受けた議員で，先の選挙周期に銀行業界から6万2500ドルの献金を受けていた。リンカーン修正条項撤廃を起案したのはシティバンクのロビイストで，それを下院金融サービス委員会に売り込んだのである。その提案は，デリバティブ取引の90％を占める4大銀行（バンク・オブ・アメリカ，シティグループ，JPモルガン・チェース，ウェルズ・ファーゴ）の利益追求のためにほかならず，デリバティブ取引が皆無といえる全米の小銀行にはまったく関係ない。

3　2015年クロムニバス法案の攻防についてはウォーレン（2018）186〜196頁を参照のこと。ウォーレンが共闘したのは，民主党進歩派だけでなく，共和党のデイヴィッド・ヴィッター（ルイジアナ州）であった。彼は保守強硬派で知られ，ティーパーティ運動に早くから理解を示していた。

　ヨーダーの選挙区はカンザス州第3選挙区であり，ミズーリ州側から広がる
カンザスシティ都市圏にある。民主党が強かったがティーパーティ運動の波に
乗り2010年に初当選すると，4期連続当選を果たした。だが，18年中間選挙
で落選した。Wise（2018）によると，18年中間選挙に際し，ヨーダーは51万
2000ドルの選挙献金を集めた。その内53％は，製薬会社，銀行，会計事務
所，コーク・インダストリーズなどが資金提供した政治活動委員会（PAC）
からのものである。しかも200ドル未満の小口献金で集まったのはわずか489
ドルにすぎず，残りは，選挙周期ごとに2700ドルを上限とする大口の個人献
金によるものであった。それでも選挙資金の中でPACが53％を占めていると
いうのは突出した数字ではなく，現職議員の平均は43％である。

3.　2016年大統領選民主党予備選

3.1　サンダース旋風

　泡沫候補と言われたトランプを大統領に押し上げたのは「ラストベルトの反
乱」とも言われている。ラストベルトとは，五大湖周辺から太平洋岸のペンシ
ルヴァニア州にかけての地域を指す。かつて基幹産業であった自動車，鉄鋼な
ど，製造業衰退が著しい。この地域で労働組合に加入していた白人労働者は，
当たり前のように民主党を支持していた。しかし，民主党の軸足が再分配から
マイノリティの権利拡大に移ったため，白人労働者は「忘れられた人々」と
なっていた。他方，トランプは，人種差別と偏見を煽りながら，エスタブリッ
シュメントという「ヘドロを掻き出す」と宣言し，「忘れられた人々」が二度
と忘れられることはないと訴えかけた。

　トランプは不動産開発を中心とした実業家，タレントで，職業政治家ではな
いことは周知の通りである。また貿易協定，安全保障など，従来の共和党とは
異なる方針を示したが，金融規制改革においてもそうであった。興味深いこと
に，トランプは後述のようにグラス＝スティーガル法の復活を提唱し，共和党
綱領に入れることを要請した。こうしたトランプに対し，コーク兄弟や保守系

財団，シンクタンクは批判的であった。

　そういった意味でトランプが共和党のアウトサイダーであったとすれば，民主党のアウトサイダーはバーニー・サンダースであった。彼は，バーモント州選出の上院議員で無所属であった。その経済格差に焦点を絞った訴えは，若者をはじめ多くの心を掴んだ[4]。このように，共和党でも民主党でもポピュリズムの路線が支持されたのである。

　サンダースは1990年に下院議員に当選し，91年，無所属のまま民主党左派の議会進歩派議員連盟（CPC）の共同創設者となった。進歩派の原語は"progressive"で，"Progressivism"とは1890年代から1920年代の革新主義運動を意味する。それは，世紀交替期の工業化，都市化という社会変動がもたらした問題，新移民流入や政治汚職に対処しようとした。とくに非公式の選挙組織である「マシーン」と，それを操る「ボス」による腐敗は，市政レベルでの政治改革の機運を高めたのである。

　さて，2016年大統領選の予備選でサンダースは，進歩派の経済政策として国民皆保険，所得と資産の不平等是正，大学の学費無償化と借金を負わない進

表4-1　サンダースの経済政策の経済的インパクト

	議会予算局予測	サンダース	変化率
GDP（名目）	$28,600	$43,127	51%
GDP（実質）	$23,300	$31,891	37%
1人当たりGDP（実質）	$64,903	$86,001	33%
1人当たりGDPの成長率，2016〜26年	1.7%	4.5%	168%
中位家計所得	$59,336	$82,151	38%
労働者1人当たりの産出（GDP）	$146,585	$172,530	18%
年間生産性成長率	1.55%	3.18%	105%
失業者，2026年	$158,952	$184,841	16%
雇用成長率	0.6%	1.4%	133%
失業率	5.4%	3.8%	-29%
就業率	5.7%	65%	14%

注：「変化率」は，サンダースの制作により議会予算局予測を上回った比率を示す。ただし，計算が合わないところがあるが，出所の通りとした。
出所：Friedman（2016）.

4　サンダースが上院議員になり，大統領選に出馬するまでの軌跡ついては，サンダース（2016）を参照のこと。

学，最低賃金引き上げなどを謳い，金のかかる政治の排除，人種・エスニシティや LGBTQ の公正な扱いを訴えた。経済学者ジェラルド・フリードマン（マサチューセッツ大学アマースト校）の試算によると，国民皆保険などで 10 年間に 14 兆 5000 億ドルの財政支出が見込まれる一方，累進課税の復活などで 10 年間に 15 兆 8280 億ドルの財政収入があるという（Friedman 2016）。1 兆 3280 億ドルの財政黒字がもたらされる上に，表 4-1 のような目覚ましい経済効果があるとの結果であった。

　このバラ色のシナリオに対しては，「極端な主張」であるとの公開書簡が出された。差出人は，クリントン政権下のローラ・タイソン，オバマ政権下のクリスティーナ・ローマー，オースタン・グールズビー，アラン・クルーガーという民主党政権下の元経済諮問委員長 4 名である。その公開書簡の要点は，「これらの主張は，進歩派の経済アジェンダの信頼を損なうもので，共和党候補の唱える非現実的な主張に立ち向かうのがますます困難になる」ということである（Krueger, Goolsbee, Romer and Tyson 2016）。

　民主党と共和党は異なる知的伝統を持っていた。共和党は金持ち減税が経済成長をもたらすという根拠のない主張を繰り返してきた。「まじないの経済学」とも言われるトリクルダウン・エコノミクスを，ただ信奉してきたのである。それに対して民主党の経済政策は堅実な根拠に依拠したものであった。しかし，それが変わりつつあった。証拠に基づく政策論を戦わせるよりも，ポピュリズムの空気をどうとらえるかが重視されるようになっていったのである[5]。

3.2　ウォール・ストリート改革

　ヒラリー・クリントンとサンダースの民主党大統領候補者指名争いは，ウォール・ストリート改革をめぐる信頼性が争点の一つとなった。ヒラリーは，エスタブリッシュメントであり，ゴールドマン・サックスから 20 万ドルもの多額の講演料を受け取るなど，ウォール・ストリートとの親密さが批判の

5　AOC の愛称で知られるアレクサンドリア・オカシオ＝コルテスによって現代貨幣理論（MMT）が耳目を集めたが，最初に政界に持ち込んだのはサンダースだと言われている。

的となった。また，長年金銭スキャンダルを夫婦して抱えていたこともあり，私用メールサーバー問題は，「信頼のおけない人物」という否定的評価に輪をかけるものであった。サンダースの実直なイメージとは正反対である。

どちらがウォール・ストリートを本当に改革できるのかを考えたとき，ヒラリーを信用することは難しかった。そのうえ，サンダースが21世紀版グラス＝スティーガル法案（4.1で詳述）に賛成していたのに対し，ヒラリーは反対していた。

そもそもグラス＝スティーガル法とは，大恐慌を受けて制定された1933年銀行法の通称で，とくに第16，20，21，32条を指す。すなわち銀行と証券の分離である。第21条がノンバンクによる預金業務の禁止を定める一方，第16，20，32条は銀行による証券業務を制限，禁止するものであった。第16条は，「本来的銀行業務」と「付随する権限」を定め，米国債など銀行適格証券の取り扱いを認め，非適格証券の取り扱いを禁じた（業務の分離）。第20条は，銀行が証券業務に「主として従事する」関連会社を所有することを禁じた（組織の分離）。第32条は，銀行の取締役が証券会社の取締役を兼務することを禁じた（人の分離）。実際，商業銀行のJPモルガンと投資銀行のモルガン・スタンレーに代表されるように，大銀行は解体された（Carpenter, Murphy and Murphy 2016）。

ところが1980年以降の金融規制緩和の中で，第20条子会社による限定的証券業務の範囲と収入制限が緩和されたので，銀行と証券の分離は曖昧になっていった。1998年のトラベラーズとシティコープの合併によるシティグループの誕生，それを追認する形で第20条，第32条を撤廃した1999年グラム＝リーチ＝ブライリー法は最後の一撃であった。

では，グラス＝スティーガル法が廃止されなければ危機を防げたのであろうか。2000年代には信用膨張による住宅バブルがあり，大手金融機関は過剰なレバレッジを抱えていた。しかも監督機関の権限の及ばないノンバンクにリスクが流れた一方，銀行取り付けに適用されるセーフティネットを利用できなかった。ベア・スターンズに始まり，リーマン・ブラザーズ，AIG，ファニーメイ，フレディマックなどノンバンクは，グラス＝スティーガル法廃止の影響を受けていなかった。他方，ワシントン・ミューチュアル，ワコビア，イン

ディマック，その他は，金融コングロマリットではなく，ふつうの銀行や貯蓄
金融機関であった（ガイトナー 2015, 484-486 頁）[6]。

　こうしたことを踏まえてヒラリーは，グラス＝スティーガル法廃止は危機に
は関係ないとして，その復活を支持しなかった。それよりも，監督を受けずに
銀行並みの業務を行い，取り付けの原因となったシャドー・バンキングの規制
が有効との議論を展開した（Clinton 2015）。

　冷静な経済分析から金融規制として必要だったのは，確かにシャドー・バン
キング規制であったかもしれない。しかし，ポピュリズムが求めたのは，
ウォール・ストリート規制のシンボルとしてのグラス＝スティーガル法復活で
あった。サンダースは安全銀行法案の共同提案者でもあり，銀行解体に積極的
なのは確かである。トランプは果たしてどうであったのだろうか。

4．ポピュリズムと 21 世紀版グラス＝スティーガル法案

4.1　21 世紀版グラス＝スティーガル法案が意味するもの

　1933 年グラス＝スティーガル法制定 80 年を迎えた 2013 年，上院ではエリ
ザベス・ウォーレン（民主党，マサチューセッツ州），ジョン・マケイン（共
和党，アリゾナ州），マリア・キャントウェル（民主党，ワシントン州），アン
ガス・キング（無所属，メイン州）が 21 世紀版グラス＝スティーガル法案を
提出した。経歴や思想など，詳しくはウォーレン（2018）を参照願いたいが，
ウォーレンはサンダース同様進歩派のスターである。キングは民主党に近いと
言われている。興味深いのは，2008 年共和党大統領候補のマケインが共同提
案者として名を連ねたことである。

　マケインは 2018 年 8 月 25 日に死去したが，超党派の尊敬を集める上院議員
であった。しかし，初当選したころはそうではなかった。1989 年にはキーティ
ング・ファイブというスキャンダルが発覚している。チャールズ・キーティン

6　もっともバンク・オブ・アメリカ，シティグループも危機にあり，その規模と複雑性こそが問
　題であったので，この議論には留保が必要であろう。

グは水泳選手，人工妊娠中絶やポルノ反対運動家として活躍し，不動産開発を
手がける実業家に転じた。そして 1984 年にカリフォルニア州アーバインのリ
ンカーン貯蓄貸付組合を買収した。キーティングは同組合の資金を不正流用し
ていた。連邦住宅貸付銀行理事会（FHLBB）が特別検査に入るとの情報が流
れると，キーティングは上院議員 5 名に働きかけ検査を逃れようとした。キー
ティングが彼らに多額の献金をしていたことは言うまでもない。マケインもそ
の 1 人であった。リンカーン貯蓄貸付組合は，1989 年に破産し，34 億ドルも
の公的資金が使われ，キーティングは 5 年服役することになった。上院倫理委
員会でマケインに違法性は認められなかったものの，その傷は，彼を選挙資金
改革に向かわせる原動力となった（Nowicki 2014）。
　さて，21 世紀版グラス＝スティーガル法案の骨子は次の 4 点である
（Americans for Financial Reform website）。

(1)基礎的銀行業を基本に戻す。普通預金や当座預金を提供し，連邦預金保
　　険公社によって保証されている伝統的銀行業と，投資銀行業，保険，ス
　　ワップ，ヘッジファンド，非上場株式などのリスクの高い金融サービスを
　　分離する。また，銀行を，グラス＝スティーガル法が最初に制定された当
　　時存在しなかった商品，たとえば複雑なデリバティブやスワップを含む仕
　　組み金融商品や合成金融商品から分離する。
(2)リスクの高い活動に対する規制の抜け穴を塞ぐ。国法銀行がリスクの高
　　い業務に従事しないように「本来的銀行業務」を特定し，非銀行業務が銀
　　行業に「密接な関連がある」ものとして扱われることを禁じる。通貨監督
　　庁と FRB は，伝統的銀行業およびより幅広い範囲の高リスク業務に従事
　　するのを認めるためにこうした用語を使用してきた。本法案によってこの
　　やり方を終わらせる。
(3)「大きすぎて潰せない」に立ち向かう。本法案は「大きすぎて潰せない」
　　こと自体を終わらせられないが，金融機関を小さくかつ安全にすることで
　　正しい方向に向かわせる。銀行をリスクの高い業務と分離することで，大
　　手金融機関は規模を縮小することになり，また高リスク業務のセーフティ
　　ネットとして連邦預金保険に頼れなくなる。一部の金融機関は大規模かも

しれないが，伝統的預金銀行とは切り離されるので，救済という暗黙の政府保証はなくなる。

(4) グラス＝スティーガル法を実施する。5年間の移行期間と罰則を設ける。

オバマ政権下において，21世紀版グラス＝スティーガル法案は，提出された2度とも廃案となっている。しかし，前述の通り，2016年大統領選ではグラス＝スティーガル法はポピュリストのシンボルとなっていた。そして二大政党いずれも綱領にグラス＝スティーガル法再制定を盛り込んだ。

トランプ政権について言えば，ゴールドマン・サックス出身のスティーブン・ムニューシン財務長官，ゲイリー・コーン国家経済会議議長もグラス＝スティーガル法を支持していると発言した。そして2017年5月1日，大統領がグラス＝スティーガル法の復活を支持し，それによる銀行解体も辞さないとの報道があった。同日，ショーン・スパイサー報道官は次のように説明した（Whitehouse website）。

まず，小銀行の業界団体である米国独立地域銀行協会がワシントンで開催した会合に触れた。そして2008年以降の規制が不当に重い負担を小銀行に課している一方，小銀行の数は20％減少したと指摘し，次のように続けた。「大統領の成長促進アジェンダには，いわゆる21世紀版グラス＝スティーガル法の制定が含まれており，それによって小銀行は不必要な要件を遵守するための時間を節約できるようになる。その多くの部分は巨大機関を取り締まることを狙っているので，地域社会と地元の小企業に資本を還流するのにより多くの時間を費やせるようになる」。つまり，小銀行のために負担軽減を目指すということである。

さらに5月18日の上院銀行・住宅・都市問題委員会におけるムニューシンとウォーレンの質疑応答で政権の態度が明らかになった（United States Committee on Banking, Housing, Urban Affairs website）。ウォーレンは，21世紀版グラス＝スティーガル法案が銀行と証券の分離を意味し，したがって銀行解体につながると説明した。政権は同法案を支持すると選挙戦中から繰り返してきたが，どのように考えているのかとムニューシンに質した。ムニューシンは1933年グラス＝スティーガル法は支持しないが，21世紀版グラス＝ス

ティーガル法案は支持するであるとか，はぐらかすことに終始していたが，ウォーレンに問い詰められた。ついに，銀行と証券の分離，銀行解体を政権は支持しないと明言した。

　2016年大統領選挙中，トランプは，ヒラリーがゴールドマン・サックスをはじめウォール・ストリートと癒着していると批判し，自分はウォール・ストリートに立ち向かう大統領になると宣言していた。しかし，実際には，選挙戦中の言動はポピュリストとしてのレトリックにすぎず，いざ政権を握るとゴールドマン・サックス出身者が要職に就き，合うはずもない辻褄合わせに腐心することになった。

4.2　左派のポピュリズム

　ウォーレンによれば，ポピュリズムとは「人々が国を変革する力」であり，経済原理，特権，権力をめぐる戦いである。しかし，根本では，ポピュリズムとは価値をめぐる戦いで，「私たちが協力し未来のために投資すれば皆の暮らしが良くなる」という思想であるという。つまり協力し合う場が政府であり，政府を取り戻し，すべての人のために機能させようと考えている（Warren 2014）。

　ウォーレンは，フランクリン・ローズヴェルトの実験的政策を，資本主義を維持しながら，すべての人のためになるように，政府が決定的な役割を果たせるという事例だと考えていた。その政策の3つの構成要素すべてが政府の力を高め，誰にとっても経済を安全にしたと評価している（ウォーレン 2018, 84頁）。

・連邦預金保険公社（FDIC）の創設により，安全に銀行にお金を預けられるようにする。
・グラス＝スティーガル法と呼ばれる銀行法により，通常の当座勘定および貯蓄勘定を扱う銀行業と，ウォール・ストリートの投機を分離する。
・証券取引委員会（SEC）の創設により，ウォール・ストリートを取り締まる警官を配置する。

　さて，危機から 10 年経った 2018 年 9 月 16 日，ウォーレンは「リーマン・ブラザーズ」と題したメールを配信した。「なぜ国民の経済的安全よりもウォール・ストリートの銀行の利益を優先するのか？　その答えはとても簡単だ——腐敗である」と言い，3 つの政策を掲げている。第 1 に大銀行を解体する。既述のブラウン＝カウフマン法案や 21 世紀版グラス＝スティーガル法案のことである。第 2 に銀行の行動に対して経営幹部に責任を負わせる。200 万の偽造口座問題を起こし，末端の行員に責任を押し付けたウェルズ・ファーゴの CEO，ジョン・スタンフを「実質のないリーダーシップ」と非難し，辞任に追い込んだ。第 3 にワシントンから腐敗を追放する。これについては 6 年間ロビイストが政府の職に就くことを禁止し，回転ドア，ロビー活動を規制する腐敗防止法を提出した。

おわりに

　危機から 10 年経った 2018 年 9 月時点で，危機時に下院金融サービス委員会と上院銀行委員会にいた議員の 30％（47 人中 15 人），金融サービス委員会の上級スタッフ（40 人中 17 人）と銀行委員会の上級スタッフ（40 人中 15 人）の 40％が，ウォール・ストリートの金融機関，K ストリートのロビイスト会社やシンクタンクに籍を移したという（Stein 2018）。ドッド＝フランク法の立役者はどうであろうか。クリス・ドッドは，住宅ローン会社のカントリーワイド社から VIP 待遇で融資を受けていたことなど，次々にスキャンダルが発覚し再選を諦めた。だがアメリカ映画協会のトップを経て弁護士事務所に入り，金融サービスなどに関して助言することで高額報酬を約束されている。バーニー・フランクは，トランプの息のかかったシグニチャー銀行の取締役を務めている。危機を経て，ドッド＝フランク法が成立しても事態は好転していない。

　トランプ，そして共和党は，小銀行の負担軽減という大義でドッド＝フランク法の規制を緩和した。2018 年 5 月 24 日成立の「経済成長・規制負担軽減・消費者保護法」である。グラス＝スティーガル法をそのように解釈すること

で，当初の主張と右派のポピュリズムの政治課題と整合性を保とうとした。しかし，米国銀行協会は，ポピュリズムがグラス＝スティーガル法を復活させるのではないかとの懸念を持っている（Finkle 2018）。それにくわえ，米国独立地域銀行協会，全米連邦付保信用組合協会加盟の地域に根ざした金融機関も，グラス＝スティーガル法復活を支持している。ポピュリズムを生む経済格差の解決に向かわない限り，グラス＝スティーガル法のシンボリックな意味はますます濃くなっていくであろう。

［参考文献］

ウォーレン，エリザベス著，大橋陽訳（2018）『この戦いはわたしたちの戦いだ──アメリカの中間層を救う闘争』蒼天社出版。［Warren, Elizabeth（2017）*This Fight is Our Fight: The Battle to Save America's Middle Class*, New York, NY: Metropolitan Books/Henry Holt and Company.］

ガイトナー，ティモシー著，伏見威蕃訳（2015）『ガイトナー回顧録』日本経済新聞社。［Geithner, Timothy（2014）*Stress Test: Reflections on Financial Crises*, NewYork, NY: Crown Publishers.］

楠井敏朗（1994）『法人資本主義の成立──20世紀アメリカ資本主義分析序論』日本経済評論社。

久保文明，東京財団「現代アメリカ」プロジェクト編著（2012）『ティーパーティ運動の研究──アメリカ保守主義の変容』NTT出版。

サンダース，バーニー著，萩原伸次郎監訳（2016）『バーニー・サンダース自伝』大月書店。［Sanders, Bernie（2015）*Outsider in the White House*, London: Verso.］

ジョンソン，サイモン，ジェームズ・クワック著，村井章子訳（2011）『国家対巨大銀行──金融の肥大化による新たな危機』ダイヤモンド社。［Johnson, Simon, and James Kwak（2010）*13 Bankers: The Wall Street Takeover and the Next Financial Meltdown*, New York, NY: Pantheon Books.］

パッカー，ジョージ，須川綾子訳（2014）『綻びゆくアメリカ──歴史の転換点に生きる人々の物語』NHK出版。［Packer, George（2013）*The Unwinding: An Inner History of the New America*, New York, NY: Farrar, Straus and Giroux.］

藤本一美，末次俊之（2011）『ティーパーティ運動──現代米国政治分析』東信堂。

メイヤー，ジェイン著，伏見威蕃訳（2017）『ダーク・マネー──巧妙に洗脳される米国民』東洋経済新報社。［Mayer, Jane（2016）*Dark Money: The Hidden History of the Billionaires behind the Rise of the Radical Right*, New York, NY: Doubleday.］

渡辺将人（2012）「ティーパーティと分裂要因──ポール派の動向を中心に」，久保文明，東京財団「現代アメリカ」プロジェクト編著（2012）『ティーパーティ運動の研究──アメリカ保守主義の変容』NTT出版。

Americans for Financial Reform website. Accessed February 12, 2019. https://ourfinancialsecurity.org/

ATTOM Data Solutions website. Accessed February 12, 2019. https://www.attomdata.com/

Carpenter, David H., Edward V. Murphy and M. Maureen Murphy（2016）The Glass-Steagall Act: A Legal and Policy Analysis, CRS Report R44349.

Chan, Swell（2010）"Financial Debate Renews Scrutiny On Size of Banks," *The New York Times*,

April 21.

Clinton, Hillary（2015）"How I'D Rein In Wall Street," *The New York Times*, December 7.

Connaughton, Jeff（2012）*The Payoff: Why Wall Street Always Wins*, Westport, Connecticut: Prospecta Press.

Federal Reserve Bank of St. Louis website. Accessed February 12, 2019. https://www.stlouisfed. org/

Finkle, Victoria（2018）"Is Glass-Steagall Poised for a Political Comeback?" *American Banker*, September 7.

Friedman, Gerald（2016）"What would Sanders do? Estimating the economic impact of Sanders programs." Accessed February 12, 2019. http://www.dollarsandsense.org/What-would-Sanders-do-013016.pdf

Helling, Dave（2014）"U.S. Rep. Kevin Yoder of Kansas Defends Measure Relaxing Banking Rules," *Kansas City Star*, December 16.

Krueger, Alan, Austan Goolsbee, Christina Romer and Laura D'Andrea Tyson（2016）"An Open Letter from Past CEA Chairs to Senator Sanders and Professor Gerald Friedman," *Lettertosanders*.

Nowicki, Dan（2014）"Keating Five Scandal Still Dogs McCain, 25 Years Later," *USA Today*, April 6.

Reich, Robert B.（2014）"The Six Principles of the New Populism [Commentary]," *The Baltimore Sun*, May 14.

Schroeder, Peter（2011）"Bachmann to Introduce Dodd-Frank Repeal Bill," *The Hill*, January 5.

Stein, Jeff（2018）"Many Lawmakers and Aides Who Crafted Financial Regulations after the 2008 Crisis Now Work for Wall Street," *The Washington Post*, September 7.

United States Committee on Banking, Housing, Urban Affairs website. Accessed February 12, 2019. https://www.banking.senate.gov/

Warren, Elizabeth（2014）Keynote Address of the New Populism Conference held by Campaign for America's Future at the Washington Court Hotel. May 22.

Whitehouse website. Accessed February 12, 2019. https://www.whitehouse.gov/

Wise, Lindsay（2018）"Kevin Yoder's Campaign is Being Fueled by PAC Money," *Kansas City Star*, February 7.

圧迫されるメイン・ストリート

第5章

アメリカン・ドリームの終焉
──所得・資産格差と中間層の崩壊

はじめに

　本章では，第Ⅰ部でみたウォール・ストリート支配の結果，アメリカ国内経済のなかで所得・資産格差が拡大して，中間層の崩壊を招いてきた点を考察する。ウォール・ストリート支配の影響は，「メイン・ストリート[1]」を構成する一般の人々にも及び，それらの人々は1990年代以降に特徴的となった金融セクター主導の景気拡大の恩恵を等しく受けることができなくなってしまった。それは政策や制度，社会的規範の変化をももたらし，「アメリカン・ドリーム」（均等に与えられた機会を生かし，勤勉と努力によって多くの者が成功を勝ち取ることができること）を終焉させている。

　本章では，とくに，次の3点を明らかにする。

　第1は，メイン・ストリートにおける構造変化である。労働市場の変化と金融化の進展によって，アメリカ国内では中間層を支えたメイン・ストリートの経済構造に大きな変化が生じた。この点をまず確認する。

　第2は，メイン・ストリートの経済構造が大きく変化し，ウォール・ストリート優位の状況が顕在化するなかで，所得・資産格差が拡大している点である。ウォール・ストリート支配の経済構造は，それに優位な経営者層および金融関係者と一般労働者との間の所得格差を拡大させ，分配における著しい不平等を生み出している。ここでは，金融化の経済的プロセスが所得格差の拡大を

1　本稿では，「ウォール・ストリート」との対比で，金融業以外で働き，所得源泉の大部分を賃金・給与で得ている中間層を含む一般の人々を表す言葉として「メイン・ストリート」を使用する。

加速させている実態を分析する。

　第3は，所得・資産格差の拡大と中間層崩壊の関係である。所得・資産格差が拡大した結果，戦後に形成された幅広い中間層は相対的に縮小している。その影響は経済全体に及び，総需要の抑制や階層間の社会的移動性の低下をもたらしている。

　以上，第Ⅱ部のはじめに位置する本章では，これら3点を考察することによって，ウォール・ストリート支配によるメイン・ストリートへのインパクトの全体像を明らかにしたい。

1．メイン・ストリートの構造変化

　本節では，ウォール・ストリート支配の影響が広範囲に広がっていくなかで，アメリカ国内の中間層を支えたメイン・ストリートの経済構造に生じた変化を取り上げる。ここでは，とくに所得格差の拡大をもたらした背景として，メイン・ストリートにおける労働市場の変化と金融化を見る。

1.1　労働市場の変化

　メイン・ストリートにおける構造変化の一つとして，労働市場の長期的な変化から見ていこう。まず一般の人々がどの産業で働き賃金を得ているのか，そしてそれらはどのように変化してきたのか，これらの点を就業構造から確認する。

　表5-1は農業部門を除いた国内の就業構造の長期的動向とその変化を示したものである。労働市場の変化の結果としてこの表を見た場合，ここから看取できる主な特徴は以下の2点である。

　第1は，1979年を境として，財生産部門，とくに製造業で大幅な職の減少が生じているという点である。1947〜79年の期間では，数回の景気循環を挟みながらもすべての産業において職は増大し，財生産部門も多くの労働力を吸収した。財生産部門（とくに製造業）は労働組合組織率も高く，賃金に加えて

表5-1 就業構造の変化

（単位：万人）

	1947年	1973年	1979年	1989年	2000年	2007年	2017年	1947-1979年の変化	1979-2017年の変化
非農業合計	4,395	7,691	8,993	10,801	13,179	13,760	14,663	4,599	5,670
財生産部門	1,731	2,345	2,500	2,405	2,465	2,223	2,008	768	-492
鉱業	98	69	101	75	60	72	68	3	-33
建設業	205	417	456	531	679	763	696	251	239
製造業	1,429	1,859	1,943	1,799	1,726	1,388	1,244	514	-698
耐久財	808	1,141	1,222	1,100	1,088	881	774	414	-448
非耐久財	621	718	721	698	639	507	470	100	-250
サービス生産部門	2,106	3,960	4,887	6,604	8,635	9,315	10,423	2,780	5,536
商業・運輸・公益事業	944	1,535	1,830	2,251	2,623	2,663	2,750	886	919
情報	166	214	238	262	363	303	280	72	42
金融	167	392	484	656	769	830	846	317	361
専門・ビジネスサービス	284	577	731	1,056	1,667	1,794	2,047	447	1,316
教育・保健	202	509	677	1,062	1,511	1,832	2,319	475	1,642
飲食・宿泊・娯楽	265	534	663	906	1,186	1,343	1,605	398	942
その他サービス	79	199	264	412	517	549	578	185	314
政府部門	557	1,386	1,607	1,793	2,079	2,222	2,232	1,050	625

注：主な景気循環のピークの年を取り上げている。
出所：BLS (2019a) より作成。

付加給付（fringe benefits）も含めると産業平均水準よりも高い収入を得ることのできる部門であった。ところが1979〜2017年の期間では，製造業の就業者数は1943万人から1244万人まで減少し，698万もの職が喪失している。これは，必要な技能がそれほど高くなくても比較的賃金の高かった雇用がアメリカ国内で失われたことを意味している。

　第2は，サービス生産部門において持続的に職が増大している点である。1947〜79年の期間においても，サービス生産部門は多くの雇用を生み出したが，続く1979〜2017年の期間では財生産部門（とくに製造業）の職が減少するなかで，全体の職の増大のほとんどをこの部門が吸収した。サービス生産部門には多様なサービス業種が含まれ，それゆえに高スキルで高賃金の職もあれば，低スキルで低賃金の職も存在する。1979〜2017年の期間においては，確かに専門技術サービスや医療サービスなど高スキルで高賃金の職も増大したが，小売業や管理補助サービス，飲食サービスなど低スキルで低賃金の職が，相対的に多くの労働力を吸収した（BLS 2019a）。

　このような就業構造の変化は，一般に，脱工業化ないしはサービス経済化と呼ばれており，技術変化が起こる中で，メイン・ストリートの一般の人々の職や賃金，技能に大きな影響を及ぼした。

　労働市場の変化は，上記の産業構造の変化の範囲にとどまらない。冷戦の崩壊と情報通信技術（ICT）の発展という政治的・技術的条件が1990年代に同時に整うなかで，グローバル化が急速に進み，メイン・ストリートへの影響はより一層助長された。

　第1に，海外直接投資（FDI）が増え，多国籍企業によるアメリカ国外での事業活動が拡大した。国際競争が激しくなる中で，製造業の多くは国内生産に代えて海外生産にシフトし，オフショア・アウトソーシングも拡大した。21世紀に入ると，ICTの発展に伴って事務労働などサービス業務のオフショアリングも可能となった。結果として，グローバル化にともなう労働市場への影響は，継続的な技術変化が起きた製造業部門において2000年以降にとくに顕在化している（表5-1参照）。しかしグローバル化の影響は，こうした「外へのグローバル化」だけではない。

　第2に，アメリカ国内へ労働力が流入する「内なるグローバル化」も進ん

だ。国勢調査局のデータによると，労働力人口に占める合法移民の割合は，1980年で6.5％であったが，2000年には13.2％，2016年には16.8％にまで増大した（U.S. Census Bureau 2019a）。1990年代後半以降は，「H1Bビザ」（専門職）に代表される高度な技術を持った労働力も流入したが，移民の多くは職が増大した比較的賃金の安い農業部門やサービス部門に吸収され，全体としては賃金の伸びを抑制する方向に作用した。

　以上のように，脱工業化ないしはサービス化とグローバル化が進む中で，労働市場に大きな変化が生じたのであった。この過程のなかで，一方における高スキルで賃金の高い職種と，他方における低スキルで賃金の低い職種の差が技術変化を伴いながら拡大したのである。

1.2　非金融部門における金融化

　メイン・ストリートに見られた構造変化のいま一つの特徴は，金融化である。第1章で見たように，金融化とは「国内経済と国際経済において，金融的動機，金融関係者，金融機関，金融市場の役割がしだいに増してゆく」傾向を示す概念であるが，当然として金融以外の部門にも見られた現象であった。金融化の非金融部門への影響は多岐に及ぶが，第2節で述べる所得格差との関連でとくに強調しておかなければならないのは，次の2点である。

　第1は，家計部門における機関投資家を通じた株式所有の拡大である。連邦準備制度理事会（FRB）の調査によると，家計部門における直接および間接の株式所有の割合（全体）は，1989年調査時に31.8％だったが，2001年の調査時には53.0％へと上昇し，2016年の調査時でも51.9％となっている（Bricker, *et al.* 2017）。つまり，この間に家計部門の半数以上が何らかのかたちで株式を金融資産として所有するようになったということである。しかもこの割合の上昇は，特定の所得階層に限定されたものではなく，すべての所得階層に見られたのだった。

　この調査結果の背景には，付加給付の一部である年金が雇用主提供の確定給付型から従業員がその大部分を負担する確定拠出型へとシフトし，機関投資家（ミューチュアル・ファンド，年金基金，退職金基金，保険会社など）を通じ

た間接的な株式保有が増大したことが大きい（Useem 1996）。しかし一般の
人々にとってみると、老後の生活を支える年金の運用を市場に委ねることに
なったのであり、個人に市場のリスクを移転する結果となっている（Hacker
2019）。いずれにせよ、こうしてアメリカ経済の大部分を構成する一般の人々
にも、年金という社会保障の市場化を媒介として金融化の影響が及んでいるの
である。

　第2は、企業部門において、株価重視の経営戦略がより一層強まったことで
ある。アメリカの場合、金融市場が発達し、株主を意識した経営戦略が他国と
比べて強いと言われてきたが、上で見たように、家計部門による機関投資家を
通じた間接的な株式保有が増大していく中で、その傾向はより一層強まった
（Lazonick and O'Sullivan 2000）。機関投資家が企業の大株主となったことで、
企業のコーポレート・ガバナンスのあり方は大きく変わることになり、経営者
に対する四半期毎の業績の改善と株価上昇、自己資本利益率（ROE）向上へ
の圧力が強まった。その結果、新規投資を行って長期的な利潤を獲得していく
よりも、「ダウンサイジング」を実施して労働コストの削減を推し進めたり
（Baumol, Blinder and Wolff 2003）、短期的に株価を押し上げる財務戦略（と
くに自社株の買戻し）などがより積極的に実施されている（Crotty 2005）。

　非金融企業部門における株式の買戻しをFRBの資金循環表を使用して確認
すると、それは1994年以降継続的に行われていることがわかる（FRB
2019）。さらに非金融企業部門のキャッシュ・フロー（未配当利潤と減価償却
引当金の合計）に対する株式買戻し額の割合を計算すれば、1994～2000年で
平均9.6％、2002～2007年で平均16.4％、2010～2018年で平均18.8％と、次第
に高まっている。つまり、非金融企業部門は豊富に積みあがったキャッシュ・
フローを使って株式の買戻しを行い、株価の上昇を図っているのである。

　このような財務戦略の背景には、ビジネス・スクール出身の企業経営者の増
大とその意識変化を指摘できるが（Khurana 2010, Ch.7）、むしろそれがとら
れるようになった経済的要因として、最高経営責任者（CEO）や企業幹部の
株価と連動した報酬制度が拡大していったことが大きい。つまり、株価の上昇
がCEOや企業幹部自身の報酬の増大と連動することが多くなったために、こ
のような財務戦略がとられやすくなったのである（Bebchuk, Fried and

Walker 2002)。その証拠に，CEO の報酬総額に占める株式報酬の割合は，株価が急上昇することになった 1990 年代半ば以降に高まっている。CEO 報酬ランキングでトップ 100 の企業の CEO 報酬を確認すると，総報酬（給与・ボーナス，株式報酬，その他）のうち株式報酬（ストック・オプションを含む）が占める割合は，1989 年に平均 34.6％であったが，2000 年に平均 76.0％，2007 年には平均 64.0％となっている（*Forbes* 1990; 2001; 2008）。その後リーマン・ショックによる株価下落の影響で，この割合は若干下がるものの，2017 年でも総報酬の 72.0％が株式報酬である（*The New York Times* 2018）。

　以上のように，メイン・ストリートにおける金融化の影響は，ウォール・ストリートの動きと連動して浸透した。こうした現象は，1980 年代から顕在化した新自由主義的政策の展開によって助長され，第 2 次大戦後から 1970 年代末までに一般の人々にも広く恩恵をもたらした政策や制度を大きく変えてしまったのである（Levy and Temin 2007; Kotz 2015）。

2．所得・資産格差の拡大

　本節では，メイン・ストリートの構造変化を背景としつつ，ウォール・ストリートの影響力が支配的となるなかで拡大した所得・資産格差を検討する。ウォール・ストリート支配による普通の人々への影響を見るには，単なる労働市場における賃金格差を分析するだけでは不十分であり，金融化を反映した形で所得格差を分析する必要がある。ここでは，賃金・給与といった労働からの所得に加え，金融資産の所有によって生じるキャピタル・ゲインを含めた所得を用いて，格差拡大の実態を明らかにする。

2.1　所得格差の拡大

　前節で見たように，メイン・ストリートにおける構造変化は，一般の人々の賃金や雇用，技能に大きな影響を与えた。とくに，前節で指摘した産業構造の変化やグローバル化の影響は大きく，それらはしばしば所得格差の原因の一つ

として取り上げられてきた。実際，経済学者による所得格差の分析は，産業構造の変化にあらわれた技術変化やグローバル化（貿易や移民など）という要因を，性別や年齢，人種，教育歴，技能差などをベースにして議論してきたのである（クルーグマン 2008，第7章）。しかし，ここで問題となるのは，技術変化やグローバル化が労働市場に与えた影響による所得の格差ではなく，金融化の中で生じた所得の格差である。

　そこで，まずは所得分布の長期的な動向から確認しよう。図5-1は，アメリカ議会予算局（CBO）が作成した所得階層別の税引前世帯所得（キャピタル・ゲインを含む）の伸びを示したものである[2]。ここで示される所得階層は，各年における人口（および世帯）を所得順に百分位で区分し，「第1−20百分位」（下位20％），「第21−80百分位」（中間の60％），「第81−99百分位」（上位81〜99％），「トップ1％」（最上位1％）と，4つの所得階層に整理した

図 5-1　所得階層別の所得の伸び（1979-2015 年）

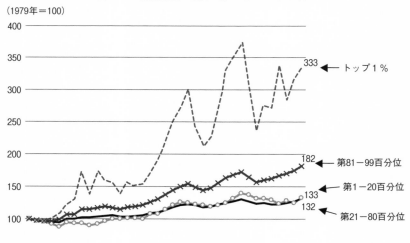

注：2015 年ドル表示の税引前所得を指数化している。
出所：CBO（2018）より作成。

2　CBO の税引前所得には，賃金・給与，繰延報酬プラン，付加給付，ビジネス所得，キャピタル・ゲイン，利子，配当，レンタル所得，その他所得，社会保険給付金が含まれる。

ものである。

　この図から明らかなように，1979〜2015年の期間に，各所得階層の所得の伸びは均等に増大していないことが見て取れる。この期間に，「第1-20百分位」と「第21-80百分位」の所得は1.3倍（100 → 133，132）とほぼ同じペースで増大したが，「第81-99百分位」では1.8倍（100 → 182）の増加，「トップ1%」に至っては3.3倍（100 → 333）もの増加となっている。つまり，1979〜2015年の期間では，所得階層が上位になればなるほど所得の伸びは高かったということである。なかでも，最上位の「トップ1%」のみが突出した所得の伸びを示している。

　各所得階層の所得の伸びは，当然として景気循環の影響を受けるが，「第1-20百分位」と「第21-80百分位」に比べると，「第81-99百分位」と「トップ1%」はその影響が鮮明に表れている。とくに「トップ1%」の所得の伸びの動きは顕著であり，1980年代に増えたあと，1990年代半ばから急速に増加して，2000年と2007年に大きなピークを迎えている。このように見ていくと，所得格差の拡大は1990年代半ば以降に顕在化し，それが進行していると見るべきである。つまり，現在の所得格差は所得階層間の所得の伸びにおける著しい格差が特徴であり，所得分配がごく一部の上位階層に偏っていることが問題なのである。

2.2　所得格差の要因

　では，所得分配の極端な偏りはどのように生じているのだろうか。ここでは所得階層間の所得格差の拡大が生じた要因を所得の源泉から分析しよう。そのために，ここではアメリカ財務省内国歳入庁（IRS）が公表している個人所得税統計を使用して，各所得階層の主要な所得源泉を明らかにしたうえで，所得階層別の金融資産の保有状況が所得格差とどのようにかかわっているのかという点を考察する。

　表5-2は，個人所得税統計から所得階層別に主な所得源泉を取り出し，その比重と百分布を，1993年，2000年，2007年，2016年の4時点で示したものである。

表 5-2　所得階層別の主な所得源泉の比重と百分布

（単位：%）

	全体	2万ドル未満	2万ドル～3万ドル未満	3万ドル～4万ドル未満	4万ドル～5万ドル未満	5万ドル～7.5万ドル未満	7.5万ドル～10万ドル未満	10万ドル～20万ドル未満	20万ドル～50万ドル未満	50万ドル～100万ドル未満	100万ドル～200万ドル未満	200万ドル以上
各所得階層の給与・賃金がそれぞれの申告所得に占める割合												
1993 年	71.6	67.1	76.4	80.2	79.8	80.4	77.1	66.7	55.0	47.7	31.9	
2000 年	65.1	68.3	75.0	76.2	77.5	75.7	75.0	67.5	53.5	46.1	39.1	30.2
2007 年	60.2	59.4	72.6	76.0	76.0	73.3	71.9	68.0	54.6	43.4	34.8	21.3
2016 年	62.5	53.9	71.0	75.2	75.3	72.3	70.7	69.4	63.0	52.0	41.5	23.8
各所得階層のインカムゲイン（利子・配当）がそれぞれの申告所得に占める割合												
1993 年	6.3	7.2	4.7	4.4	4.5	4.3	5.4	7.3	10.3	12.5	14.9	
2000 年	5.8	5.8	3.8	3.8	4.0	4.0	4.5	5.7	8.0	9.6	10.5	9.3
2007 年	7.5	4.3	3.3	3.2	3.4	4.2	4.7	6.1	9.9	12.7	14.5	17.3
2016 年	5.2	2.4	1.8	1.9	1.8	2.4	3.0	3.7	6.1	8.9	10.9	16.0
各所得階層の正味キャピタルゲインがそれぞれの申告所得に占める割合												
1993 年	3.4	0.9	0.9	0.9	1.2	1.4	2.3	4.6	8.1	13.4	26.2	
2000 年	9.1	1.7	1.3	1.4	1.7	2.1	2.9	5.7	11.9	19.3	26.0	46.6
2007 年	9.2	0.9	0.8	0.8	1.0	1.5	1.9	3.8	9.3	16.6	22.8	43.0
2016 年	5.3	0.2	0.4	0.4	0.5	0.7	0.9	1.8	4.3	8.3	13.2	32.4
各所得階層のビジネス・専門所得がそれぞれの申告所得に占める割合												
1993 年	4.3	4.7	3.3	3.0	2.8	3.2	4.5	7.7	7.4	5.2	2.6	
2000 年	3.2	5.0	3.0	2.6	2.5	2.6	2.5	4.0	5.6	3.4	2.2	0.9
2007 年	3.0	6.8	2.9	2.4	2.5	2.3	2.4	3.1	4.9	3.5	2.5	0.8
2016 年	2.9	8.0	3.5	2.8	2.7	2.2	2.2	2.4	3.7	3.5	3.0	1.2
給与・賃金の百分布												
1993 年	100.0	13.5	12.0	12.6	11.7	21.6	10.1	10.1	4.7	1.7	2.0	
2000 年	100.0	8.3	8.3	8.6	8.5	18.7	13.1	17.3	8.0	3.0	1.8	4.3
2007 年	100.0	6.2	6.7	7.3	7.0	16.1	13.5	22.9	10.5	3.6	2.1	4.2
2016 年	100.0	4.8	5.3	6.1	5.9	13.4	11.8	26.7	15.4	4.8	2.3	3.5
インカムゲイン（利子・配当）の百分布												
1993 年	100.0	16.5	8.5	7.8	7.6	13.2	8.2	12.7	10.2	5.0	10.5	
2000 年	100.0	7.9	4.7	4.8	5.0	11.2	8.8	16.6	13.7	7.0	5.5	14.9
2007 年	100.0	3.6	2.4	2.5	2.5	7.4	7.0	16.3	15.3	8.5	7.0	27.5
2016 年	100.0	2.6	1.6	1.8	1.7	5.4	6.0	17.1	18.0	9.8	7.2	28.7
正味キャピタルゲインの百分布												
1993 年	100.0	3.7	2.9	3.0	3.6	7.8	6.4	14.6	14.5	9.7	33.6	
2000 年	100.0	1.5	1.0	1.1	1.3	3.7	3.6	10.5	12.7	8.8	8.6	47.1
2007 年	100.0	0.6	0.5	0.5	0.6	2.1	2.4	8.2	11.6	9.1	9.0	55.4
2016 年	100.0	0.2	0.3	0.4	0.4	1.5	1.7	8.3	12.4	9.0	8.6	57.0
ビジネス・専門所得の百分布												
1993 年	100.0	16.0	8.7	7.8	7.0	14.5	10.0	19.5	10.8	3.0	2.7	
2000 年	100.0	12.3	6.8	6.0	5.5	13.2	8.8	21.0	17.2	4.5	2.1	2.6
2007 年	100.0	14.3	5.4	4.7	4.6	10.0	8.9	20.9	19.0	5.9	3.1	3.2
2016 年	100.0	15.2	5.7	4.8	4.5	8.6	7.9	19.6	19.4	6.9	3.5	3.9

注：個人所得税統計の調整済粗所得の階層（1993 年：14 階層，2000 年，2007 年，2016 年：18 階層）を 11 階層に再集計。いずれも未調整粗所得は省いて各所得構成項目の総額で算出。申告総所得は，給与・賃金，利子（課税・非課税），配当，ビジネス・専門所得（損失），キャピタル・ゲイン（ロス），資本資産以外の資産売却による所得（損失），個人退職勘定（IRA）受取，年金，失業手当，社会保険受取，家賃・ロイヤルティ所得（損失），パートナーシップ・Ｓ コーポレーション企業所得（損失），不動産・信託財産所得（損失），農業所得（損失），その他所得（損失）の 15 項目を合計している。
出所：IRS（2019）より作成。

　まず所得階層別の所得構成項目を確認すると，所得階層別では主な所得源泉の比重が異なっていることがわかる。年間所得が 2 万ドル以上から 20 万ドル未満の所得階層では，「給与・賃金」項目が総所得の 6 〜 8 割を占めており，労働からの所得が主要な所得源泉となっている。それに対して 20 万ドル以上の所得階層では，総所得に占める「給与・賃金」の比重は 3 〜 5 割と相対的に低い。これらの所得階層では，「インカム・ゲイン（利子・配当）」と「正味キャピタル・ゲイン」が所得源泉のもう一つの柱となっており，それらが占める所得源泉の比重は総所得の 2 〜 5 割である。しかも，所得が高いほどそれらが占める所得源泉の比重は高くなる傾向にある。ここから言えることは，所得階層が高いほど「インカム・ゲイン」や「正味キャピタル・ゲイン」を所得源泉とする比重が高まり，それらを生み出すことのできる金融資産を多く所有しているということである。

　次に，所得階層別の主な所得項目の百分布を見ると，「給与・賃金」は個人所得税申告者数の多い 3 万ドル〜20 万ドル未満の所得階層間で極端な偏りがなく分布しているのに対し，「インカム・ゲイン」と「正味キャピタル・ゲイン」では，20 万ドル以上の所得階層に分布の偏りがあることがわかる。しかもその偏りは 2000 年，2007 年，2016 年と経年的に拡大している。なかでも，200 万ドル以上の所得階層（2000 年，2007 年，2016 年の個人所得税申告者総数の 1％）への「正味キャピタル・ゲイン」の偏りは突出しており，「正味キャピタル・ゲイン」全体の約 5 〜 6 割を，わずか 1％のこの所得階層が占めている（2000 年：47.1％，2007 年：55.4％，2016 年：57％）。

　では，こうした「正味キャピタル・ゲイン」を占有している 200 万ドル以上の所得階層（個人所得税申告者の 1％）とは誰なのか。Bakija, Cole and Heim（2012）によると，「非金融部門の企業幹部，経営者，監督者」と「金融専門職（管理者を含む）」の職種（全所得階層）の 44.1％（1993〜2005 年の平均）をトップ 1％の所得階層が占めていると推計している。つまり，キャピタル・ゲインから多くの所得を得ているウォール・ストリートとかかわりの強い職種が，この階層の中心だということである。

　このように見れば，1990 年代半ば以降においては，各所得階層間で景気拡大の恩恵は等しく分配されていないことは明らかである。確かに所得階層別の

個人所得税申告者の構成比を確認すれば,「貧困水準[3]」に位置する所得階層が減少し相対的に全体の所得水準は高まったということはできるが,所得階層間の所得格差は縮小することはなく,むしろ拡大している。その主な要因は上位の所得階層(とくに200万ドル以上の所得階層)への所得分配の集中化にあった。それは1980年代から進められた富裕層に有利な一連の減税措置(個人所得税の最高税率の引き下げやキャピタル・ゲイン減税など)によって助長され(Edsall 1984; Phillips 2002, Chs.2-3),序章で見たような著しい資産格差を生み出したのである(序章 表0-2 参照)。

　以上,1990年代半ば以降に顕在化した所得格差は,単なる労働からの所得に基づく格差ではなく,金融資産の所有に基づいた所得の格差なのである。

3.　中間層の崩壊とその帰結

　本節では,所得・資産格差の拡大と中間層の崩壊の関係を考察する。前節で見た所得・資産格差が拡大した結果,第2次大戦後から1970年代末までに形成された幅広い中間層は崩壊し,相対的に縮小することにつながった。その影響で,経済全体における総需要の抑制や,所得階層間の社会的移動性の低下を招いている。ここではこれらの点を検討する。

3.1　中間所得層の縮小

　前節までに見た労働市場の変化と金融資産の所有に基づく所得格差の拡大は,労働からの所得を主な所得源泉とするメイン・ストリートの人々に大きな影響を与え,中間層を縮小させている。「中間層」(middle class)の議論をするにあたっては,どの階層を中間層とするのかが問題となるが,やや専門的な

3　貧困水準(Poverty Level, Poverty Thresholds)は,世帯主の年齢や家族構成によって異なるが,たとえば,4人家族で18歳未満の子供が2人いる世帯の貧困水準は,1993年で1万4658ドル,2000年で1万7463ドル,2007年で2万1027ドル,2016年で2万4339ドルである(U.S. Census Bureau 2019b)。

議論に立ち入ることになるため，ここでは便宜的に国勢調査局が作成している所得順に人口を 20％ずつに分けた五分位の所得分布のうち，第2五分位〜第4五分位までの所得層（中間の 60％の階層）を「中間層」と見なして議論を進めることにしたい[4]。

　まず「中間層」を代表する所得の中央値の長期的な動向に触れておくと，実質家族所得の中央値（2017 年ドル）は 1947 年に 2 万 9178 ドルであったが，1979 年には 6 万 1863 ドルへと増大し，その後 2000 年には 7 万 2417 ドル，2017 年には 7 万 5938 ドルとなっている（U.S. Census Bureau 2019b）。この長期的な動向を一人当たり GDP（生産性）の伸びと比較して示したものが，図5-2 である。

　この図から明らかなように，1947〜79 年の期間では，実質家族所得の中央値の伸び率は年平均 2.4％で，一人当たり実質 GDP 上昇率は年平均 2.3％だったことから，両者はほぼ同じ速度で増加したことがわかる。ところが 1979 年以降の時期では，実質家族所得の中央値の伸び率は鈍化し，一人当たり実質GDP 上昇率よりも低くなっている。すなわち，1979〜2000 年では，実質家族所得中央値の伸び率は年平均 0.8％で，一人当たり実質 GDP 上昇率は年平均2.0％，2000〜2017 年では，それぞれ年平均 0.3％と年平均 0.8％である。一般に，所得の増加は生産性の上昇に規定されるが，1979 年以降は生産性の上昇が所得の増加につながりにくい状況となっている。

　次に，表5-3 で 1947〜2017 年の期間における階層別の家族所得シェアと実質所得増加率を確認する[5]。この表の階層別所得シェアの推移から見ていく

4　たとえば国勢調査局による世帯所得の統計では，2017 年の所得の中央値は 6 万 1372 ドルで，第2五分位の下限は 2 万 4638 ドル，第4五分位の上限は 12 万 6855 ドルと推計されている（U.S. Census Bureau 2019b）。したがって，第2五分位から第4五分位までを「中間層」とした場合，2017 年では年間所得 2 万 4638 ドル〜12 万 6855 ドルの世帯が「中間層」と位置づけられる。しかし，貧困水準をみると，4 人家族で 18 歳未満の子供が 2 人いる世帯では 2 万 4858 ドル（2017年）となっており，「中間層」と位置づけた第2五分位の一部に貧困水準の世帯が含まれることになる。そのため，第2五分位すべてを「中間層」として取り扱うことは，厳密には適切ではないことに注意する必要がある。

5　この表の家族所得にはキャピタル・ゲインが含まれていないため，結果として上位所得層の所得シェアは小さくあらわれる傾向にあるが，所得格差の拡大が顕在化する前の時期と比較するために，ここでは長期データが使用できるこの家族所得で見ていくことにする。

図 5-2　家族所得の中央値と一人当たり GDP の推移（1947〜2017 年）

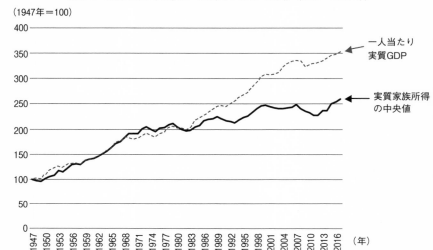

注：一人当たり実質 GDP は，実質 GDP を非軍人 16 歳以上人口で除して算出している。
出所：BEA（2019），BLS（2019b），U.S. Census Bureau（2019b）より作成。

と，1947〜79 年の期間では，「中間層」に位置づけられる第 3 五分位と第 4 五分位のシェアがそれぞれ 0.5 ポイント，1.0 ポイント増大していることがわかる。これに対し，同期間の第 5 五分位（上位層）の所得シェアは 1.6 ポイント減少している（トップ 5％は 2.2 ポイント減少）。あわせて階層別の実質所得増加率を見れば，この期間のデータが利用可能な 1966〜79 年では，どの所得階層も極端な伸びの差異はなく所得が増加していた。つまり，1947〜79 年の期間では，どの階層の所得もほぼ同じ速度で増加するなかで，中間層は広範にわたって拡大し，上位層は相対的に縮小したということである。

　続いて 1979〜2017 年の期間を見ると，それ以前（1947〜79 年の期間）とは逆の現象が生じていることがわかる。この間の所得シェアの推移を見ると，第 5 五分位（上位層）以外のすべての階層で所得シェアが減少し，なかでも中間層に位置する第 2 五分位から第 4 五分位では，合わせて 5.8 ポイントと大幅な減少となっている。これに対して，第 5 五分位（上位層）だけが 7.4 ポイントも所得シェアを増大させている（トップ 5％は 5.4 ポイント増）。さらにこの間の実質所得増加率を見ると，各所得階層間において同じペースでは増加せず，

表 5-3　家族所得シェアの推移と実質所得増加率

(単位：%)

	第 1 五分位	第 2 五分位	第 3 五分位	第 4 五分位	第 5 五分位	トップ5%
1947 年	5.0	11.9	17.0	23.1	43.0	17.5
1966 年	5.6	12.4	17.8	23.8	40.5	15.6
1979 年	5.4	11.6	17.5	24.1	41.4	15.3
1989 年	4.6	10.6	16.5	23.7	44.6	17.9
2000 年	4.3	9.8	15.4	22.7	47.7	21.1
2007 年	4.1	9.7	15.6	23.3	47.3	20.1
2017 年	3.8	9.2	15.1	23.1	48.8	20.7
1947-79 年 のシェア変化	+0.4	-0.3	+0.5	+1.0	-1.6	-2.2
1979-2017 年 のシェア変化	-1.6	-2.4	-2.4	-1.0	+7.4	+5.4
実質所得増加率（%）						
1966-79 年	21.7	18.6	25.0	28.5	29.1	24.5
1979-17 年	0.0	13.2	22.8	36.2	68.0	93.0

注：ここでの家族所得には，キャピタル・ゲインは含まれていない。
出所：U.S. Census Bureau（2019b）より作成。

所得が高い階層ほど増加率が高くなっている。つまり 1979〜2017 年の期間では，所得階層間での所得の伸びに差異が生じ，中間層の所得シェアは相対的に縮小して，最上層のそれは増加したのであった。

　以上，中間層の動向を長期的な視点から見ると，現在の状況は第 2 次世界大戦後から 1970 年代末までに見られた中間層の拡大と格差の「大圧縮」から一転し，中間層の所得シェアが縮小し，上位層の所得シェアが増大して，格差が拡大しているものと見ることができる[6]。それは歴史的に見れば，大恐慌以前の格差社会への回帰として位置づけられるものでもあった（Piketty and Saez 2003）。

6　ちなみに所得の不平等度を表すジニ係数は，1967 年 0.397 であったが，1979 年 0.404，2000 年 0.462，2007 年 0.463，2017 年 0.482 となり，年々高まる傾向にある（U.S. Census Bureau 2019b）。

3.2　経済全体への影響──総需要の抑制と社会的移動性の低下

　では，中間所得層が相対的に縮小した結果，それは経済全体にどのような影響を与えているのだろうか。ここでは，主として次の2点を指摘しておこう。

　第1は，総需要の抑制である。第2節で見たように，現在の所得格差の特徴は，所得分配がごく一部の上位階層に極度に偏っていることであった。経済全体の消費の大部分を占める中間層において，実質所得の伸びが鈍化するとともに所得シェアが相対的に縮小したことによって，所得の上位階層に比べて消費性向の高い中間層や低所得層の人々は，消費支出を抑制するか，生活水準を維持するために共働きに転じたり，借金をしたりするようになっている（本田2016, 第2章）。所得の上位階層は，たとえ「資産効果」による消費の拡大があったとしても，中間層や低所得層に比べると所得総額のわずかな部分しか支出しないことから，結果として，総需要を抑制し経済成長を阻害することになっている。

　第2は，社会的移動性の低下である。社会的移動性（social mobility）とは，個人の階層的地位の移動のことを意味するが，それには，個人が当初にいた地位から別の地位への移動と，親世代の地位から個人の現在の地位への移動とが含まれる。所得格差が拡大し中間層が相対的に縮小する中で，メイン・ストリートにいる一般の人々の社会的移動性は著しく低下している。アメリカ財務省の研究によると，1996年の納税者の所得分布を基準にして，2005年の所得分布の変化を分析したところ，同じ階層にとどまった割合は第1五分位（下位層）で55.1％，第2五分位で37.2％，第3五分位で34.1％，第4五分位で38.1％，第5五分位（上位層）では61.4％であった（U.S. Department of the Treasury 2007）。1996年と2005年の間には2001年の景気後退を挟んではいるものの，基本的には景気が拡大している時期であったが，下位層では所得階層の移動が相対的に低い水準となっている。他方，上位層でも所得階層の移動は低く，所得階層の硬直化が進んでいることが示唆される。

　こうした所得階層の硬直化は，個人が当初いた地位から別の地位へと「社会的階段」を昇る手段としての教育にも影響が及んでいる。かつては人種による

差（特に白人と黒人）が学力の格差としてあらわれる傾向が強かったが，現在では所得の差が学力の格差を決定づける傾向が強まっている（Reardon 2011）。さらに所得階層別での大学（4年制）卒業の割合を見ると，2007年に高所得世帯の子供（1979〜82年生まれ）の54％が大学を卒業したのに対し，低所得世帯の子供で大学を卒業したのはわずか9％であった（Bailey and Dynarski 2011）。所得階層の上方への移動には教育は重要な要素となるが，現実には所得格差が教育格差を生み出し，階層間の移動を阻害する傾向が強まっているのである。

おわりに

　本章では，ウォール・ストリート支配の結果，アメリカ国内経済のなかで所得・資産格差が拡大して，中間層の崩壊を招いてきた点を検討した。本稿で考察したように，現在の所得格差の特徴は，金融資産の所有に基づいた所得階層間の著しい格差であり，所得分配がごく一部の上位階層に偏っていることであった。

　言うまでもなく，資本主義社会である以上ある程度の格差は必然であり，スミス（2015, 上, 17頁）が指摘しているように，アメリカ人は他のどの国よりも，格差を才能や勤勉の見返りとして，また人をしのぐ動機になるものとして，受け入れている。しかしここで問題となるのは，人間の行動を動機づける一見望ましくもある格差が「固定化」され，機会の平等を奪い，ひいては「アメリカン・ドリーム」を終焉させつつあるということである。

　ウォール・ストリート支配の結果，ごく一部の上位層にしか経済成長の恩恵はもたらされず，多くの一般の人々（メイン・ストリートの人々）はその恩恵に与ることはできなかった。そしてその影響はリーマン・ショック後の景気後退時に露呈し，メイン・ストリートの人々を直撃した。彼らの多くは職や住宅，そして退職後の蓄えまでも失うことになり，果てはよりよい未来を想像する夢や希望を奪い去ってしまった。

　こうした「1％の超富裕層」対「99％の取り残された人々」というアメリカ

社会を分断させかねない状況において，2011年に起こった「ウォール街を占拠せよ」（Occupy Wall Street）運動はこの矛盾に対する社会的反動の一つであったと言える。しかし，この運動はウォール・ストリートに有利な政治や政策を変えるまでには至らず，そのあとに「中間層重視」を謳ったオバマ政権の政策も大きくは振るわなかった。極端な格差は社会を不安定にしかねない。そのためにも，アメリカ経済の特徴である自由で競争的な市場経済と，それを補完している制度や政策（それを作り出す政治）を，どのように調整し，またどのように編成するのかがいま問われている。

[参考文献]

クルーグマン，ポール著，三上義一訳（2008）『格差はつくられた：保守派がアメリカを支配し続けるための呆れた戦略』早川書房。[Krugman, Paul（2007）*The Conscience of a Liberal*, New York, NY: W. W. Norton & Company.]

スミス，ヘドリック著，伏見威蕃訳（2015）『誰がアメリカンドリームを奪ったのか？（上・下）』朝日新聞出版。[Smith, Hedrick（2013）*Who stole the American Dream?*, New York, NY: Random House.]

本田浩邦（2016）『アメリカの資本蓄積と社会保障』日本評論社。

Autor, David, H., Lawrence F. Katz and Melissa S. Kearney（2006）"The Polarization of the U.S. Labor Market," *American Economic Review*, Vol. 96, No. 2, pp. 189–194.

Baily, Martha J. and Susan M. Dynarski（2011）"Gains and Gaps: Changing Inequality in U.S. College Entry amd Completion," *NBER Working Paper Series*, No.17633, December.

Bakija, Jon, Adam Cole and Bradley T. Heim（2012）"Jobs and Income Growth of Top Earners and the Causes of Changing Income Inequality: Evidence from U.S. Tax Return Data." Accessed February 5, 2019. https://web.williams.edu/Economics/wp/BakijaColeHeimJobsIncomeGrowthTopEarners.pdf

Baumol, William J., Alan S. Blinder and Edward N. Wolff（2003）*Downsizing in America; Reality, Causes, and Consequences*, New York, NY: Russell Sage Foundation.

Bebchuk, Lucian, Jesse M. Fried and David I. Walker（2002）"Managerial Power and Rent Extraction in the Design of Executive Compensation," *The University of Chicago Law Review*, Vol. 69, No. 3, pp. 751–846.

BEA（U.S. Department of Commerce, Bureau of Economic Analysis）(2019) NIPA（National Income and Product Accounts）Historical Tables. Accessed April 20, 2019. http://www.bea.gov/

BLS（U.S. Department of Labor, Bureau of Labor Statistics）(2019a) Current Employment Statistics. Accessed January 28, 2019. https://www.bls.gov/ces/

BLS（U.S. Department of Labor, Bureau of Labor Statistics）(2019b) Labor Force Statistics from the Current Population Survey. Accessed April 15, 2019. https://www.bls.gov/ces/

Bricker, Jesse, Lisa J. Dettling, Alice Henriques, Joanne W. Hsu, Lindsay Jacobs, Kevin B. Moore, Sarah Pack, John Sabelhaus, Jeffrey Thompson and Richard A. Windle（2017）"Changes in U.S.

Family Finances from 2013 to 2016: Evidence from the Survey of Consumer Finances," *Federal Reserve Bulletin*, Vol. 103, No. 3, pp.1–42. Accessed December 30, 2018. https://www.federalreserve.gov/econres/scfindex.htm

CBO (Congressional Budget Office) (2018) "The Distribution of Household Income, 2015," November 2018. Accessed February 5, 2019. https://www.cbo.gov/publication/54646.

Crotty, James (2005) "The Neoliberal Paradox: The Impact of Destructive Product Market Competition and 'Modern' Financial Markets on Nonfinancial Corporation Performance in the Neoliberal Era," in Gerald A. Epstein ed., *Financialization and the World Economy*, Cheltenham, UK and Northampton, Massachusetts: Edward Elgar.

Edsall, Thomas Byrne (1984) *The New Politics of Inequality*, New York: W.W. Norton & Company.

Forbes (1990) "The Power and the Pay," May 28.

Forbes (2001) "Super 500 Paychecks," May 14.

Forbes (2008) "CEO Compensation," April 30.

FRB (Board of Governors of the Federal Reserve System) (2019) *Financial Accounts of the United States, Flow of Funds, Balance Sheets, and Integrated Macroeconomic Accounts*, March 7. Accessed March 21, 2019. http://www.federalreserve.gov/

Hacker, Jacob S. (2019) *The Great Risk Shift: The New Economic Insecurity and the Decline of the American Dream*, Expanded and Fully Revised Second Edition, New York, NY: Oxford University Press.

IRS (U.S. Department of the Treasury, Internal Revenue Service) (2019) Individual Income Tax Return (Form 1040) Statistics. Accessed March 10, 2019. https://www.irs.gov/statistics

Kaplan, Steven N. and Joshua Rauh (2010) "Wall Street and Main Street: What Contributes to the Rise in High Incomes?" *Review of Financial Studies*, Vol. 23, No. 3, pp. 1004–1050.

Khurana, Rakesh (2010) *From Higher Aims to Hired Hands: The Social Transformation of American Business Schools and the Unfulfilled Promise of Management as a Profession*, Princeton, New Jersey: Princeton University Press.

Kotz, David M. (2015) *The Rise and Fall of Neoliberal Capitalism*, Cambridge, Massachusetts: Harvard University Press.

Lazonick, William and Mary O'Sullivan (2000) "Maximizing Shareholder Value: A New Ideology for Corporate Governance," *Economy and Society*, Vol. 29, No. 1, pp.13–35.

Levy, Frank and Peter Temin (2007) "Inequality and Institutions in 20th Century America," Massachusetts Institute of Technology Working Paper Series, MIT-IPC-07-002, Revised June 27.

The New York Times (2018) "The Highest-Paid C.E.O.s in 2017," May 25. Accessed April 15, 2019. https://www.nytimes.com/interactive/2018/05/25/business/ceo-pay-2017.html

Phillips, Kevin (2002) *Wealth and Democracy: A Political History of the American Rich*, New York, NY: Broadway Books.

Piketty, Thomas and Emmanuel Saez (2003) "Income Inequality in the United States, 1913–1998," *Quarterly Journal of Economics*, Vol. 118, No. 1, pp.1–39. (Tables and Figures updated to 2017, March 2019). Accessed April 4, 2019. https://eml.berkeley.edu/~saez/

Reardon, Sean F. (2011) "The Widening Academic Achievement Gap between the Rich and the Poor: New Evidence and Possible Explanations," in Greg J. Duncan and Richard J. Murnane eds., *Whither Opportunity? Rising Inequality, Schools, and Children's Life Chance*, New York, NY: Russell Sage Foundation.

Useem, Michel（1996）*Investor Capitalism: How Money Managers are Changing the Face of Corporate America,* New York, NY: Basic Books.

U.S. Census Bureau（2019a）Current Population Survey. Accessed March 1, 2019. https://www.census.gov/

U.S. Census Bureau（2019b）Income & Poverty. Accessed March 30, 2019. https://www.census.gov/

U.S. Department of the Treasury（2007）*Income Mobility in the U.S. from 1996 to 2005: Report of the Department of the Treasury,* November 13, 2007（Typographical revisions, March 2008）.

第 6 章

学生ローン債務危機
──受益者負担の理念と現実

はじめに

　2008 年の金融危機後 10 年を越えた現在，トランプ大統領は経済成長や雇用などのマクロ経済指標を挙げてアメリカ経済の好調を誇っているが，大学卒業後の多くの若者は学生ローンの返済に窮している。多額の学生ローン債務を抱えた者の存在は，大きな政治問題となっている。

　家計の債務のうち学生ローン債務残高は，2003 年末の 2410 億ドルから 2018 年末には 1 兆 4600 億ドルへと 6 倍になった。これに対し，2018 年末に自動車ローン残高は 1 兆 2799 億ドル，クレジットカード債務は 8700 億ドルであった。それぞれ同期間に 2 倍と 1.3 倍に増加したとはいえ，学生ローン債務残高の伸びははるかに急激であり，住宅抵当ローンを除けば今や最大の家計債務項目である（FRBNY 2019）。

　しかもローン返済の延滞率（90 日以上の未返済）は，住宅抵当ローンでは 2009 年の 8.75％から 2018 年には 1.11％に激減したのに対し，学生ローンのそれは 2012 年以降 11％前後の高率が続いている（Griffin 2018）。大学卒業者の 71％が学生ローン債務を抱えており，卒業者一人当たりの平均債務額は 2005 年の 2 万ドルから 2015 年に 3 万 5000 ドルに増加した。

　このような学生ローンの債務負担の増大は，さまざまな社会経済的影響を持つ。学生ローンを民間金融機関から借りた場合には，クレジットカードや自動車ローンなど他のローンへのアクセスが限定され，債務不履行になればほとんど利用ができなくなる。また 2017 年，親と同居している 25〜35 歳の若者の比率は 16％で，10 年前よりも 4％増加している（Sparshott 2015）。それは住宅，

家具，インターネット・サービスなどの購入を減らし，経済成長の足かせになるだろう。

　連邦政府および州・地方政府は，1960年代から学生に対して学費の経済的支援を展開してきた。それは，アメリカの高等教育の普及に役立ち，低所得者であっても努力次第で高等教育を受けられ高収入を獲得できるというアメリカン・ドリーム実現の一助となった。大学進学は高い教育歴を達成し，就職してからの高所得に繋がるものであり，したがって学費は受益者である個々の学生が個人的に負担すべきものであるというのが，アメリカ社会の通念であった。そのため，政府がアフォーダブルな学生ローンを提供することが基本政策となった。

　しかし今では，学生ローンがあまりにも多額となりすぎたため，受益者負担の原則を貫くには無理がある。本章では，学生ローン制度の変遷を跡づけることにより，1970年代以降発展してきた民間金融機関主導・政府支援の学費ローン制度の限界を明らかにする。その上で，その限界を克服すべく1990年代以降広がってきた政府直轄ローンの限界も明らかにする。

1．学生ローン制度の変遷——民間主導・政府支援から政府主導へ

1.1　サリー・メイの設立

　学費支援政策は，第2次世界大戦の帰還兵の社会復帰をサポートすることから始まった。特権的な階級や富裕層に限定されていた大学教育を，学生ローン制度を普及させることで経済的に恵まれない層へも教育機会が広がり，アメリカ経済発展の原動力となる質の高い人的資源が育成された。

　連邦政府はまず1965年に，民間金融機関の学生ローンに対する保証と助成を目的として連邦家族教育ローン（FFELP: Federal Family Education Loan Program）を始めた。これによって，民間銀行の学生ローンを誘発しようとした。次いで1972年に通称サリー・メイ（SLM Corp.）を政府後援企業（GSE: Government-Sponsored Enterprises）として設立した。

　サリー・メイが設立された 1970 年代，学生ローン・プログラムに参加する金融機関数は約 4000 であったが，1980 年代中頃には 1 万 1000 以上となっていた。その背景には，商業銀行が企業金融から個人金融に軸足を移しつつあったという事情がある。図 6-1 に見るように，連邦家族教育ローン市場には多くの機関が関与しているため，手数料等の経費が多重に発生する。連邦政府は，民間の金融機関の調達金利と政府が決める学生ローンの貸出金利の差額を補填し，債務不履行になった不良債権を買い取った。つまり，連邦政府が学生ローン債務を実質的に保証していた。またサリー・メイは債券を発行し資金調達を行ったが，その債券は政府が保証した安全な債券とみなされ，低金利で資金調達ができた。

　政府後援企業であるサリー・メイの株式の所有は，当初，連邦学生ローン・プログラムに参加している教育機関と金融機関に限定されていた。だが，1983

図 6-1　米国連邦政府ローン支援策の変化

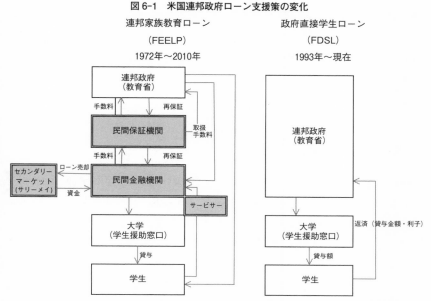

注：セカンダリー・マーケットへローン債権が売却された場合には，図の民間金融機関における
　　資金の出入りは，すべて債権保有者へ移ることになる。
出所：宮本（2007），233 頁。筆者により表記を一部改変した。

年，サリー・メイの株式はニューヨーク証券取引所に上場された。さらに，1992 年，ロビー活動もあり連邦議会は，サリー・メイの公開株式を議決権付き株式に転換することを認めた。サリー・メイは株式会社として体裁を整え株主利益を追求する経営を行う一方で，事業内容については，依然として連邦政府による制約があった。

　サリー・メイの設立によって，信用履歴も担保もない学生向けのローン市場に民間の資金が流入したため，連邦家族教育ローン規模（利子補助あり）は 1970-71 年度の 8 億 9000 万ドルから，1980-81 年度には 54 億 3000 万ドル，1990-91 年度には 87 億 6000 万ドルへと 20 年間で 10 培近い増加となった（College Board 2018b, p. 9, Table 1）。また，1980 年にはサリー・メイが民間銀行の学生ローン債権を買い取り，それを担保とする証券の発行を認められた（実際に証券化したのは 1995 年であった）。かくしてサリー・メイは，学生ローン市場で貸出の組成機関としても，貸出債権の保有機関としても，他の民間金融機関をはるかに凌ぐトップの地歩を固めたのであった。

　このように高い学費を賄う目的で創設された学生ローンは，金融機関の旺盛な貸出とサリー・メイによるその債権の買い取りと証券化によって普及した。学生ローン市場に銀行と投資家による資金が流入するように，政府が支援したのであった。

1.2　サリー・メイの民営化

　1980 年代，低所得層による連邦政府の学生ローンの利用が増加したため，中間所得層への学生ローンとして，スタッフォード・ローンに利子補助のないものが 1992 年に追加された。また，1990 年代以降，可処分所得の伸びやインフレ率を上回るペースで大学の授業料が上昇した。そこで，民間金融機関による学生ローンの高コストが問題となり，1990 年連邦信用改革法に基づいて，行政管理予算局が連邦家族教育ローンへの政府債務保証がもたらす将来の財政負担を計測した。その結果，政府直接ローンの方が，政府保証の民間金融機関の貸付よりも国民の負担が少ないことが判明した（富田 2008, 247 頁）。そこで 1993 年にクリントン政権は学生ローン改革法（Student Loan Reform Act of 1993）を成立させ，これまでの連邦家族教育ローンと並行して政府直接学生ローン（FDSL: Federal Direct Student Loan）の開始を決定した。

　他方で政府は，政府後援企業であるサリー・メイを民営化した。それは，① 学生ローン市場の発展という当初の目的が達成されたこと，② 学生ローンの資金調達，貸付，債権回収過程で多くの金融機関等が関与するためコストが嵩むこと，③ サリー・メイを介した政府保証より連邦政府の直接ローンの方が国民と債務者の負担軽減が見込めたこと，以上による（富田 2008, 249-250頁）。

　そして，クリントン大統領は1996年にサリー・メイ民営化法に署名し，サリー・メイは2008年までに民営化することとなった。さらに1997年には，SLM Holding Corporation を設立してサリー・メイの機能を移した。当初は10年かけて民営化する計画であったが，2004年，計画より早くサリー・メイは民営化された。その後，民営化されたサリー・メイは，2014年に教育ローンの実行業務を含む銀行事業等を行うサリー・メイ（SLM Corporation）と，教育ローンの管理・回収事業等を行うナビエント（Navient Corporation）に分割された。

　サリー・メイ側が民営化を受け入れたのはなぜか。それは，政府後援企業として州税や地方税が免除されるといった特権よりも，政府規制から離脱して利益を追求しようとしたからである（U.S. Department of the Treasury 2006, p. 3）。サリー・メイは，民間金融機関が貸し付けた学生ローン債権を買い取り，資金提供することで債権の流動化を行った。証券化はサリー・メイが，貸付資金を調達し，直接貸し付けてローンの返済も回収することを可能にしたのである。つまり，利益が増加し企業として成長したサリー・メイは，連邦政府保証がなくても学生ローン債権の証券化により安定的な資金調達が可能であり，商業銀行等との競合にも勝算があった。他社と競争するためには新たな展開が必要であり，連邦政府保証に伴う義務は障害だったのである。

　連邦家族教育ローンと政府直接学生ローン残高は，1990年の540億ドルから2004年度末までに3280億ドルへと6倍に増加した。サリー・メイによる連邦家族教育ローン債権買い取り額は，1990年には債権総額の49％相当の約270億ドルであったが，2004年には29％相当の950億へと4倍に増加した

（U.S. Department of the Treasury 2006）。学生ローン市場の規模拡大に伴い，サリー・メイの収益も増大した。その結果，1996 年から 2002 年の間に，サリー・メイの 1 株当たり利益は 2.6 倍になった。さらに 2003 年末には証券化債権の残高が 550 億ドルを超えた（SLM corporation 2000; 2003）。政府後援企業であるサリー・メイは，一方で連邦政府の保証と補助金を受けながら，他方で利益を上げる株式会社として成長することにある種の矛盾を抱えていたが，サリー・メイは自ら後者の道を選んだのであった。

1.3　政府直接学生ローンへの転換

　2004 年にサリー・メイを完全民営化したが，その後，学費の値上げとローン債務の増加により，学生ローン債務の返済延滞が問題化していた。2008 年の金融危機後の経済の立て直しの役割を担ったオバマ政権は，エネルギー，福祉，教育を重点項目とした（福島 2009）。新興国の経済発展とアメリカ企業の海外進出の加速を考慮すれば，アメリカの労働者にはより高いレベルの教育が必要となる。教育達成度と労働者の生産性，所得には明確で強い正の相関関係があるとして，アメリカの産業競争力と長期的な繁栄の基盤である教育を重視したオバマ政権は，コミュニティ・カレッジにも光を当て競争的補助金を作った（White House 2016）。

　そしてオバマ政権は，2010 年医療保険制度教育予算調整法（Health Care and Education Reconciliation Act of 2010）により，アメリカ高等教育の主軸であった政府保証の民間学生ローンである連邦家族教育ローンを廃止し，2010 年 7 月 1 日から政府直接学生ローンに一本化した。

　連邦家族教育ローンでは，銀行や民間金融機関に対して連邦政府と保証機関が債務保証を行い，低金利で学生ローンを提供するために連邦政府は補助金を配分する。そして，学生ローンの 7 割を占めてきた連邦家族教育ローンの廃止は，学生ローン政策の転換点となった。そして，40 年以上にわたって，連邦政府が債務保証することで発展してきた金融機関，民間保証機関，回収機関等から成る「学生ローン産業」は，連邦家族教育ローンの政府直接学生ローンへの統合により縮小した。

　次に，このような経緯を経て政府直接ローンとなった学生ローンの現状と，学生ローンを拡大させた要因について検討する。その一つの要因は，学費の高騰であり，これによって学生ローンの債務が増加するとともに，学生ローンを組む学生数も急増した。そしてこのような傾向を支えているのが，学歴に応じて所得が高まるという現実である。これらが，学生ローンの増加を招いた。

2．学歴，所得，学生ローン

2.1　現行の学生ローン制度

　現在の連邦政府による学費支援制度は，奨学金，税額控除，大学進学に備えた積立制度等，さまざまな制度を組み合わせて利用されることが多い。加えて，州や大学独自の制度もある。連邦政府が提供する学費関連の経済的な支援は3つに分類される。第1が奨学金，第2が直接ローン，第3が税制上の優遇である。

　第1の奨学金としては，ベル奨学金やその他連邦政府の奨学金がある。第2の連邦政府（教育省）が支援する学生ローンとしては，スタッフォード・ローン（利子補助あり，なし），保護者が利用できるペアレント・プラス・ローン，大学院生と専門学校生が利用できるグラッド・プラス・ローンがある。他には民間の金融機関等が提供する学生ローンがある。

　政府直接学生ローンは1993年にクリントン政権が導入したプログラムである。連邦家族教育ローンが廃止される前は，両者を合わせてスタッフォード・ローンと総称されていたが，現在ではスタッフォード・ローンと言えば政府直接ローンを指す。利子補助ありのスタッフォード・ローンは，在学中，また卒業後6カ月間あるいはその他決められた据え置き期間については，連邦政府が利子を補給する。利子補助なしのスタッフォード・ローンは，借入直後から利子が加算される。2017〜2018年のすべての学生ローンに占める各タイプの割合は，政府直接学生ローンで利子補助ありが20％，利子補助なしが46％，保護者が利用できるプラス・ローンが12％，大学院生と専門学校生が利用でき

るグラッド・プラス・ローンが10％となっている。そして残り11％は民間学生ローンである（College Board 2018b, p. 15）。

2.2 学歴と収入

アメリカの学費は国際的に見ても非常に高額である。2015年時点で，OECD諸国の高等教育の教育支出は1万5700ドルであったが，アメリカでは2万6817ドルとOECD諸国平均の2倍弱である（図6-2参照）。アメリカの大学では，多くの学生は学生寮に入り食事も提供される場合が多いので，学費には授業料だけでなく寮費と食事代が含まれる。このような高額の学費を賄うためには学生ローンが不可欠であり，その債務を学生個人が負うことになる。全米の学生ローン残高は，2018年末で約1兆4000億ドルであり，2011年の8400億から約1.7倍になった。

アメリカ社会において，高額の学費の個人負担が受け入れられたのはなぜ

図6-2　OECD諸国高等教育一人当たり教育費，2015年

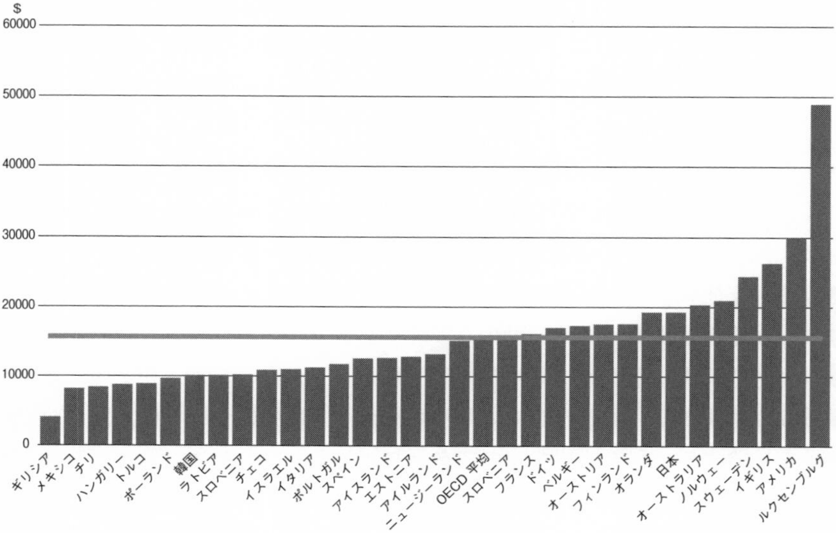

注：水平線はOECD平均支出額。
出所：OECD（2018），p. 254, Table C1.1より作成。

か。それは学生ローンを利用して高い学費を払ったとしても，高い学歴は高い労働能力を裏付けるものであり，それゆえまた就職すると高所得をもたらすものであったからである。この高所得は高い学歴を得た学生個人の利益であり，したがってまた学費も受益者である学生が個人的に支払うべきものと考えられてきた。受益者負担の原則である。そのため既述のように，民間金融機関による学生ローンを政府が保証するという形で，学生ローンは飛躍的に増加したのであった。

　高学歴は一般に高い稼得能力を意味し，それはまた高い所得を安定的にもたらす。実際，米労働省労働統計局によれば，2018年に25歳以上のフルタイム勤務の労働者の週給（中央値）と失業率はそれぞれ以下のようになっていた。博士学位取得者は1825ドルと1.6％，修士号取得者は1434ドルと2.1％，学士号取得者は1198ドルと2.2％，高卒は730ドルと4.1％，高卒未満は553ドルと5.6％であり，高学歴になるほど賃金は高くなり失業率は低くなる（図6-3参照）。職種の違いによっても賃金の差はあるが，中央値で見ると高卒と学士号取得者では1.6倍，高卒と修士学位取得者とでは倍近い報酬の開きがある。なお日本でも学歴による賃金格差はあるが，アメリカの格差のほうがはるかに大きい。

　受益者負担による学生ローン残高の増加は，主として以下の2要因による。第1に学費が高くなることによって，個人の学生ローン債務額が増加したことである。1980年代以降，大学の学費の上昇率はインフレ率の1.5倍から2倍で推移しており，当然ながら卒業後抱える学生ローン債務も増えてきた（College Board 2018a）。2015年時点で，4年制大学の卒業生は10年前より7割も多い学生ローン債務を負っており，公立および非営利私立大学の卒業生は平均2万8400ドルの学生ローン債務を有していた（White House 2015）。第2に学生ローンを借り入れる学生数が増加していることである。その数は，2003年の1830万人から2017年には4470万人に増加した。

　次に，このように増加し続ける学生ローン債務をマクロ的かつミクロ的な側面からみたうえで，今一番重大な問題となっている学生ローンの返済延滞および債務不履行について検討する。そして，高額の学費であっても学生個人がローンによって賄うべきという受益者負担が社会通念であったが，債務の増加

図 6-3　学歴別賃金，学費，失業率

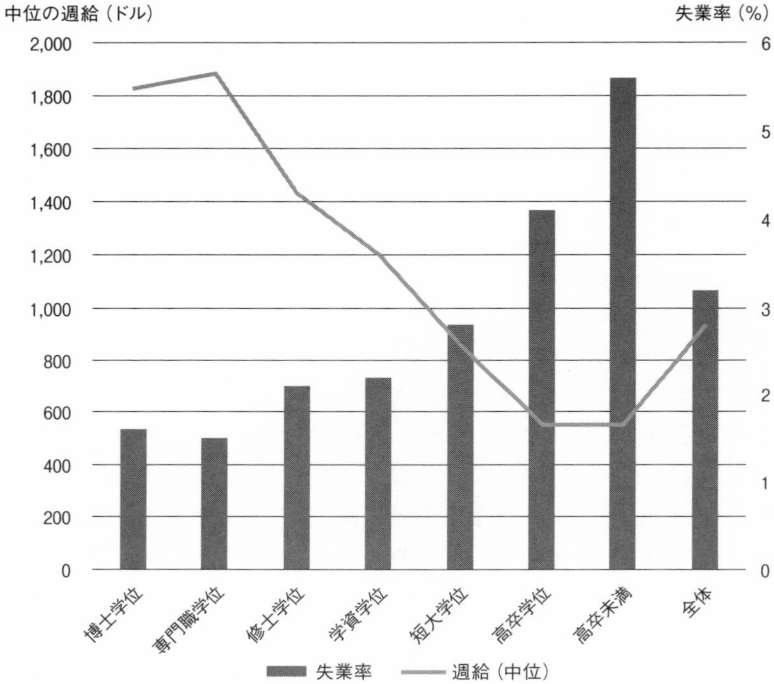

注：25 歳以上のフルタイム雇用者。
出所：BLS, Employment Projections Home Page より作成。

によって今やこの社会的通念が揺らいできていることを明らかにする。

3．返済延滞の増加とトランプ政権の政策

3.1　家計債務のなかの学生ローン

　学生ローン債務は家計の債務においてどの程度のものなのか。アメリカの家計債務は経年的に増加しており，2018 年第 4 四半期に 13 兆 5000 億ドルを超えている。そのうち 7 割弱を住宅抵当ローン，1 割が学生ローンである（図

図 6-4　アメリカ家計債務の推移

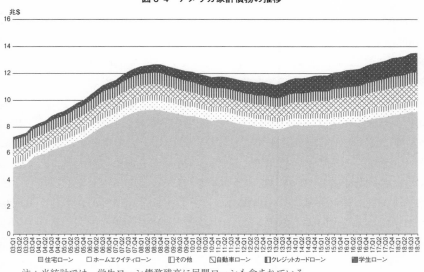

兆$

注：当統計では，学生ローン債務残高に民間ローンも含まれている。
出所：FRBNY より作成。

6-4 参照)。

　アメリカの家計債務は，2008 年の金融危機後全体としては債務残高が減少
している。その一方で住宅抵当ローンの占める割合はさほど変動がない。クレ
ジットカード・ローンや自動車ローンが個人ローンに占める割合は低下してい
るのに対し，学生ローンのシェアは高まり続けている。このように債務残高が
増大している学生ローンは，ほかの消費者信用と同じように商品やサービスの
購入を拡大する機能をもっている。しかし，学生ローンがほかの個人ローンと
異なるのは，学生ローンを利用して高い学位を取得すれば，将来高い所得を稼
得できるという所得創出効果が期待できることであり，学生ローンは一種の教
育投資と見なすこともできる。通常の個人ローンは個人消費の先食いである
が，学生ローンは将来の個人消費を拡大する可能性がある。他方で，冒頭にも
述べたように卒業後においても学生ローンの債務負担が住宅抵当ローン，自動
車ローン，クレジットカード・ローン等，生活に必要な借入の足かせとなるこ
ともある。

次に，学生ローンをミクロ的に見てみると，以下の特徴を指摘できよう（FRBNY（Federal Reserve Bank of New York）Consumer Credit Panel / Equifax）。① 学生ローンの債務者数は 2004 年の 2280 万人から 2017 年には 4470 万人にほぼ倍加した。② 2017 年では 1 万ドル以上の債務者のシェアは 64.5％，5 万ドル以上 10 万ドル未満のシェアは 31％を占める。③ 債務者の年齢層の上昇。債務者のうち 39 歳未満のシェアは，2004 年の 74.5％から 2017 年にはほぼ 10％減の 65％に低下した。他方で，60 歳以上の債務者のシェアは同期間に 2.5％から 7.1％にまで上昇した。60 歳以上の債務者数は同期間に 60 万人から 320 万人へと 5 倍以上も増えた。彼らは子供や孫が大学に行くためや，あるいは配偶者が学位を取得するのを経済的に援助するために学生ローンを借り入れしたのである。④債務者に占める債務不払い者の比率は年々増加し，2004 年の 4.9％から 2017 年には 10.8％に達した。学生ローンの借入をする年齢が高くなっていることも債務不履行率を上昇させる要因である。2015 年では，連邦学生ローンの債務者のうち 49 歳以下の 17％，50～64 歳の 29％，65 歳以上では 37％が債務不履行となっている。このように，高齢になるほど債務不履行になる可能性が高くなるのである。また，公的年金を連邦学生ローンの支払いに充てている 65 歳以上の債務者は，2005 年では 8700 人であったが 2015 年には 4 万人に増加した。これらの人々は，必要な処方薬や歯科治療が行えなくなっている。さらに，年金受給前の 50～59 歳の債務者の場合には，学生ローン債務がない同年齢層と比べ 401K プラン（確定拠出年金）や個人退職勘定の積立額はいずれも低いのである。（CFPB 2017, pp.11-14）。高齢者の学生ローン債務は，若年者のそれとは異なり，直接的に生活資金や健康問題に深刻な悪影響を及ぼす恐れがある。

3.2 債務不履行問題とトランプ政権の取り組み

学生ローンの延滞率は，他のローンと比べて突出している。FRB によれば，2018 年第 4 四半期 90 日以上の延滞率は，住宅抵当ローン 1.06％，自動車ローン 4.47％，クレジットカード・ローン 7.77％に対して学生ローンは 11.42％と 2012 年第 2 四半期以降ほぼ 11％台で推移している（FRBNY 2019）。

　この事実から，アメリカでは学生ローンが広く普及しているが債務返済の負担がきわめて重くなっており，そのことが社会経済的な悪影響を及ぼしていることが看取される。過重な債務負担は，若者の親からの自立を遅らせたり，あるいは働き盛りの子育て世代，さらには子供の学費を賄う親の世代への負担をもたらすことになる。これらは，全世代の消費や貯蓄にもマイナスの影響を及ぼし，マクロ経済的にも成長を制約するものとなる。また債務不履行が債務残高の9％に達するということは，学生ローンの制度そのものの存続を危うくするものであろう。

　学生ローンの過重な債務負担は，返済の延滞や不履行を生んでいる。学生ローンは，信用履歴のない学生が債務者となるもので，破産による免責は認められない。標準的には割賦返済の期間は10年間であり，延滞期間が270日を超えると債務不履行とされる。その場合には，個人信用情報機関に登録されてクレジットカードの使用が停止され，住宅抵当ローンや自動車ローンが組めなくなる事態に至る。実際，持ち家率は，高卒以下に比べれば高いが，大卒でも学生ローン債務者はそうでない人々よりも低い（Mezza, Sommer and Sherlund 2014, Figure 1）。社会に出た学生個人の生活に大きな制約を課すことになるのである（Huelsman 2015, p. 25, Table 2）。

　債務返済の延滞率は，大学を中退した学生において最も高くなる。それは，中退して就職しても学位がなければ高い給料や安定した仕事に就くことが難しくなるためである。さらに，延滞率は人種間で大きな差がある。FRBのデータによれば，2018年に延滞率はヒスパニック16％，アフリカ系21％，白人6％である。他方，返済済みの比率は，ヒスパニック33％，アフリカ系31％，白人54％である（FRB 2019, p.45）。このように黒人やヒスパニックの延滞率が高く，逆に返済率が低いのは，一つには彼・彼女たちの退学率が高いからである。学生ローンの債務者のなかで人種別の退学率は，2009年では白人29％に対し，黒人39％，ヒスパニック31％である（Huelsman 2015, pp. 15-16）。

　いま一つの理由は，もともとアフリカ系やヒスパニックの大卒者は就職しても，白人より低い所得しか得られないことにある。大卒でフルタイムの25歳以上の賃金労働者の週給の中央値は，白人の場合は1132ドル，アジア系は1149ドルに対して，アフリカ系は895ドル，ヒスパニック系は932ドルと大

きな開きがある（BLS 2015）。このようにアフリカ系やヒスパニック系は，相対的な低賃金によって，学生ローンの返済においては延滞や不履行を引き起こす可能性が白人よりも高くなるのである。

　この返済延滞の増加傾向に拍車をかけたのが，利子補助付きスタッフォード・ローンの利子の低減措置が 2013 年に失効したため，その返済金利が 3.4％から 6.8％へと倍増したことである（Matthews 2013）。補助金付きスタッフォード・ローンは，法律によって金利が決定される。適用金利は，1992 年から 2007 年までは市場トレンドに応じて変動するものであった。2002 年に法律が改正されて 2006 年 7 月 1 日以降に貸し付けられた補助金付きおよび補助金なしのスタッフォード・ローンは 6.8％の固定金利の適用，といったように法律によって金利が変更されてきた。そして，政府は所得に連動した返済によって延滞を食い止める策を講じてきた。2017 年にトランプ大統領は，現在提供されている民主党政権時代の所得連動型の 4 つの返済プラン（ICR: Income Contingent Repayment—1994 年開始，IBR: Income Based Repayment－2009 年開始，PAYE: Pay As You Earn－2012 年開始，REPAYE: Revised Pay As You Earn Repayment Plan － 2015 年開始）を統合する予算案を提出し，議会の可決を経て 2018 会計年度から実行することとなった。そうして 2018 年 7 月 1 日から始まった所得連動型返済プラン（IDR: Income-Driven Repayment Plan）は，毎月の返済額を債務者の可処分所得の 12.5％に統一し，15 年後に返済が残っていた場合には免責とすることとし，大学院の連邦政府学生ローンを 30 年間返済後の残額についても免除するとしている（Office of Management and Budget 2018, p. 20）。

　以上述べてきた学生ローン以外にも，31％の人々は学費を賄うためにクレジットカード・ローン，ホームエクイティ・ローン，その他の形態で借入を行なっている（FRB 2019, pp. 43-44）。このように膨張する学生ローンは，債務者の返済の負担を重くし，そのため債務返済を困難にしている。それは先にみたように，債務者個人の人生設計を狂わせるだけでなく，マクロ経済の面では成長の制約要因となっている。また，政府直接学生ローンという制度の維持そのものを危うくするものである。

おわりに

　アメリカにおける高等教育の学費に対する政府の支援政策の始まりは，民間金融機関の学生ローンに対する保証と助成を目的として創設された1965年の連邦家族教育ローン制度にまでさかのぼる。そして1972年には，政府後援企業としてサリー・メイを設置し，これによって民間金融機関の学費ローンの証券化と流動化が広がり，学生ローンは金融機関にとって大きなビジネスとなった。このような学生ローンは，そもそも学費は大学に進学し教育を受け，高賃金を得ることができる受益者個人が賄うべきものであり，学費を借りたとしても就職後の賃金で十分に返済可能である，という前提のうえで成り立つ。学生ローンにおける政府の役割は，学生ローンの貸付と返済とが円滑に進むように民間企業と学生を支援することにあった。

　この学生ローンは，家計所得の低い学生にも大学進学の道を開き，若者のアメリカン・ドリームを実現し，また高い能力の労働力を養成することによってアメリカの経済発展を支えた。しかし，学生ローン市場への多くの民間企業の参入は学生ローンの運営経費を高め，債務者の負担を重くした。

　そこで，クリントン政権は1993年から運営経費が節減できる政府直接学生ローンを導入し，さらにオバマ政権は2010年から政府直接学生ローンに一本化した。このことは，高額化する学費を従来のような民間主導・政府支援の学生ローンによって賄うことの限界を示すものである。しかし，政府直轄のローンの導入後もローン返済の延滞率や債務不履行率は高まり続けており，学費をローンによって賄い，その返済を受益者個人に帰することが難しくなっている。このような現実を前にして問われているのは，社会経済の基盤であり社会的共通資本（宇沢2000）である高等教育を，個人が受益者として購入するというアメリカ的な価値観そのものである。

[参考文献]

宇沢弘文（2000）『社会的共通資本』岩波書店。

富田俊基（2008）『財投改革の虚と実』東洋経済新報社。

福島清彦（2009）『オバマがつくる福祉資本主義』亜紀書房。

宮本佐知子（2007）「教育費を誰がどう負担するのか？－投資効果が不確実な中で求められる金融サービスの活用」『資本市場クォータリー』冬号。

BLS（U.S. Department of Labor, Bureau of Labor Statistics）, Employment Projections Home Page. Accessed August 27, 2019. https://www.bls.gov/emp/

BLS（U.S. Department of Labor, Bureau of Labor Statistics）（2015）TED: Economics Daily, Median Weekly Earnings by Educational Attainment in 2014, January 23.

CFPB（Consumer Financial Protection Bureau, Office for Older Americans & Office for Students and Young Consumers）（2017）Snapshot of Older Consumers and Student Loan Debt, January.

College Board（2013）Trends in Higher Education Series, Education Pays 2013: The Benefits of Higher Education for Individuals and Society.

College Board（2018a）Trends in Higher Education Series, Trends in College Pricing 2018. Accessed August 15, 2019. https://trends.collegeboard.org/student-aid/figures-tables/student-aid-nonfederal-loans-current-dollars-over-time

College Board（2018b）Trends in Higher Education Series, Trends in Student Aid 2018. Accessed August 27, 2019. https://trends.collegeboard.org/student-aid

FRB（Board of Governors of the Federal Reserve System）（2019）Report on the Economic Well-Being of U.S. Households in 2018, May.

FRBNY（Federal Reserve Bank of New York）（2019）Quarterly Report on Household Debt and Credit, February.

FRBNY（Federal Reserve Bank of New York）Consumer Credit Panel / Equifax, 2018 Student Loan Data Update. Accessed August 30, 2019. https://www.newyorkfed.org/medialibrary/interactives/householdcredit/data/xls/sl_update_2018.xlsx

Griffin, Riley（2018）"The Student Loan Debt Crisis is About to Get Worse," *Bloomberg News*, October 17. Accessed August 15, 2019. https://www.bloomberg.com/news/articles/2018-10-17/the-student-loan-debt-crisis-is-about-to-get-worse

Huelsman, Mark（2015）The Debt Divide The Racial and Class Bias Behind the "New Normal" of Student Borrowing, New York, NY: Demos.

Matthews, Dylan（2013）"Everything You Need to Know about the Student Loan Rate Hike," *The Washington Post*, June 13.

Mezza, Alvaro, Kamila Sommer and Shane Sherlund（2014）Feds Note: Student Loans and Homeownership Trends, October 15. Accessed August 15, 2019. https://www.federalreserve.gov/econresdata/notes/fedsnotes/2014/student-loans-and-homeownership-trends20141015.html

OECD（Organisation for Economic Co-operation and Development）（2018）Education at a Glance 2018.

Office of Management and Budget（2018）A New Foundation for American Greatness Fiscal Year 2018.

Scott-Clayton, Judith and Jing Li（2016）Black-white Disparity in Student Loan Debt More than Triples after Graduation, Evidence Speaks Reports（Brookings Institution）, Vol. 2, No. 3.

Sparshott, Jeffrey (2015) Congratulations, Class of 2015. You're the Most Indebted Ever (For Now), May 8. Accessed August 15, 2019. https://blogs.wsj.com/economics/2015/05/08/congratulations-class-of-2015-youre-the-most-indebted-ever-for-now/

U.S. Census Bureau (2018) Historical Living Arrangements of Adults, Table AD3: Living Arrangements of Adults 25 to 34 Years Old, 1967 to Present.

U.S. Department of the Treasury (2006) Lessons Learned from the Privatization of Sallie Mae, March 2006.

White House (2015) Fact Sheet, A Student Aid Bill of Rights: Taking Action to Ensure Strong Consumer Protections for Student Loan Borrowers, March 10. Accessed August 15, 2019. https://obamawhitehouse.archives.gov/the-press-office/2015/03/10/fact-sheet-student-aid-bill-rights-taking-action-ensure-strong-consumer-

White House (2016) Fact Sheet, White House Launches New $100 Million Competition to Expand Tuition-Free Community College Programs that Connect Americans to In-Demand Jobs https://obamawhitehouse.archives.gov/the-press-office/2016/04/25/fact-sheet-white-house-launches-new-100-million-competition-expand

第 7 章

乗っ取られる政府機関
―― 消費者金融保護局の成功と金融機関の反撃

はじめに

　2010 年ドッド＝フランク・ウォール街改革・消費者保護法によって，金融分野における唯一の連邦消費者機関である消費者金融保護局（CFPB: Consumer Financial Protection Bureau）が創設された。数多くの省庁に分散していた権限が集約され，銀行だけでなく，それまで実効的な規制が行われていなかった非銀行金融機関（ノンバンク），またその多様な金融商品・サービスが規制対象とされた。

　2008 年金融危機で，悪質な金融商品・サービスの跋扈が明るみになった。たとえば，サブプライム・ローンの多くは，消費者の返済可能性を無視していた。最初の 2, 3 年の金利を優遇金利として大々的に宣伝し，その後金利が跳ね上がることを細かい印字にしてごまかしたり，金利が上がる前に借り換えられるなどと説明したりした。なかには，NINJA ローンと呼ばれる「所得なし，仕事なし，担保資産なし」（no income, no job, no asset）でも借りられる商品も売られたという。これも住宅価格が上昇している間はまだ良かったが，住宅価格がピークを打つと，延滞，債務不履行，差し押さえが顕在化した。こうしたローンは証券化されていたので，危機は金融機関の相互接続性を通じてグローバルなものになった。

　悪質な金融商品・サービスはサブプライム・ローンだけではない。クレジットカードに始まり，自動車ローン，それからフリンジ・バンキングと呼ばれる一連の金融商品・サービスにも見られる[1]。それは，銀行などメイン・ストリームの金融から排除されたアンバンクト，アンダーバンクトと呼ばれる人々

が相当数いるからである[2]。また，40％の人が400ドルの緊急出費に対応でき
ず，25％の人は退職勘定に残高がまったくないという調査結果もある（FRB
2018）。

　緊急時に家族や親類に頼ることも現在では難しく，かといって銀行に行って
借りられるものではない。クレジットカードにはキャッシング機能があるが，
限度額に達していることもある。

　そうした人々は，フリンジ・バンキングのペイデイ・ローン，自動車担保
ローン，質屋を使うことになる。ペイデイ・ローンのペイデイとは給料日を意
味する。それは，典型的には，給料日までの2週間，500ドルという少額，短
期，無担保融資である。500ドル借りると2週間後の返済額は560〜600ドル
となる。つまり，手数料は100ドル当たり15〜20ドルで，年率換算金利は
391〜521％に上る。しかも期限日には一括返済をするか，手数料を再度支払っ
て借り換えるしかない商品であった。この3桁に上る金利は衝撃的であり，そ
の是非は大きな社会問題となった。したがってペイデイ・ローンはCFPBの
最優先課題となった（大橋2017，227-279頁）。

　本章では，CFPBのペイデイ・レンダー（ペイデイ・ローン提供企業）に対
する規制および監督のあり方に着目する。CFPBは当初，消費者のための機関
として創設されたが，党派的な政治および司法を通じて，被規制産業に乗っ取
られていく様相を明らかにする。

　1　フリンジ・バンキングおよび低所得層消費者信用史については，差し当たり大橋（2017）を参
　　照のこと。
　2　FDIC（2018）によると，2017年において全世帯の6.5％に当たる840万世帯，1410万の成人と
　　640万の子供が銀行口座をもたないアンバンクトである。くわえて，全世帯の18.7％に当たる
　　2420万世帯，4890万の成人と1540万の子供が，銀行口座は持つもののフリンジ・バンキングに
　　依存するアンダーバンクトである。これは景気に左右される面もあり，2011年にアンバンクト世
　　帯の比率は8.2％，アンダーバンクト世帯の比率は20.1％であった。

1. 消費者金融保護局の創設と成功

1.1 消費者金融保護局のアイデアと創設

　CFPB は，のちに上院議員となったエリザベス・ウォーレンの発案である。彼女は破産法の研究者としてハーバード大学で教鞭をとり，金融機関による消費者の搾取と，中間層の苦境の原因を追究していた。それと同時に一般向け著書の出版，講演，ドクター・フィルの番組やドキュメンタリー映画への出演を通じて，社会に広く研究成果を発信していた。

　2007 年には「どんな金利でも危ない」と題した論文を『デモクラシー』誌に発表し，消費者金融保護庁（CFPA: Consumer Financial Protection Agency）設置を訴えた（Warren 2007）。消費者製品安全委員会によって守られているから，5 台に 1 台が火を噴くようなトースターが売られていない。しかし，金融商品についてはそのような安全基準や監視はないから，5 件に 1 件の住宅抵当ローンが不履行となる。その結果，差し押さえが連鎖し，地域社会が崩壊に至る。こうしたサブプライム・ローンに象徴される「不公正，詐欺的または濫用的行為および慣行」（UDDAAPs: unfair, deceptive, or abusive acts or practices）は，実に多様な金融商品・サービスで見られた（Warren 2014, pp. 136-140）。

　よって，このアイデアは，2009 年 7 月 17 日，ホワイトハウスが発表した金融改革案に盛り込まれ，10 年 7 月 21 日，ドッド＝フランク法成立により消費者金融保護局が創設された。いくつもの金融規制・監督機関がありながら，消費者金融保護はあまり重視されてこなかった経緯があった。ベン・バーナンキ FRB 議長（当時）は，消費者金融保護の促進をはかっていたが，新機関設立に対しあえて争いは起こさなかった（バーナンキ 2015，下，226-229 頁）。

　CFPB 創設後の最初の焦点は，誰が CFPB のトップに立つかということであった。ウォーレンは局長就任を望んだが，金融業界や共和党はもとより，民主党中道派からも反対が出て，上院で承認される見込みはなかった。したがっ

てウォーレンを暫定的なポジションの大統領特別補佐官兼財務長官特別顧問に
充て，CFPB の立ち上げを任せることになった（ガイトナー 2015, 539-542
頁）。

　その後も正式局長にウォーレンが指名されることはなかった。バラク・オバ
マ大統領は，2011 年 7 月 17 日にリチャード・コードレイを CFPB 局長に指名
した。コードレイはオハイオ州司法長官として大手金融機関と対決したことで
名を成し，ウォーレンによって CFPB の法執行部門の責任者に任命されてい
た。彼の指名承認審議において，12 月 8 日に討議終結の採決が行われたが，
53 対 45 で討議終結に必要な 60 票に届かなかった。そのため，オバマは年末
年始の休みを狙って 12 年 1 月 4 日にコードレイを休会任命した。任期は 2013
年末までだったため，13 年 1 月 24 日，オバマが再指名し，同年 7 月 16 日，
上院は 66 対 34 でコードレイを正式に承認した（CFPB Journal）。

1.2　ペイデイ・レンディング規制とその実施

　ペイデイ・ローンは大きな社会問題となったにもかかわらず，既存の連邦規
制・監督機関による取り締まりはほとんどなかった。州ごとに禁止，制限，容
認が定められ，ペイデイ・レンダーは，1990 年には 500 店舗にすぎなかった
が，2008 年には 36 州とワシントン DC で 2 万 2000 店舗に上った（大橋
2017, 278 頁）。よって CFPB は優先順位の高い事項にペイデイ・ローンを置
いた。とくに問題なのはペイデイ・ローンの一括返済方式などの商品構成が，
利用者を「債務の罠」に陥らせ，そこから抜け出せないようにしていることで
ある。

　表 7-1 に詳述されているように，ペイデイ・レンディングについては，5 年
半に及ぶ規則作成のプロセスを経て，2017 年 10 月 5 日，CFPB は最終規則を
発表した。それは 18 年 6 月 12 日の全米地域金融サービス協会対 CFPB 裁判
判決でも合法とされている。その規則の中心原則は，借り手のローン返済能力
を証明することを貸し手に義務づけたことである。つまり，「良識ある返済能
力保護は，借り手が失敗するよう嵌めることによって貸し手が成功するのを防
ぐ」のである（Cordray 2017）。そのために，(1)完済検査，(2)特定短期ローン

表7-1　CFPB のペイデイ・レンディング規則作成過程

日付	規則作成過程
2010 年 7 月 21 日	2000 年代末の金融危機の再発を防止するため，ドッド＝フランク・ウォール街改革および消費者保護法が成立。同法により，広く見られた消費者の虐待をやめさせるために CFPB が設立された。そして規則作成，監督，執行，その他の権限を与え，またペイデイ・ローンに関する明文化された権限を付与した。
2011 年 7 月 21 日	CFPB 開設。
2012 年 1 月 19 日	現地公聴会。CFPB はペイデイ・レンディングについて討論するために，初の現地公聴会をアラバマ州バーミンガムで開催した。この現地公聴会では，消費者団体，人権団体，業界，市民が証言し，ペイデイ・レンディング市場について現場の見解を伝えた。また，公聴会で CFPB は，ペイデイ・レンダーの査察を実施するプログラムを立ち上げた。
2012 年 1 月 19 日	CFPB は，少額ローンと潜在的な政策アプローチについて，関係者との数多くの会合を重ねた。2015 年 12 月 31 日までの見込みである。
2012 年 3 月 1 日	CFPB は，割賦ローンに関する苦情受付を開始した。
2013 年 4 月 1 日	ペイデイ・ローンおよびデポジット・アドバンス商品に関する白書。本レポートは，12 カ月間の活動に関する調査を提示するもので，150 万超のペイデイ・ローンならびに銀行の「デポジット・アドバンス」を対象としている。発見された事実は次の通りである。 　1．ペイデイ・ローンの借り手の半数近くは，1 年に 10 回以上借り入れている。 　2．ペイデイ・ローンの借り手は，平均して 1 年に 199 日間債務を負っている。 　3．銀行の「デポジット・アドバンス」は，同様の継続的使用問題を引き起こす。借り手は 1 年に平均 9 カ月未払い残高を抱えている。 　4．デポジット・アドバンスの借り手の 65% はまた，銀行の当座貸越手数料を負担している。
2013 年 11 月 6 日	CFPB は，ペイデイ・ローンに関する苦情受付を開始した。
2013 年 11 月 20 日	CFPB の執行措置により，キャッシュ・アメリカ社は，ロボサイニング問題の影響を受けた消費者，また違法な過大請求を受けた軍人に，約 1400 万ドルを返還するよう命じられた。
2013 年 12 月 16 日	CFPB は，「オンライン・サービサーであるキャッシュコール社，所有者，子会社，関連会社に対し，消費者が借りていない金を回収したことについて，最初の措置を」講じた。CFPB は，無効なローンについて，消費者の当座勘定から違法に引き落としをしたことなど，被告側が不公正，詐欺的，濫用的慣行を行ったと断定した。
2014 年 3 月 1 日	CFPB データ・ポイント：ペイデイ・レンディング。本レポートは，12 カ月間の活動に関する調査を提示するもので，150 万超のペイデイ・ローンを対象としている。発見された事実は次の通りである。 　1．ペイデイ・ローン 5 件のうち 4 件は，14 日以内に更新または借り換えられている。 　2．月ごとに支払うペイデイ・ローンの借り手の 20% は，本研究の期間丸 1 年，ペイデイ・ローン債務を負ったままであった。これらの人々には，高齢者，障害者が含まれる。 　3．借り手の 20% は支払不能となった。
2014 年 3 月 25 日	テネシー州ナシュビルのイベントでは，リチャード・コードレイ局長の発言と，消費者擁護団体，業界代表，学界，市民の証言があった。 同日，CFPB は，ペイデイ・ローン 5 件のうち 4 件が借り換えまたは更新されていることを明らかにした報告書を公表した。

2014 年 7 月 10 日	CFPB は，違法な債権回収方法を使って消費者を債務の罠に陥らせているとして，エース・キャッシュ・エクスプレス社に対する措置を講じた。CFPB は，エース社に対し，消費者への弁済金として 500 万ドル，違反の制裁金としてさらに 500 万ドルを支払うよう命じた。
2014 年 7 月 19 日	CFPB は，自動車担保ローンに関する苦情受付を開始した。
2015 年 1 月 1 日	2015 年，CFPB は，作成したプロトタイプの開示形式をどのように消費者が理解するか検証した。期間は 2015 年 12 月 31 日までである。
2015 年 3 月 26 日	CFPB はバージニア州リッチモンドで現地公聴会を開催した。CFPB は，中小企業諮問調査委員会報告書についての意見を聞くため，消費者擁護団体と，企業および業界団体とそれぞれ円卓会議を開催した。ペイデイ・ローン，自動車担保ローン，類似ローンに関する潜在的規則作成についての中小企業諮問調査委員会報告書である。
2015 年 6 月 18 日	2015 年 6 月，ネブラスカ州オマハで開催された CFPB の消費者諮問委員会会合で，ペイデイ・ローン，自動車担保ローン，類似ローンについて，数多くの会合と現地イベントが開催された。オマハのイベントには，ペイデイ・ローン店舗訪問，中小企業調査報告書の中の CFPB の提案と，ペイデイ・レンディングと自動車担保ローンに焦点を合わせた丸 1 日のセッションがあった。
2015 年 6 月 25 日	ペイデイ・ローン，自動車担保ローン，類似ローンについての CFPB の規則作成に関する中小企業諮問調査委員会最終報告書。CFPB の消費者諮問委員会会合で，参加者は，ペイデイ・ローン，自動車担保ローン，類似の少額ローンについて，数多くの会合と現地イベントを催した。そうしたイベントには，ペイデイ・ローン店舗訪問，中小企業調査報告書の中の CFPB の提案と，ペイデイ・レンディングと自動車担保ローンに焦点を合わせた丸 1 日のセッションがあった。
2016 年 4 月	オンライン・ペイデイ・ローン支払に関する報告書。CFPB は，高コスト，短期ローンのオンライン・レンダーの略奪的慣行について，新たな分析を発表した。本報告書は，18 カ月の間に，オンライン・ペイデイ・レンダーに支払をした 1 万 9685 の当座勘定に関する調査である。 　1. オンライン・ペイデイ・ローン活動を行った当座勘定の半数は，当該口座が資金不足になる支払が少なくとも 1 回あった。 　2. 18 カ月の研究期間中，オンライン・レンダーによって引き落としをかけられた当座勘定には，銀行により平均 185 ドルのオーバードラフト手数料および資金不足手数料が徴収されていた。
2016 年 5 月 18 日	一括払の自動車担保ローン報告書。本報告は，一括払の自動車担保ローンについて，消費者の利用，債務不履行，自動車差し押さえ率，またそうしたローンが再借入をする程度を検証した。 　1. 80% 以上のローンが，その前のローンが返済されたのと同じ日に再借入されている。約 90% が 60 日以内に再借入されていた。 　2. ローン・シークエンスの 3 分の 1 は，債務不履行に陥った。 　3. ローン・シークエンスの 5 分の 1 は，借り手の自動車の担保権が実行されるという結果になった。
2016 年 6 月 2 日	CFPB は，ペイデイ・ローンの債務の罠を終わらせるために，少額ローン規則案を発表した。CFPB はまた，ペイデイ・ローン，割賦ローン，自動車担保ローン，デポジット・アドバンスについて，補足的に明らかになったことを明らかにした。
2016 年 6 月 2 日	CFPB は，業界代表，消費者擁護団体，市民の証言の機会を設けるために，ミズーリ州カンザスシティで現地公聴会を開催した。

2016 年 6 月 9 日	消費者諮問委員会会合。CFPB は，ペイデイ・ローン規則案の状況について，アーカンソー州リトルロックで，1 時間の説明会を開催した。
2016 年 9 月 21 日	CFPB は，ローンの APR（年率換算金利）を開示せず，貸付真実法に違反したとして，アリゾナ州のペイデイ・レンダー 5 社を提訴した。
2016 年 9 月 26 日	CFPB は，惑わせる情報を提示することにより，高コストのローン更新に誘い込んだとして，タイトルマックスの親会社に対し，900 万ドルの制裁金を科した。タイトルマックスはまた，債務情報を借り手の雇用主，友人，家族に違法に漏らす不公正な債権回収方法を用いた。制裁金にくわえ，CFPB は，同社に違法な慣行をやめるよう命じた。
2016 年 10 月 7 日	CFPB は，規則案に関する市民のコメントを 140 万以上集めた。このプロセスにより，退役軍人，高齢者，消費者，人権協会，ペイデイ・レンダーを含め，すべての人が参画するようになった。CFPB は，最終規則の作成の際，これらのコメントを見直す。
2017 年 10 月 5 日	CFPB は，5 年半に及ぶ長いプロセスを経て，ペイデイ・ローンの債務の罠から消費者を保護するために，最終規則を発表した。

出所：CFPB website より作成。

の元本返済オプション，(3)低リスク・ローン・オプション，(4)引き落とし中止，といった規則を設けた。これらは 2019 年 8 月に発効することとなった。

2．リチャード・コードレイの「限界に挑む」法執行

2.1　エース社に対する措置

　この間，コードレイは果敢な法執行を行った。以下では，CFPB（2014）に基づき，2014 年 7 月 10 日に公表された，業界最大手のエース・キャッシュ・エクスプレス（ACE Cash Express，以下，エース社）に対する措置を見てみよう。

　まず，エース社は，ローン申請者を「債務循環」に陥らせようと従業員を教育していることが分かった。(1)エース社へのローン申請，許可。(2)顧客は現金が尽き，返済能力がない。(3)顧客に支払いについて連絡，または借り換えあるいは延長の申し出。(4)顧客が支払えないので，取り立てを行う。(5)その顧客はエース社の店舗でローンを再び申請。これの繰り返しである。

　また債権回収について，次のような行為を認定した。

(1)民事，刑事訴訟を起こすと脅した。支払いをしなかった場合，民事，刑事の訴訟の対象となると信じ込ませた。債権回収者は，訴訟にならなかったとしても，「法律に基づく即時手続」の対象となる可能性があるなどと脅した。

(2)追加手数料を請求し，信用調査機関に報告をすると脅した。エース社の債権回収担当者は顧客に対し，回収手数料を請求できず，信用調査機関に未払いを報告できない。しかし，そうすることが可能であり，そうなると消費者を脅した。

(3)借金取り立て電話で嫌がらせをした。エース社の債権回収担当者には，行き過ぎた債権回収の電話で顧客を虐待し，嫌がらせをした者がいる。当該顧客の雇用主や親戚に繰り返し電話し，債務の詳細を告げた。

上記の行為に対し，CFPB がエース社に命じた措置は次の通りである。

(1)消費者に返還するために 500 万ドルを支払う。エース社は，同意審決の対象期間中に違法な債権回収方法によって傷つけられた借り手に 500 万ドル返還しなければならない。

(2)違法な債権回収の脅しと嫌がらせを終わらせる。エース社は不公正かつ詐欺的な債権回収をやめなくてはならない。これらの慣行には，第三者への債務の不正開示，弁護士がいる消費者に直接連絡すること，訴訟を起こす，信用調査機関に報告する，または，回収手数料を追加すると偽って脅迫することがある。

(3)消費者を債務循環に陥らせるのをやめる。今後，エース社の債権回収担当者は，延滞している借り手に支払いをさせ，その後すぐにエース社から新しいローンを受けるよう圧力をかけてはいけない。同意審決は，エース社が不正な方法を使用しないと定めている。

(4)500 万ドルの制裁金を支払う。

以上のように，業界最大手のエース社に対して，その行為を改めさせるとともに，合計 1000 万ドルを支払うように命じたのである。

2.2　ペイデイ・レンダーによる銀行名義借り

　規制・監督機関と金融機関はいたちごっこを続けてきた。ペイデイ・レンダーも例に漏れない。1970 年頃まで，ほぼすべての州が預貸の上限金利を定めていた。多くの州で，300 ドルまでの少額ローンについては金利は年 36％もしくは 42％，それ以上の金額のローンについてはもっと低い金利であった。70 年代にインフレが高進すると，上限金利の低い州の貸付は低位にとどまった。そのため各州が上限金利の緩和，撤廃を進めた。くわえて 1978 年マーケット判決により，連邦法に則って設立された国法銀行は，借り手の居住する州ではなく，本店所在州の上限金利に従うものとされた（連邦法の州法に対する専占）。これはクレジットカード事業の爆発的拡大を導いたが，2000 年代にペイデイ・レンディング規制が各州で進むと，その抜け穴として利用されるようになった（大橋 2017，277 頁）。

　ペイデイ・レンダーは，デラウェアやサウスダコタなど，上限金利のない州の国法銀行と提携した。州外の国法銀行を直接的な貸し手とし，それが上限金利を「輸出」し，ペイデイ・レンダーは州外国法銀行の取次店という偽装をした。しかも 1996 年スマイリー対シティバンク事件判決によって，国法銀行法が定めた「金利」には手数料が含まれないとされたため，州の規制権限は失われた。しかし，通貨監督庁（OCC），連邦預金保険公社がペイデイ・レンダーと提携した国法銀行にいっそうの資本充実を求めたことにより，2000 年代半ば以降，このスキームは下火になった（大橋 2017，279-280 頁）。

2.3　オンライン・ペイデイ・レンダーに対する措置

　ペイデイ・レンダーの実店舗に関する規制が厳しくなると，オンライン・ペイデイ・レンダーが幅を利かすようになり，管轄権の問題から取り締まりはいっそう困難になった。さらに，銀行名義借りは部族所有地名義借りという形態を取るようになった。部族所有地には強い自治権が留保されており，管轄権の問題や州法が及ばないという抜け穴があった。

　2013 年 12 月 16 日，CFPB は，オンライン・ペイデイ・レンダーのキャッシュコール社らを相手に，初のこの種の訴訟に踏み切った。同社は 03 年にカリフォルニア州オレンジ郡で創業し，信用度の低い消費者向けの高コスト・レンダーの草分け的存在となった。

　キャッシュコール社は，2009 年にサウスダコタ州の部族所有地に本拠を置く高コスト・レンダー，ウェスタン・スカイ・ファイナンシャル（WSF）社と提携した。各州の上限金利を回避するため，WSF 社の名義で融資をするのである。これに対して 13 州が提訴していたこともあり，CFPB は，8 州の上限金利を超えている，または，州の免許に違反しているとして，2 億 8700 万ドルの制裁金と返還金を請求して起訴した。2016 年の判決はキャッシュコール社に 1030 万ドルの支払いを命じるものとなったが，制裁金等の金額の開きから CFPB は上訴した。規制回避スキームに対処する一歩を踏み出したと言える（Cordray 2013）。

　さらに 2017 年 4 月 27 日，CFPB は，部族所有地のオンライン・レンダー 4 社を起訴した。4 社は，カリフォルニア州アッパーレイクの部族所有地に籍を置く高コスト・レンダーで，割賦ローンという形で 300 ドルから 1200 ドルを，年利換算すると 440 〜 950％の金利で貸し付けた。これに対し CFPB は，少なくとも 17 州で上限金利を超えている，または，州の免許に違反しているとした。より具体的には，(1) 支払義務のないローンを支払う義務があるかのように消費者を欺いた，(2) 消費者が支払う必要のないローンの返済を受けた，(3) 信用の実質コストを開示しなかった，という訴因を挙げた。部族所有地の高コスト・レンダーそのものを起訴したという点で大きく前進した（CFPB 2017）。

　以上のように，リチャード・コードレイは果敢な法執行を行った。実際，ペイデイ・レンディング業界の純利益は半分にまで落ち込んだと言われている。そして，表 7-2 のように，巨大金融機関を含めて 138 件，約 86 億 1361 万ドルの制裁金を科し，約 2900 万の消費者に約 120 億ドルを返還させた。

表 7-2　CFPB による制裁金

	件数	制裁金額
2012 年	4	$478,200,000
2013 年	15	$2,730,650,000
2014 年	21	$1,764,343,151
2015 年	41	$2,041,105,846
2016 年	23	$481,582,488
2017 年	24	$222,504,935
2018 年	10	$895,222,001
合計	138	$8,613,608,421

出所：Good Job First Violation Tracker より作成。

3．政権，議会と消費者金融保護局

3.1　局長交代

　このように公益を守るという成果があったにもかかわらず，議会共和党はつねに CFPB を攻撃対象としてきた。そして 2017 年 1 月にトランプ政権が成立し，同年 11 月にコードレイが局長を辞任すると，CFPB の機能と性質は大きく変わった。ミック・マルバニーが局長代行を務めることになったが，彼は下院議員時代に自由議員連盟に所属し，強硬に CFPB 廃止を唱え，トランプ政権では行政管理予算局長となっていた[3]。

　マルバニーは，ティーパーティ運動の勢いに乗って，2010 年にサウスカロライナ州から下院議員に当選し，16 年選挙まで 4 期連続当選を果たした。そして 16 年 12 月 17 日，トランプによって行政管理予算局長に指名された。その指名は，17 年 2 月 16 日に採決され，賛成 51 票，反対 49 票という僅差の承

　3　自由議員連盟については第 4 章を参照のこと。コードレイは 2017 年 11 月 24 日 0 時に辞任する直前に首席補佐官のリーンドラ・イングリッシュを副局長に任命することで，局長代行としようとした。しかし，11 月 25 日，トランプはマルバニーを 1998 年連邦空席改革法に基づいて局長代行に任命した。同法は，代行を置くことで空席を埋める方法を規定している。(1)空席が生じた政府機関の「第一補佐官」——通常，副長官（局長）たる者。(2)上院が承認した別の者，(3)当該政府機関の職員または幹部職員，ただし，一定の規準を満たすこと。

表7-3　ミック・マルバニーへの政治献金，2009 〜 2016 年

セクター	計	個人	政治活動委員会	比率
アグリビジネス	$102,225	$45,225	$57,000	2.7%
通信／電子	$129,350	$67,250	$62,100	3.4%
建設	$250,236	$142,736	$107,500	6.6%
国防	$19,525	$1,025	$18,500	0.5%
エネルギー・天然資源	$171,650	$30,850	$140,800	4.5%
金融・保険・不動産	$1,304,064	$362,444	$941,620	34.5%
医療	$242,751	$133,651	$109,100	6.4%
弁護士・ロビイスト	$163,335	$134,835	$28,500	4.3%
交通	$133,495	$51,495	$82,000	3.5%
その他企業	$405,686	$177,790	$227,896	10.7%
労働	$5,000	$0	$5,000	0.1%
イデオロギー／シングルイシュー	$437,146	$149,880	$287,266	11.6%
その他	$413,417	$411,917	$1,500	10.9%
合計	$3,777,880	$1,709,098	$2,068,782	100.0%

出所：Center for Responsive Politics: OpenSecrets.org より作成。

認であった。

　表7-3 に見られるように，2009 年から2016 年までを通じ，マルバニーは377 万7880 ドルの政治献金を集めた。セクター別に見ると，金融・保険・不動産（FIRE）が130 万4064 ドル，全体の34.5％と突出している。続くのがイデオロギー／シングルイシューによる献金で43 万7146 ドル，全体の11.6％となっている。イデオロギー／シングルイシューの項目では，クラブ・フォー・グロースが8 万8267 ドル，第4 章で触れたコーク・インダストリーズが3 万5000 ドルと大口献金者として名を連ねている。クラブ・フォー・グロースの主要な政策目標には，所得税率引き下げと相続税撤廃，一律税，オバマケア完全撤廃と医療過誤訴訟濫用の終結，連邦政府の規模および範囲の縮小，政府予算削減と憲法への均衡予算修正の追加，規制改革および規制緩和，学校選択の拡大が含まれる。こうした保守的経済政策を追求するが，社会的問題，移民ないし国境問題には特定の立場を取らないとしている（Club for Growth website）。

　金融業界，保守系組織の意向が，マルバニー指揮下のCFPB の方針に反映されることは火を見るより明らかであった。というのも，「献金しないロビイ

ストには会わない」と公言して憚らない人物であったからだ。

3.2　方針転換

　2018 年 1 月 23 日，マルバニーは CFPB の全職員に宛てて電子メールを送った（Mulvaney 2018）。冒頭，噂されているように CFPB を閉鎖しにきたのではないと述べた上で，方針転換を説明している。「これまでの CFPB の統治哲学は，『使命』のために果敢に『限界に挑む』ことであった。つまり，私たちは『善人』で『町の新しい保安官』で，『悪党』と戦わなくてはならない」。その哲学は変わると続ける。

　　私たちは政府職員である。私たちは政府のためだけに働いているのではなく，国民のために働いている。それは，すべての人のために働くことを意味する。クレジットカードを使う人，クレジットカードを提供する人。ローンを借りる人，ローンを貸し出す人。自動車を買う人，自動車を売る人。そうしたすべての人々がこの国を偉大にしている。すべての人が政府に公正に扱われなくてはならない。正義の女神が剣を片手に目隠しをして天秤を持っているのには理由がある。

　実際，表 7-4 のように，マルバニーのリーダーシップの下，CFPB の使命，ビジョン，目標は大きく書き換えられた。形式上は，消費者のことだけを考えた規制・監督機関から，被規制産業も含め，すべての者の法的権利を等しく保護する機関へのシフトである。現実には，金融機関等に対する調査や起訴がいくつも縮小，撤回された。また，エクイファックスの個人情報漏洩を調査しないと決定し，ペイデイ・レンディング規則の緩和，CFPB の権限を縮小するための議会への提案，消費者諮問委員会の解散が行われた。

　2018 年 6 月 16 日，トランプは，CFPB 局長に行政管理予算局の中堅幹部，キャスリーン・クレニンジャーを指名した。マルバニーの部下であった。だが，消費者保護や金融行政に関する経験がまったくないため，さすがに共和党の一部も承認は無理というのが当初の反応であった。くわえて国土安全保障省

表 7-4　CFPB の使命，ビジョン，目標の変化

	旧（2013 ～ 2017 会計年度）	新（2018 ～ 2022 年）
使命	CFPB は，規則をより効果的にし，一貫してかつ公正にそうした規則を執行し，経済生活をより管理できる力を消費者に与えることにより，消費者金融市場が機能するのを支援する 21 世紀型機関である。	連邦消費者金融諸法に基づき，消費者金融商品・サービスの提供および供給を規制し，十分な情報に基づいた金融上の判断がよりできる力を消費者に与えることである。
ビジョン	私たちがその使命を達成すれば，次のような消費者金融市場の発展を促進するだろう。 ・顧客が予め価格とリスクを理解でき，容易に商品を比較できる。 ・誰一人として不公正，詐欺的または濫用的慣行によりビジネスモデルを構築できない。 ・アメリカの消費者，責任ある事業者，経済全体に役立つ。	自由で，革新的で，透明な消費者金融市場。そこでは，すべての関係者の権利が法の支配によって保護され，また，消費者が個々人のニーズに最適な商品およびサービスを自由に選択する。
目標	目標 1：金融上の害悪が消費者にもたらされるのを防ぎ，他方，消費者にとって恩恵のある優良慣行を促進する。 目標 2：生活の金融面が改善されるように消費者に力を与える。 目標 3：消費者金融市場および消費者行動に関するデータに基づく分析により，一般市民，政策立案者，CFPB 自体の政策決定に情報を与える。 目標 4：リソースの生産性を最大化し，インパクトを高めることにより，CFPB の実績を改善する。	目標 1：すべての消費者が消費者金融商品およびサービス市場に確実にアクセスできるようにする。 目標 2：消費者金融商品およびサービス市場が公正，透明，競争的であることを確保するために，法律を整合的に実施および執行する（implement and enforce）。 目標 3：効率的かつ効果的な手続き，ガバナンス，リソースおよび情報の安全性を通じて，卓越した運営を促進する。

出所：CFPB（2013）；CFPB（2018）より作成。

のメキシコ国境取り締まりにおける親子分断に関与し，事前の面談でも，公聴会でもほとんどの質問に答えない，答えられない人物であった。

　マルバニーの一時的な任命は 210 日間で，2018 年 6 月 22 日で終了することになっていた。クレニンジャーの上院での承認手続は，投票が行われるか，18 年 12 月 31 日まで有効であった。恒久的な局長の承認手続が行われている間は，マルバニーが代行として職務を続行できる。さらに 2 度目の指名が否決されるなどしてから最長 210 日間，代行として職務を続行できる（CFPB Journal）。クレニンジャーはマルバニーの路線を忠実に継ぐことが予想されたため，承認審議の結果いかんを問わず，消費者保護が弱められることに間違い

なかった。結局，12 月 6 日，50 対 49 の僅差で承認された。

　予想と違わず，クレニンジャーは 2019 年 2 月 6 日，2017 年に最終規則が発表されたペイデイ・レンディング規則について，「返済能力保護」を含むほぼすべてを撤廃することを提案した。「証拠不十分で法的根拠がない」というのがその理由とされた（Cowley 2019）。

　こうした CFPB の変化に抗議して，2018 年 8 月 27 日，幹部職員のセス・フロットマンが辞表を提出した。フロットマンの肩書きは，局長補兼学生ローン・オンブズマンであり，学生ローン問題で苦しむ消費者の声を代弁するのがその職務であった。CFPB には，「業務」，「消費者教育および参画」，「監督，執行，公正貸付」，「研究，市場，規制」，「渉外」，「法務，総務」，「均等機会および公平性」という 7 つの部（division）が置かれ，それぞれの部にはいくつかの課（office）が置かれていた。コードレイの下で，フロットマンは「消費者教育および参画部」の「学生課」の責任者であった。学生ローン，ITT テックやコリンシアン大学など営利大学の諸問題に対処し，7 億 5000 万ドルを被害者に返還するという実績を残していた（Frotman 2018）。

　しかし，マルバニーが局長代行になると，学生ローンは消費者信用で最大の債務額に上るにもかかわらず，「学生課」は「金融教育課」に組み込まれ，救済策を講じることが困難になった（Adams 2018）。フロットマンは，辞表の中で学生ローン債務問題に対処するのにイデオロギーも政治的駆け引きも関係ないと言い，次のように痛烈に抗議した。「残念なことに，マルバニー率いる CFPB は，議会によって保護を託されたまさにその消費者を見捨ててきた。そして，アメリカで最も強大な金融機関の願いを叶えるために CFPB を利用してきた」。そして，現局長代行が (1)「法執行をしない」，(2)「CFPB の独立性を危うくしている」，(3)「悪質な行為者を検査から隠蔽している」と，3 点にわたって具体的に批判した（Frotman 2018）。

3.3　下院金融選択法可決

　2017 年 2 月 3 日，トランプ大統領が大統領令を発し，ムニューシン財務長官に対して「中核的原則」に沿ってドッド＝フランク法を点検評価し，120 日

以内に報告書を提出するよう指示した。それに応じて 6 月 12 日，ムニューシン財務長官は，「経済的機会を創出する金融システム――銀行と信用組合」と題された報告書を提出した。

　これと並行し，6 月 7 日，下院は，ドッド＝フランク法の諸規定を大幅に見直す 2017 年金融選択法（Financial CHOICE［Creating Choice for Investors, Consumers, and Entrepreneurs］Act）を，賛成 233，反対 186，棄権 11 で可決した。

　この金融選択法に含まれた CFPB 改革はいかなるものであったのか [4]。その目的は，CFPB を抜本的に改革し，投資家と退職貯蓄を保護することにより，金融的独立を達成できるように国民に力を与える，とされている。改革の内容は，主として下記の通りである。

(1) CFPB の名称を「消費者法執行庁」（CLEA: Consumer Law Enforcement Agency）に変更し，消費者保護と競争的市場の両立を任務とする。新設の経済分析課（Office of Economic Analysis）により実施された諸規則の費用便益分析を重視し，政策を実行することとする。

(2) 大統領の自由意思で解任できる 1 名の局長を持つ行政府の省庁として CFPB を再編し，議会の監視を受け，通常の歳出承認審議を受ける機関にする。（現行では，局長は任期 5 年，「正当な事由」がなければ大統領でも解任できない。FRB 内の独立機関で，資金は議会の承認手続を経ずに FRB から与えられる。）

(3) CFPB の監督機能を廃止し，列挙された消費者保護法の執行に責任を持つこととする。

(4) CFPB のあいまいで誤った「不公正，詐欺的または濫用的行為および慣行」認定権限を取り除く。

(5) 上院の承認を要する独立会計検査官を置く。

(6) CFPB の広範囲に及ぶ市場監視機能を取り消し，事前に許可を得ずして消費者の個人識別情報を収集してはならないこととする。

4　2017 年金融選択法の叙述については，U.S. House of Representative Committee on Financial Service, Financial CHOICE Act に基づいている。

(7) 労働省の受託者責任規則を撤廃する。

(8) 申請手続の合理化で，新たな投資商品と選択肢を促進する。

　改革はこのように多岐にわたっている。簡単に言えば，人事と予算で独立機関としての立場を弱め，包括的な機能を持つ消費者機関から法執行機関へと権限および範囲を縮小することを目指したものである。それによって消費者保護重視から金融機関の方へと振り子の揺り戻しが生じた。金融選択法の最初の審議は下院金融サービス委員会で行われた。同委員会に所属することは，金融業界からの選挙献金集めも容易なので「役得」と考えられている。しかも，下院議員の約 15% が所属している大所帯である。

　この CFPB 改革案を含む金融選択法は，上院でまともに審議されることはなかった。そのため，CFPB 改革案が 2018 年 5 月 24 日成立の「経済成長・規制負担軽減・消費者保護法」の中に盛り込まれることはなかった。第 4 章で述べたように，同法は，小銀行の規制負担軽減策中心の法律として可決されたのである。

4. 司法と消費者金融保護局

4.1　消費者金融保護局の最初の非銀行金融機関案件

　ドッド＝フランク法の文言上の問題から，CFPB の消費者保護のための権限は正式に局長が就任するまで発効しないことになっていた。既述の通り，2012 年 1 月 4 日にコードレイが局長に就任したことでそれも解決し，非銀行金融機関に対する次のような措置を講じられるようになった。非銀行金融機関の中で，規模を問わないものとして，モーゲージ会社，信用修復または差し押さえ救済企業，ペイデイ・レンダー，民間教育資金貸付会社が挙げられている。また，大規模参加者として，債権回収，消費者信用調査，自動車金融，貸金サービスといった分野の企業が対象となった。

　早くも 2012 年 1 月 11 日，CFPB はモーゲージ組成検査手続を公表し，最初

の非銀行金融機関案件として PHH 社の調査に着手した。PHH 社は，ニュージャージー州に本拠を置く住宅抵当ローン会社で，ローン買取分野のトップ・プレイヤーである。調査によると，ローン申請者に特定の保険会社と契約させることで，保険会社からキックバックを得ていた。

　2014 年 11 月，CFPB の行政審判官は，08 年 7 月 21 日以降に締結されたローンにキックバックを得たことが不動産貸付手続法に違反しているとして，640 万ドルの制裁金での和解を勧告した。キックバックは，消費者が PHH 社の子会社に支払うモーゲージ再保険料の形態を取っていた。15 年 6 月 4 日，コードレイは最終命令を下した。PHH 社がキックバックを受け取るたびに不動産貸付手続法に違反したと断じ，08 年 7 月 21 日以降受領したすべての再保険料 1 億 920 万ドルを支払うように命じる内容であった（CFPB 2015）。

　制裁金は 640 万ドルから 1 億 920 万ドルへと 1 億 280 万ドル跳ね上がった。2015 年 6 月末，その最終命令は「行政手続法の解釈において，恣意的，予知不能で裁量権の濫用である」として，PHH 社はコロンビア特別区巡回控訴裁判所に制裁金の執行停止を訴えた。

4.2　PHH 対 CFPB 裁判

　このようにして PHH 社は，CFPB の最終命令を不服として，コロンビア特別区巡回控訴裁判所に審理を求めた。これが PHH 対 CFPB 裁判である。2016 年 10 月 11 日，3 名の判事による小法廷の判決が全員一致で下された。判決文は次のように言う。「局長 1 人が大統領の監督を受けずに CFPB を指揮しており，アメリカ経済に対して CFPB が幅広い権限を持つ点を考えれば，その局長は，他の独立機関の構成員の誰よりもはるかに大きな一方的権限を有している」。したがって局長は，「大統領を除き，米国政府全体の中で最も強力な公務員」である。このように，委員会方式ではなく局長 1 人の体制で，任期が 5 年と大統領の任期を超え，「正当な事由」がなければ大統領が局長を解任できないとのドッド゠フランク法の規定が問題視された。

　したがって独立機関である CFPB のリーダーシップ構造は違憲の疑念があり，CFPB 局長 1 人の判断は権力の濫用に当たる可能性があるので，制裁金の

執行を停止するという判決が下された。

　CFPB には再審理の機会が与えられ，2018 年 1 月 31 日，コロンビア特別区巡回控訴裁判所大法廷によって判決が下された。すなわち，議会がドッド＝フランク法によって定めた CFPB のリーダーシップ構造を合憲とする判決である。ただし，制裁金については執行停止という小法廷の判決が維持された。

　大法廷の判決に対し，CFPB は控訴しなかった。CFPB のトップは，すでにコードレイからマルバニーに交代しており，親金融業界の立場を隠そうとしなかった（Rappeport 2018）。他方，PHH 社もまた控訴せず，こちらは制裁金の執行停止で実益を得たことで満足した。訴因である CFPB のリーダーシップ構造については深追いしなかったのである。

　この PHH 対 CFPB 裁判において，小法廷の判決を書き，また大法廷の少数意見として CFPB のリーダーシップ構造は違憲であると主張したのがブレット・カバノー判事であった。2018 年夏，カバノーの最高裁判事指名承認が難航したのは，保守化していく司法の問題が懸念されたからである。

おわりに

　規制機関と被規制産業の関係は，規制捕獲（regulatory capture）として，長い間，政治学者や経済学者の関心の的となってきた。規制機関が捕獲する側，被規制産業が捕獲される側であるが，規制捕獲とは，規制機関が被規制産業に取り込まれ，その意のままになってしまうことを意味する。シカゴ学派のジョージ・スティグラーによれば，被規制産業は利益追求のために政治家を促して規制機関を設置，濫用する。そして参入規制を高めることで新規参入を妨害する。だからこそ規制緩和を処方箋としたのである。

　規制緩和が始まってからだいぶ時が経った現代の規制捕獲には，被規制産業がさらに規制や監督を取り除こうとしているという特徴がある。そのため腐食性捕獲とも呼ばれている。Carpenter and Moss（2014）によれば，「規制捕獲とは，法律または規制適用が，被規制産業の意図または行動により，公益から被規制産業の私益に向かって，一貫してまたは反復して方向づけされる結果ま

たはプロセスを言う」。そして，(1) 公益，(2) 政策シフト，(3) 意図または行動，この 3 つが規制捕獲の構成要素であるという。

　本章では，CFPB の腐食性捕獲の一端を描いてきた。コードレイの局長辞任までは，金融分野における唯一の連邦消費者機関として CFPB は振る舞ってきた。つまり，2008 年金融危機以前から見られた略奪的な慣行への実効的な対処をしてきたのである。ところがマルバニーの局長代行就任以降，消費者保護に大きな後退が見られた。

　さらに 1 人の局長に率いられた約 1600 名の強力な独立規制機関のパワーを制限することが，民主的な議会によるコントロールという大義からも，司法判断からも支持されている。しかし，同時に，それは消費者保護を放棄し，規制機関を弱体化させることを意味している。これは，金融機関からの反撃にほかならない[5]。

[参考文献]

大橋陽（2017）「二分化された金融——低所得層の金融アクセスとフリンジ・バンキング」，谷口明丈・須藤功編著『現代アメリカ経済史——「問題大国」の出現』有斐閣，258 ～ 286 頁。

ガイトナー，ティモシー著，伏見威蕃訳（2015）『ガイトナー回顧録』日本経済新聞社。[Geithner, Timothy（2014）*Stress Test: Reflections on Financial Crises*, NewYork, NY: Crown Publishers.]

バーナンキ，ベン著，小此木潔監訳（2015）『危機と決断——前 FRB 議長ベン・バーナンキ回顧録』（上・下）角川書店。[Bernanke, Ben S.（2015）*The Courage to Act: A Memoir of a Crisis and Its Aftermath*, New York, NY: W.W. Norton & Company.]

Adams, Susan（2018）"Student Loan Watchdog's Resignation Threatens Borrowers," *Forbes*, August 28.

Carpenter, Daniel and David A. Moss（2014）*Preventing Regulatory Capture: Special Interest Influence and How to Limit it*, Cambridge, Massachusetts: Harvard University Press.

Center for Responsive Politics, OpenSecrets.org. Accessed February 20, 2019. https://www.opensecrets.org/

CFPB（Consumer Financial Protection Bureau）（2013）Consumer Financial Protection Bureau Strategic Plan FY2013-FY2017, April.

CFPB（Consumer Financial Protection Bureau）（2014）"CFPB Takes Action Against ACE Cash Express for Pushing Payday Borrowers Into Cycle of Debt," Press release, July 10.

CFPB（Consumer Financial Protection Bureau）（2015）"CFPB Director Cordray Issues Decision in PHH Administrative Enforcement Action," Press release, June 4.

　5　CFPB の批判者は，たとえば Americans for Financial Reform，Center for Responsible Lending，Pew Charitable Trusts など，消費者擁護の非営利組織に CFPB が乗っ取られていると主張してきた。

CFPB (Consumer Financial Protection Bureau) (2017) "CFPB Sues Four Online Lenders for Collecting on Debts Consumers Did Not Legally Owe," Press release, April 27.

CFPB (Consumer Financial Protection Bureau) (2018) Consumer Financial Protection Bureau Strategic Plan FY2018-FY2022, February.

CFPB Journal. Accessed February 20, 2019. http://cfpbjournal.com/

Club for Growth website. Accessed February 20, 2019. https://www.clubforgrowth.org/

Cordray, Richard (2013) "Prepared Remarks of CFPB Director Richard Cordray on the CashCall Enforcement Action Press Call," December 16.

Cordray, Richard (2017) "Prepared Remarks of CFPB Director Richard Cordray on the Payday Rule Press Call," October 5.

Cowley, Stacy (2019) "Consumer Protection Bureau Cripples New Rules for Payday Loans," *The New York Times*, February 6.

FDIC (Federal Deposit Insurance Corporation) (2018) *2017 FDIC National Survey of Unbanked and Underbanked Household*. Accessed February 20, 2019. https://www.fdic.gov/householdsurvey/

FRB (Board of Governors of the Federal Reserve System) (2018) Report on the Economic Well-Being of U.S. Households in 2017.

Frotman, Seth (2018) "Letter to Acting Director Mick Mulvaney," August 27. Accessed February 20, 2019. https://apps.npr.org/documents/document.html?id=4784891-Frotman-Letter

Good Job First Violation Tracker. Accessed February 20, 2019. https://www.goodjobsfirst.org/violation-tracker

Mulvaney, Mick (2018) "Re: To Everybody from the Acting Director." Message to _DL_CFPB_AllHands, January 23. Accessed February 20, 2019. https://assets.documentcloud.org/documents/4357880/Mulvaney-Memo.pdf

Rappeport, Alan (2018) "Payday Rules Relax on Trump's Watch After Lobbying by Lenders," *The Wall Street Journal*, February 2.

U.S. House of Representative Committee on Financial Service, Financial CHOICE Act. Accessed February 20, 2019. https://financialservices.house.gov/choice/

Warren, Elizabeth (2007) "Unsafe at Any Rate," *Democracy*, Summer, No. 5. https://democracyjournal.org/magazine/5/unsafe-at-any-rate/

Warren, Elizabeth (2014) *A Fighting Chance*, New York, NY: Metropolitan Books, Henry Holt and Company.

グローバルな存在としての
金融権力と金融規制

第8章

新たな金融寡頭制
――グローバルなアメリカ金融覇権の生成

はじめに

　アメリカにおける金融寡頭制の成立と言えば，古くは，1907 年経済恐慌以降急速に展開した金融独占体制のことだ。この体制は，JP モルガン商会，ファースト・ナショナル銀行（ニューヨーク），ナショナル・シティ銀行（ニューヨーク），キダー・ピーボディ商会，リー・ヒギンズ商会，そして，クーン・ローブ商会による 6 大金融業者によって形成されたものである（Carosso 1970, p. 56）。しかし，本章で論じる新たな金融寡頭制とは，2008 年 9 月世界経済危機において白日の下にさらされ，「大きすぎて潰せない」（TBTF: Too Big To Fail）として，膨大な公的資金をつぎ込み救済された巨大金融機関が創り上げた現代の金融寡頭制である。

　第 2 次世界大戦後，アメリカでは，しばらくの間，金融機関に対する規制がしかれ，ケインズ主義による「金融封じ込め」が続いた。「現代法人企業において株主の支配力が失われたこと，業績の順調な法人企業では，経営陣の地位が極めて強固であること，銀行家の社会的魅力は次第に弱まりつつあること，アメリカがウォール・ストリートによって支配されているなどと言えば奇妙に感ぜられること」とジョン・ケネス・ガルブレイスは，当時の状況を活写している（ガルブレイス 1972, 85 頁）。

　この体制が完全に崩され，アメリカに再びウォール・ストリート支配が復権するのは，1999 年グラム＝リーチ＝ブライリー法の成立により「巨大複合金融機関」（LCFIs: Large, Complex Financial Institutions）が創生されたことによる。もちろん，この創生は，一朝一夕に成し遂げられたわけではない。戦後

ケインズ体制が崩され，新自由主義的経済政策が金融機関の封じ込めを解き放つことで出現したものだが，それはどのような生成の歴史的過程を辿ったのだろうか。

1．アメリカ金融覇権生成の歴史的起点

1.1　国際貸付規制と商業銀行の多国籍化

　アメリカ金融寡頭制生成の歴史的起点は，1971 年金・ドル交換停止から1973 年変動相場制への移行にある。金融寡頭制支配とは，いうまでもなく，数少ない金融機関による市場支配をいうのだが，かつての金融寡頭制支配と異なり，今日のアメリカによる金融寡頭制とは，金融を軸に世界経済を支配しようとする体制をいう。だから，国際通貨システムの転換が行われた 1960 年代から 1970 年代にかけて，アメリカの銀行にどのような変化が引き起こされたのかが，まず問題の焦点となるのだ。

　ここで注目しなければならないのは，1960 年代後半から 70 年代にかけて，アメリカの商業銀行が急速に在外支店を設置するようになったことだ。この在外支店設置ブームは，多国籍銀行という新語を生みだすまでになったが，この多国籍銀行とは，世界的規模での支店網を通じて本国本店による経営管理を徹底させ，国際的視野により利益を追求する銀行資本ということだ。

　しかしなぜアメリカ商業銀行は，1960 年代後半から急激に海外支店を多く設置するようになったのだろうか。これは，1965 年 2 月 10 日，ジョンソン大統領が議会に国際収支に関する教書を送り，その中でアメリカ商業銀行の国際貸付に金利平衡税を適用し，自主的対外貸付規制という形で国際貸付に規制を課すと述べたからだった。

　だがもし，アメリカ商業銀行が，当時貿易金融にのみ重点を置いていたなら，国際貸付に規制が加えられても，こうした対外支店設置の急増は起こらなかっただろう。なぜなら，貿易金融によって振り出される為替手形は，国際金融の中心地に送付され，そこで決済されるのだから，在外支店は必要ないの

だ。「ロンドン宛て手形」(bill on London)，「ニューヨーク宛て手形」(bill on New York) という言葉が示しているように，国際金融の中心地ロンドンとニューヨークがその決済地であり，国際金融の中心地に世界の諸銀行が立地していればそれでいいのだ。国際金融の中心国の金融機関が対外的に進出する必要は全くないのである。この時期にアメリカ商業銀行が在外支店を急増させた大きな原因は，これら銀行に対しユーロダラー市場を基軸に多国籍企業の必要とする貸付資本需要が急増していたからであって，貿易金融とは異質な国際貸付資本需要が高まっていたからだった。

　アメリカ商業銀行の多国籍化は，バンク・オブ・アメリカ (Bank of America)，ファースト・ナショナル・シティ・バンク・オブ・ニューヨーク (First National City Bank of New York)，チェース・マンハッタン・バンク (Chase Manhattan Bank) の巨大3大銀行を軸に行われた。1972年当時，アメリカ商業銀行の在外支店648のうち，実にその429店がこの3大銀行によるものだった。この時点で，世界的な支店網を通じ言葉の真の意味でのグローバルな活動をしていたのは，この3行に他ならなかった。しかも，これら銀行の海外支店が，ロンドンに集中していたことは重要だ。ロンドンは，国際金融の中心であるし，経済的に衰えたとはいっても，ポンド・スターリングを基礎とするさまざまな金融的便宜がそこにはあったからだ。

　ここで注目しなければならないのは，1971年金・ドル交換停止以降，1973年の変動相場制への移行，国際資本移動の自由という体制が確立するにつれ，ドルは，ユーロダラーすなわち国際金融市場の重要通貨としてますますその存在意義を増していき，アメリカ商業銀行の海外活動の活発化をもたらした事実だ。1970年から1976年にかけて，アメリカ多国籍銀行トップ10の税引き後年収益率変化を見れば，国内業務が－1.4％であったのに対して，国際業務は，＋33.4％となっていることにそれはよく表れている。主要多国籍銀行別にそれら変化率をみれば，バンク・オブ・アメリカがそれぞれ＋6.1％と＋32.4％，ファースト・ナショナル・シティ・バンク・オブ・ニューヨークが＋4.3％と＋31.0％であり，チェース・マンハッタン・バンクが，－22.8％，＋17.8％となっているのである (Seabrooke 2001, p. 97, Table 4-1)。

1.2　ユーロダラー市場と国際資本取引の自立化

　戦後 IMF・GATT 体制における金とドルとの交換停止は,「米ドルの破産」
を意味するという議論がかつてなされたことはよく知られている。たとえば,
三宅義夫氏は, 次のように述べた。「債務の履行を求められたのに支払いがで
きなければ, 支払い不能, つまり破産に陥らざるをえない。アメリカ当局の場
合も, 外国当局にたいして支払いができなくなれば, 破産とならざるをえな
い。米ドルの破産である。ドルの国際通貨としての機能の崩壊——たとえ一時
的にせよ——である」(三宅 1968, 171 頁)。またこうも言っている「金との引
き換えをやめてしまえば金流出は生じないが, しかしこれはアメリカの支払い
停止宣言であり, ドルの自殺にほかならない」(三宅 1968, 175 頁)。

　この議論が正しければ, ドルは, 国際通貨として通用しなくなるはずであっ
た。しかし, ドルは自殺するどころかますます使用されている。これを理解す
るには, アメリカによる金とドルとの交換停止は, 米ドルの破産ではなく, ア
メリカの戦後ケインズ体制の崩壊であった事実である。そして, それに代わる
システムをアメリカはユーロダラー市場を通じて着々と構築してきた事実を突
き止めなければならない。金・ドル交換停止以降, 1970 年代は, 変動相場制
の下で, 通貨トレーダーたちが為替裁定取引や投機的資本取引を通じて為替相
場を決定していく時代の幕開けとなったのだ。ドルは, こうした市場でいよい
よ幅を利かせ, シンガポール, ロンドン, バーレーン, ルクセンブルグ, バハ
マなどの国際金融市場を通じて取引が行われることとなった。1974 年から
1980 年にかけて, 総額 1500 億ドルもの資金が石油輸出国機構 (OPEC) から
ユーロ市場に流れ込み, 国際的に活動を続けるアメリカ多国籍銀行などを通じ
て, ラテン・アメリカ, アジア, アフリカの諸国へ大量に貸し付けられていっ
た (Frieden 1987, pp. 79-88)。

　ケインズ的世界経済における国際金融では, 経常収支取引量が独立変数であ
り, その取引量の結果として資本取引量が従属的に決定されていた。国際資本
取引, とりわけ短期的資本取引は, 経常収支の決済のために必要とされていた
のであり, 国際資本取引, とりわけ短期資本の投機的取引は厳しく規制されて

いた。けれども，ユーロダラー市場を基軸に形成されつつあった世界では，国際資本取引が経常収支取引とは独立に独自の論理で展開し，したがって，その動きに世界経済の実体が規定されるという，新たなシステムの幕開けとなった。その独自に展開する国際資本取引に，アメリカ金融機関が積極的にかかわることになったのだ。

　だから，アメリカ金融機関の次なる目的は，世界各国の金融システムの自由化にあり，金融イノベーション，金融改革，金融外交を展開することであった。それは，新自由主義的金融グローバリズムに基づく行動であり，アメリカ金融機関による国際的金融寡頭制支配の実現を目指し，証券化を軸とする国際展開を意味したのだ（Seabrooke 2001, p. 111）。

1.3　アメリカの金融覇権と対日金融自由化攻勢

　1981年に誕生したレーガン政権は，新自由主義的な新たな金融寡頭制の形成に深くかかわったといえるだろう。とりわけ，対日経済関係におけるレーガン政権の要求は，その基軸をなしたと言っていいだろう。それは，どういう意味なのか。

　新たな金融寡頭制とは，先にも述べた通り，金融を基軸に形成される世界経済支配と言い換えてもいい。アメリカは第2次世界大戦後 IMF・GATT 体制の下で，ケインズ的世界経済を実現した。しかしながら，1970年代以降企業の多国籍化が国内産業の衰退をもたらし，ヨーロッパではドイツ企業，アジアでは日本企業を基軸とする輸出攻勢に敗北し，1980年代半ばにおいて世界最大の債務国に転落した。それに代わって，日本が世界最大の債権国になったことは周知の事実だ。

　レーガン政権は，ソ連を「悪の帝国」と規定し，対ソ軍事戦略を強硬に追求，続くジョージ・H・W・ブッシュ政権期の1991年12月に，ソ連は消滅した。戦後長く続いた米ソ冷戦は，これで終結したのだが，世界最大の債権国にのし上がった日本が，アメリカの経済覇権にとってその癌の種になったことは明らかだ。アメリカは，その日本に対し，どう対応しようとしたのだろうか。強硬な新自由主義的金融グローバリズムによる経済戦略こそ，レーガン政権の

追求した対日路線だったといえるのだが，具体的にそれはどのように進んだの
だろうか。

　アメリカの経済政策立案の中心人物は，財務長官だが，レーガン政権期の財
務長官は，大手投資銀行メリル・リンチ出身のドナルド・リーガン（Donald
Regan）だった。リーガンは，日本の金融市場の閉鎖性がアメリカ資本の流入
を阻止しており，ドル高・円安の要因となっているとし，日本の金融・資本市
場の開放を求めた。

　1970年代，アメリカ金融機関は，ヨーロッパの金融機関と熾烈な競争戦を
演じながら，既述のようにユーロダラー市場を経由して発展途上国に貸し込ん
でいった。とりわけ，バンク・オブ・アメリカ，チェース・マンハッタン，シ
ティ・コープのアメリカ3大金融機関の貸付は，そのほぼ50％は西ヨーロッ
パ向けだったが，非産油発展途上国への貸し付けが次で多く，バンク・オブ・
アメリカ31.5％，チェース・マンハッタン32.8％，シティ・コープ37.5％の貸
付額比率を示した（神武・萩原 1989, 288頁）。しかし，これら貸付が1980
年代に発展途上国の債務累積危機から不良債権化し，多額の損失を計上，アメ
リカ金融機関は，一時，国内回帰をせざるを得なかった。

　かくして，アメリカ金融機関は，この危機を，世界最大の債権国として成り
上がった日本を金融的に支配することで乗り切る戦略を立てたといえるだろ
う。日米の貿易関係を見れば，アメリカの劣勢は如何ともしがたい。アメリカ
の債務国化は避けることはできない。レーガン政権の狙いは，国際資本取引の
自由化を日本に迫り，産業面での劣勢を金融支配の生成によって逆転すること
だったのだ。

　レーガン大統領の訪日した1983年11月，竹下登大蔵大臣とリーガン財務長
官は，先物為替取引の実需原則の撤廃など，9項目にわたる金融自由化を，
1984年4月1日をもって実行に移すことを発表する。さらに，この年の6月1
日には，円転換規制が撤廃された。先物為替の実需原則とは，実需を伴う経常
収支取引のみ自由にし，実体のない純粋に投機的取引の先物取引は禁止すると
する措置である。また，円転換規制とは，銀行など金融機関がドルなど外貨を
取り入れ，これを円に転換し，投機的取引を行うことを規制するものだ。

　日本の外国為替制度は，1973年の変動相場制になってからも固定相場制時

代の国際資本取引の規制を基軸として成り立っていた。日本はあくまで貿易による国づくりを考えていたからだ。資本を国際的に動かして利鞘を稼ぐアメリカの巨大金融機関にとって，これは許されざる規制だったということになる。この撤廃プロセスは，貿易立国日本の金融機関が，国際投資立国アメリカの金融機関に牛耳られていく歴史的起点をなすものだったと言っていいだろう。

2．アメリカによる世界経済の一極支配と新たな金融覇権

2.1　アメリカ型金融システムの確立と金融寡頭制支配

　クリントン政権は，1993 年に誕生した。1992 年大統領選挙では，ジョージ・H・W・ブッシュ大統領は，「冷戦」勝利の凱旋将軍でありながら，レーガン＝ブッシュ共和党の経済政策を強烈に批判した民主党大統領候補ビル・クリントンに敗れた。クリントン政権は，戦略的通商政策による経済再生計画を打ち出すなど，国際金融寡頭制支配をめざしたレーガン＝ブッシュの共和党政権と大きく性格を異にすると思われたが，実は，金融重視という点では，レーガン政権と変わりはしなかった。クリントン大統領が，「レーガン＝ブッシュと異なる産業再生を実現する」などと言いながら，初発から金融寡頭制支配によるソ連消滅後の世界経済の一極覇権を戦略的に企てていたことは忘れてはならない重大な事実だ。

　なぜなら，クリントン大統領は，1993 年に経済政策担当大統領補佐官として，巨大投資銀行ゴールドマン・サックス出身のロバート・ルービン（Robert Rubin）を起用し，新設の国家経済会議（NEC）の議長も兼任させたからだ。ルービンは，1995 年には，第 70 代財務長官に就任し，クリントン政権の経済政策は，ウォール・ストリートの金融利害によって完全に牛耳られることとなった。アメリカ経済史において，再びウォール・ストリートが，経済を支配する時代が訪れたのだ。

　レーガン＝ブッシュ政権の末期，アメリカ経済は，貯蓄貸付組合の破綻に始まる深刻な金融危機を経験した。この金融危機は，連邦預金保険公社の資金が

底をつくというほど深刻だった。1991 年には，連邦預金保険公社改善法によって，多額の公的資金が投入される事態にまで深刻化した。

　この法律は，商業銀行がより一層証券業務に突き進む契機となったが，それ以降さらにウォール・ストリートからの強力な圧力は，新たな立法化を促し，1930 年代に構築された金融規制の制度的構築が最終的に崩壊していくこととなった。その規制改革の突破口の第 1 は，1994 年に制定されたリーグル＝ニール州際銀行業・支店設置効率化法（Riegle-Neal Interstate Banking and Branching Efficiency Act of 1994）であり，第 2 が 1995 年金融サービス競争法（Financial Services Competitiveness Act of 1995）であった。

　リーグル＝ニール法は，1927 年マクファデン法と 1956 年銀行持株会社法へのダグラス修正条項にとって代わる法律であり，一つの組織が全国 10％以上の預金を支配することのないようにという反トラスト条項をもって州際銀行業を許可するものだ。金融サービス競争法は，1933 年グラス＝スティーガル法を骨抜きにすることを目的に制定された。1996 年までにアメリカでは，商業銀行と投資銀行の伝統的分離は，事実上解消したと言っていいだろう。なぜなら，銀行持株会社が，連邦準備銀行の監視の下で，商業銀行業務と投資銀行業務について，傘の役割を果たすことが許可されたからだ。

　かつて，商業銀行は，株式を発行することはできなかったし，投資銀行は，企業貸付や消費者金融に手出しをすることはできなかった。しかしながら，1996 年以降は，これら 2 つのタイプの金融機関においていずれの業務も可能となった。1996 年 12 月，連邦準備制度理事会は，銀行持株会社の株式取引や引き受けから発生する収益の上限を 10％から 25％に引き上げた。そしてさらに通貨監督官は，銀行子会社にかつては禁止されていた業務を非公式のガイダンスによって許可することを宣言したし，1997 年には，財務省が，商業銀行と投資銀行が連携することを許可することによってこの導きをフォローしたのだった。

　確かに，商業銀行と投資銀行が，直接株式を持ち合うことは禁止されてはいたが，金融サービス持株会社を通じて，アメリカの銀行は，ドイツやイギリスのユニヴァーサル銀行によって提供されるような全般的金融サービスを提供することができるようになったといえる。銀行の直接金融への参入を促す再編

は，銀行合併だ。一連の巨大合併が進行し，巨大商業銀行は，証券会社と戦略
提携を行うことになった。たとえば，バンカーズ・トラストは，証券引受業の
営業シェアを拡大するため，大手ブローカー商会，アレックス・ブラウンを合
併した。こうした合併は，すでに主要な銀行のいくつかでは先行していたので
あり，とりわけ1980年代末には，連邦準備制度理事会から証券引き受け業開
設の許可を得ていた。たとえば，JPモルガンは，すでに証券引受業のかなり
のシェアを確保していた。株式市場における合併活動は，他の諸国と比較して
アメリカの場合，突出していた。

　トップダウンで銀行は統合し，債券・株式市場での証券取引に突き進み，さ
らに，オフ・バランスの証券化が行われる。消費者信用の需要は莫大なもの
だ。まともにこれに応えていたのでは，銀行は，バーゼル協定 BIS 規制の自
己資本比率8％を下回ってしまう。したがって，銀行は，こうした銀行資産を
証券化し，売り払うことで，現金化し，自己資本比率を上げ，さらなる貸付へ
と銀行活動を活発化させることとなる。

　ローンの証券化は，アメリカでは住宅ローン，自動車ローン，中小企業庁の
ローン，コンピュータやトラックのリースなど，極言すると事実上すべての貸
し付けから生じる債権において引き起こされた。

　かつて，商業銀行は，預金金利と貸付金利から生じる利鞘収入によって営業
を行っていた。しかし現在では，手数料収入が極めて大きな銀行収入になって
いる。1999年末で既にアメリカ商業銀行の収入の43％は，非金利収入によっ
て占められた。非金利手数料とは，クレジットカード手数料，モーゲージ・
サービスやリファイナンス手数料，投資信託販売サービス手数料，証券化され
た貸し付けから生じる手数料などがある。アメリカ商業銀行は，証券化市場と
の関連を強くしているのだ（萩原 2008, 159-160 頁）。

　1990年代は，アメリカ連邦財政が黒字に転じた時期であった。したがって，
アメリカ連邦債務の上昇は抑えることができたが，民間市場の活発化ととも
に，株式市場の価格上昇が顕著となった。しかもこの証券市場の活況は，アメ
リカにおける中間層を含めた幅の広い所得階層によって支えられた。

　強気市場は，株式相場の上げ潮と消費者信用の拡大によってつくりだされ
た。1991年から1995年にかけて，家計による信用手段の使用は，5.7％増加し

たし，家計による投資信託への投資額は，20.8％増加した。それに対して，同じ時期，固定資本総投資額は2.0％の増加したに過ぎなかった。

　消費者信用と株式市場による直接金融の一層の促進は，アメリカ中間層の金融認識（financial awareness）に依存することが指摘されている。つまり，戦後生まれのいわゆる「団塊の世代」が幅広い中間層を形成し，彼らの所得を金融投資に振り向けさせるようになったというのだ。1995年において，アメリカ人の3分の2は株式所有に利害を有し，平均して全金融資産の40％は，株式でもっている。年収10万ドル以上では，その数値は80％を優に超えるのである（Seabrooke 2001, p. 172, Table 6-1）。

　こうしたアメリカにおける証券化の流れは，次に議論する1997年から1998年にかけて引き起こされたアジア金融危機を経て一段と加速された。アメリカでは，1999年金融サービス近代化法（Financial Services Modernization Act of 1999），通称グラム＝リーチ＝ブライリー法が成立し，金融持株会社の下で，商業銀行と投資銀行を合併することを銀行に許すことになったのである。これは，1933年グラス＝スティーガル法ならびに1956年ダグラス銀行持株会社法の廃止を意味した。連邦準備制度理事会は，他の規制監督機関をサブに置き，金融持株会社を監督するスーパー・レギュレーター（super-regulator）の位置に収まることとなった。これを機に，「大きすぎて潰せない」（TBTF）といわれる「巨大複合金融機関」がアメリカ経済に「新たな金融寡頭制」を形成することとなった。

2.2　アジア金融危機と米欧の機関投資家

　アジア金融危機は，タイに始まった。1997年において，危機は，通貨価値の下落となって，3つの段階を経て引き起こされた。まず，7月2日タイのバーツが，ドルペッグから離れてフロートとなり，それはすぐさま，フィリピンのペソ，マレーシアのリンギ，そして，インドネシアのルピーへと波及した。10月になると第2段階が始まる。10月17日台湾ドルが売られ，6％ばかり価値減価したが，すぐさまそれは，香港ドルへ影響をもたらし，アメリカ，ラテン・アメリカ，ロシアの株式市場に鋭い落ち込みをもたらした。そして最後に

韓国ウォンが売られ，それは，12月6日にドルペッグからフロートになった（Bank for International Settlements 1998, pp.131-132）。

　途上国で引き起こされた金融危機を見てみると，それは，1990年代新興市場での証券投資フローと密接に関連していることがわかる。1990年から1997年にかけて発展途上国に流れ込んだ長期の純民間資本フローは，420億ドルから2560億ドルへと急速に上昇した。この中で最も大きかったのは海外直接投資だったが，債券や証券エクイティー・フローは，1997年で870億ドル，この年全体の34％を占めたのだった（Council of Economic Advisers 1999, pp. 221-222）。

　民間資本が，発達した工業国から発展途上国に流れ込むのは，昔からあったわけではない。1950年代から1960年代半ばまででは，先進工業国と発展途上国間のすべての資本フローの半分以上を海外援助が占めていた。1970年代になると中長期の銀行貸付の比率が劇的に上昇し，1970年代末には，純投資フローの半分を供給した。しかしながら，1981年メキシコのデフォルト危機があり，1980年代は，発展途上国への銀行貸付は激減した。代わって，海外援助が，純投資フローの最も大きなカテゴリーとなった。

　この時期の国際資本フローの流れを決定したのは，何だったのだろうか。それを考察する場合，まず，金融市場のグローバルな規制緩和を取り上げるべきだろう。

　金融の規制緩和は，1970年代後半にアメリカで行われはじめた。なぜなら，インフレーションによって，銀行業の収益率が激減したからだ。1980年代を通じて，国内および国際金融市場の構造は，世界的に変化した。金融市場が，ますますグローバル化し統合されるようになり，商業銀行と証券業が結合され，しばしば国境を越えて複合的なコングロマリットを形成した。国際銀行業の拡大要求は，とりわけ，世界的セキュリタイゼーションの急速な発展を促した。だから，銀行は，インターバンク活動を急激に上昇させ，証券市場への介入を一段と強めた。その他の金融仲介業と連携して，銀行は，国際証券ストック残高の3分の2もの拡大を記録したのだ（Bank for International Settlements 1998, p. 143）。

　東アジア諸国では，国内金融システムの規制緩和と国際資本取引の自由化

が，1980年代から1990年代にかけて実施された。インドネシアでは，1983年6月，金融セクターの厳しいルールが自由化された。1988年10月には，銀行活動の制限が取り払われた。タイでは，1992年6月，金利規制が全面的に取り除かれた。また，債券，株式，デリバティブ市場のような非銀行資本市場における営業が奨励された。

対外開放政策を見てみよう。インドネシアでは，1988年，資本収支取引の規制が自由化された。短期資本のインドネシアへの流入のさまざまな可能性が開かれたのだ。タイでも1990年代初めまでには，外国為替取引の規制が取り払われた。1990年代前半の大量の東アジア諸国への資本流入は，過度な経済的多幸症（ユーフォリア）を創り出してしまったといえるだろう。そしてこれが，投資マネージャーたちの群衆的行動を引き出ししてしまったのだ。この心理的群集行動が，経常収支赤字を抱えている東アジア諸国に危機を引き起こしてしまったというわけだ。1996年のタイでは，経常収支赤字が，GDP比で8％もの高率になってしまった（Goldstein 1998, pp. 14-15）。

国際金融パニックは，資本フローの浮動性と本質的に結びついている。一般的な見解によれば，海外直接投資は，比較的安定的だ。というのは，そのストックは，多くが固定資本から成り立ち，長期の利潤獲得の予想に基づいて投資がなされるからだ。しかしながら，有価証券の場合，周期的景況や国際的利子の短期的変動に敏感なのだ。有価証券の浮動性は，海外直接投資より高い。なぜなら，有価証券への投資家は，彼らの持っているストックや証券を，短期の利益を求めて簡単に売り払うことができるからだ。ステファニー・グリフィス＝ジョーンズは，次のように言う。「安定性のランキングは，次のような順序で確定される。(1)長期の銀行貸付，(2)海外直接投資，(3)債券投資，(4)株式投資，(5)短期信用である」（Griffith-Jones 1998, p. 35）。

タイやインドネシアでは，銀行と企業が，短期で大量の外国からの借入を外国通貨建てで行っていた。なぜなら，彼らは借入コストを最小化することを求めていたからだ。しかし，自国通貨の暴落は，自国通貨に換算すると，借入額を恐ろしく増加させてしまうこととなった。

ところで，東アジア諸国では，だれが有価証券投資をコントロールしていたのだろうか。これを議論するには，先進諸国，とりわけアメリカの機関投資家

のパワーを取り上げなければならないだろう。東アジアのような新興金融市場において，膨大な金融資産を所有し，彼ら自身で積極的に投資を行う機関投資家による支配が貫徹していたのだ（Haley 1999, p. 74）。

　機関投資家が，有価証券投資において大きな力を発揮するとはいっても，これらの投資はすべて，彼らに雇われた専門的ファンドマネージャーによって行われる。彼らは，投資信託，年金基金，保険会社，銀行，株式ブローカーや多国籍企業に雇われている専門家だ。シンガポール，香港など，新興金融市場では，ヨーロッパやアメリカのファンドが，有価証券投資をほぼ全面的に支配している。アジア市場では，3つの機関，ティー・ロウ・プライス（T. Rowe Price），メリル・リンチ（Merrill Lynch），フィデリティ（Fidelity）がすべての資産の59.7%を支配していた。

　今日の金融資産市場では，投資マネージャーの心理的群集行動が，金融危機に落ち行く経済をますます加速させる傾向を持つ。マレーシアでは，外国資本の流入は，1980年代末以降，有価証券投資より海外直接投資によって支配されてきた。しかし，金融危機の直前，短期の民間資本の大量流入が顕著だった。だから，タイのバーツがフロートになった直後，マレーシアからの投機的短期資本の流出が，7月の初めリンギを襲ったのだった（Athukorala 1998, p. 89）。

2.3　日本の金融ビッグバンとアメリカ投資銀行の大儲け

　レーガン政権期の対日経済戦略については既述の通りだが，アメリカは，クリントン政権になると「年次改革要望書」という方式によって，次々と新手の要求を突き付けてくることになった。そして，アメリカの要求に日本政府の唯々諾々と付き従う態度にクリントン政権は，満足の意を表明する。とりわけ，金融サービスの規制緩和に対しては，アジア金融危機真っただ中，1997年11月7日の「年次改革要望書」において，次のように述べている。「米国政府は，引き続き，1995年の『日米両政府による金融サービスに関する措置』の合意の実施を監視しているが，これまでのところ，その結果はきわめて満足すべきものである」。「日本政府は，金融サービスの分野で規制緩和をさらに進

めることを確約しており，米国政府が，外国企業にとって日本市場での機会が
拡大することを期待している」。「米国政府は，日本政府がビッグバン計画の一
環として金融市場の規制構造の改正・強化に努力していることを歓迎する」。

　このアメリカの要求する日本の金融システム改革，金融ビッグバンは，橋本
龍太郎自民党政権の下，橋本「改革」第3の柱として実施された（この辺の事
情の詳細については，萩原（2011）143頁以下を参照）。橋本首相による金融
システム「改革」は，96年11月「わが国金融システムの改革」の発表に始
まった。橋本首相は，「フリー」，「フェア」，「グローバル」の3原則によって
金融システムの大改革を2001年までに実施するように，大蔵大臣，法務大臣
に指示したのだ。98年3月に法案が国会に提出され，6月5日に「金融システ
ム改革法」が成立し，橋本首相退陣後，一部を除き同年12月に施行された。
その年に「外国為替及び外国貿易法」の改定もあり，対外取引は「原則自由」
となったのもその一環だった。98年6月5日に成立した「金融システム改革
法」は，金融に限ってということだが，持株会社が解禁され，銀行，証券，信
託，保険などあらゆる金融業務が持株会社によって統合することが可能となっ
た。株式売買手数料の自由化，証券投資信託規制の撤廃，有価証券店頭デリバ
ティブの全面解禁など，直接金融で荒稼ぎする，アメリカ金融機関にとってき
わめて営業しやすい環境を整えたのだ。

　当時，日本の金融市場は，金融危機の真っただ中だった。1997年11月三洋
証券の会社更生法適用申請に始まり，同月，北海道拓殖銀行の破綻，山一證券
の自主廃業届と続く金融危機は，さらに橋本首相退陣後，98年10月には，日
本長期信用銀行が特別公的管理を申請し，一時国有化，12月には，日本債券
信用銀行が破綻し，一時国有化という事態に展開した。この危機を好機到来と
みて大きなビジネス・チャンスと考えていたのが，アメリカ大手金融機関だっ
たというわけだ。日本長期信用銀行（長銀）と日本債券信用銀行（日債銀）の
破綻とその後の身の振り方を見ていけば，それはだれもが納得できる分かりや
すい物語ということができるだろう。

　日本長期信用銀行と日本債券信用銀行は，1952年6月に公布された長期信
用銀行法に基づいて設立された。普通の銀行と異なって預金を受け付けるとい
うことはこれらの銀行は行わない。債券を発行して資金を調達し，それを重要

産業の設備投資資金として貸し付けるという長期信用銀行だった。1980年代に多くの産業で資金繰りが豊かになり，その時期までで長期信用銀行の役割はほぼ終わっていた。それにもかかわらず，これらの銀行は，ハイリスクの不動産業やノンバンクなどに大量に貸し付け，結局経営破綻を引き起こしたのだ。

　日本長期信用銀行は，1998年10月には，政府，金融再生委員会によって特別公的管理に入り一時国有化される。さらに金融再生委員会は，その営業譲渡先の選定その他を，米国の投資銀行ゴールドマン・サックスに依頼する。結局，長銀は，米国投資会社リップルウッド・ホールディングスが中心となって設立されたニュー・LTCB・パートナーズという金融持株会社に譲渡される。LTCBが投資した投資総額は，1210億円だった。この契約には，「瑕疵担保条項」があり，資産が腐って2割以上減額すれば預金保険機構が当初の価格で買い上げるという有利な条件があったことはよく知られている。

　2000年6月，LTCBが投資した長銀は，「新生銀行」と名称を変更し，04年には，東京証券取引所に上場される。そして，株主のLTCBは，株式の約3分の1を売りに出し，売却額約2200億円を手にする。これは，差し引き約1000億円の収益をあげた計算になる。

　日本債券信用銀行は，1998年12月，破綻銀行と認定され，長銀と同様に，一時国有化された後，ソフトバンク・グループに売却される。ソフトバンク・グループの投資額は約1010億円で，この場合も長銀の時と同じ「瑕疵担保条項」付だった。日債銀はあおぞら銀行となるが，2003年4月，ソフトバンクが株式を米大手投資ファンドのサーベラスに売却し，あおぞら銀行は外資系金融機関の傘下銀行となる。このときソフトバンクは，グループの一員として約500億円で取得した株式を約2倍の1000億円でサーベラスに売却しているから，差し引き約500億円をわずか2年半で取得したことになる。

　こうして，アメリカが要求し，日本の自民党政権が実施する構造改革によって，外資がわがもの顔で入り込み，証券市場を通じて莫大な収益をあげる日本の証券市場の構造がつくりあげられた。日本の証券市場に外国ファンドが株式購入を通じて入り込み，会社を乗っ取り，会社を支配し，彼らは，配当と株式価格の上昇を経営陣に要求し，日本の企業経営に根本的改造が引き起こされた。かつて，日本の巨大企業は，年功序列・終身雇用によって，資本の高蓄積

を実現し，日本は，輸出主導によって，世界最大の債権国に成り上がったもの
だった。だが，橋本構造改革以降，巨大企業の配当と株式価格の上昇が継続的
に引き起されている一方で，労働者の賃金水準は下落し，長期にわたって
GDP が停滞するという状況が引き起こされている。カルロス・ゴーンが，フ
ランスのルノーから日産に乗り込んできたのが 1999 年だったことは単なる偶
然ではない。

おわりに——世界金融危機の勃発と「巨大複合金融機関」の救済

　1990 年代の後半において，アメリカの商業銀行と投資銀行は，統合化され
る傾向にあったが，1999 年に制定された金融サービス近代化法，通称グラム
＝リーチ＝ブライリー法によって，アメリカの商業銀行，投資銀行，保険会社
などの金融機関は，一つの持株会社の下で，複合的な巨大な金融機関としてグ
ローバルに営業することとなった。この金融機関を，「巨大複合金融機関」と
いう。出自は大きく 2 つあって，商業銀行ないしは投資銀行を基盤に形成され
たものと保険会社を基盤とするものがある。前者の巨大複合金融機関としては，
バンク・オブ・アメリカ（Bank of America），シティ・グループ（Citigroup），
JP モルガン・チェース（JPMorgan Chase），ウェルズ・ファーゴ（Wells
Fargo），ゴールドマン・サックス・グループ（Goldman Sachs Group），モル
ガン・スタンレー（Morgan Stanley）が挙げられる。また，後者の「巨大複
合金融機関」として，アメリカン・インターナショナル・グループ（American
International Group），バークシャー・ハザウェイ（Berkshire Hathaway），
プルーデンシャル・ファイナンシャル（Prudential Financial）がある。これら
「巨大複合金融機関」は，まさにグローバルに銀行貸付，株式取引，M&A 仲
介などを大々的に手掛けているが，2008 年 9 月のリーマン・ショック前の
2006 年から 07 年にかけて，アメリカ巨大複合金融機関によるグローバル市場
におけるこれら事業の寡占化が展開したことは注目されてしかるべきだろう。
シティ・グループ 15.3％，JP モルガン 14.8％，ゴールドマン・サックス

13.4％，モルガン・スタンレー 11.7％，合わせて 55.2％と，半数以上を占め，メリル・リンチ，リーマン・ブラザーズを含めると，実に 73.3％を占める（Saunders, Smith and Walter 2009)。

　新たな金融寡頭制支配は，アメリカの政治も牛耳ることになる。とりわけこうした事態は，アメリカ経済の金融危機においては，「巨大複合金融機関」を公的資金によって救済するという政策に如実に現われたと言えるだろう（この世界経済危機勃発の詳細については，萩原（2018）第 5 章以下を参照）。それは，2008 年 9 月 15 日のリーマン・ショック後のブッシュ政権の提案した「緊急経済安定化法」に見ることができる。ブッシュ政権において財務長官の任にあったのは，アメリカ・ナンバー・ワンの投資銀行である，ゴールドマン・サックス出身のヘンリー・ポールソンだった。ポールソンは，議会に提出した「緊急経済安定化法」を通過させるべく，国民に危機を煽り，「納税者は大きな危機に脅かされている。預貯金や融資，設備投資などに危機が迫っている」などと述べ，総額 7000 億ドルにも上る公的資金投入を脅しともとれる口調で国民に迫った。つまり「大きすぎて潰せない」というわけだ。当初この公的資金で，金融機関から不良債権を買い取る計画であったが，政府が買い取るとなると，その対象となる金融機関が自ら危機に瀕していると宣言するようなものだから，その計画は変更され，公的資金を金融機関の自己資本を増強するために注入するという方式になった。「緊急経済安定化法」に基づき「不良資産救済プログラム」（TARP）が実行されることとなったのだ。

　アメリカ財務省は，総額 2500 億ドルの公的資本注入を決定し，2008 年 10 月 28 日その半額に当たる 1250 億ドルを 9 つの「巨大複合金融機関」に資本注入した。シティ・グループ 250 億ドル，JP モルガン・チェース 250 億ドル，ウェルズ・ファーゴ 250 億ドル，バンク・オブ・アメリカ 150 億ドル，ゴールドマン・サックス 100 億ドル，モルガン・スタンレー 100 億ドル，メリル・リンチ 100 億ドル，バンク・オブ・ニューヨーク・メロン 30 億ドル，ステート・ストリート 20 億ドル，合わせて 1250 億ドルだった。

　こうした巨大複合金融機関救済の大盤振る舞いで，アメリカを襲った大恐慌以来といわれた深刻な経済危機は，急速に立ち直った。しかし，その回復過程においては，ウォール・ストリート救済が先行し，これら金融機関はいち早く

リーマン・ショック前の状況に回復し，さらにそれ以上の収益を獲得する状況
となった。現在においても，この「巨大複合金融機関」を軸とする新たな金融
寡頭制は，グローバルに世界を支配しているといえるだろう。

［参考文献］
神武庸四郎・萩原伸次郎（1989）『西洋経済史』有斐閣。
ガルブレイス著，都留重人監訳（1972）『新しい産業国家』第2版，河出書房新社。
萩原伸次郎（2008）『米国はいかにして世界経済を支配したのか』青灯社。
萩原伸次郎（2011）『日本の構造「改革」と TPP』新日本出版社。
萩原伸次郎（2018）『世界経済危機と「資本論」』新日本出版社。
三宅義夫（1968）『金』岩波新書。
Athukorala, P.（1998）"Malaysia." in Ross H. McLeod and Ross Garnaut eds., *East Asia in Crisis: From Being a Miracle to Needing One?* London and New York: Routledge.
Bank for International Settlements（1998）*The 68th Annual Report.* Basle.
Carosso, Vincent P.（1970）*Investment Banking in America: A History,* Cambridge, Massachusetts: Harvard University Press.
Council of Economic Advisers（1999）*Economic Report of the President 1999.* Washington. D.C.: U.S. GPO.
Frieden, Jeffry A.（1987）*Banking on the World: The Politics of American International Finance.* New York, NY: Harper & Row.
Goldstein, Morris（1998）*The Asian Financial Crisis: Causes, Cures, and Systemic Implications,* Washington, D. C.: Peterson Institute for International Economics.
Griffith-Jones, Stephany（1998）*Global Capital Flows, Should They be Regulated?* New York, NY: Macmillan, St. Martin's Press.
Haley, Mary Ann（1999）"Emerging Market Makers: The Power of Institutional Investors," in Leslie Elliott Armijo ed., *Financial Globalization and Democracy in Emerging Markets.* New York, NY: Macmillan, St. Martin's Press.
Saunders, Anthony, Roy C. Smith and Ingo Walter（2009）Enhanced Regulation of Large Complex Financial Institutions. Accessed February 20, 2019. https://doi.org/10.1111/j.1468-0416.2009.00147_9.x
Seabrooke, Leonard（2001）*US Power in International Finance: The Victory of Dividends.* New York, NY: Palgrave.

第 9 章

ノンバンクの巨大市場に切り込んだ日本
——多重債務と改正貸金業法の成立

はじめに

　本章は，ノンバンクへの強力な総量規制と金利規制を定めて顕著な成果を上げた日本の「貸金業の規制等に関する法律等の一部を改正する法律」（2006 年成立。通称，改正貸金業法。以下，改正法）を取り上げ，第Ⅲ部の主題「金融権力の集中がもたらす問題の析出と，現代的な金融規制の課題」について考える。改正法が対象とする貸金業者とは，預金業務を行わないノンバンクであり，具体的には消費者金融会社，信販会社，クレジット会社，事業者向け金融会社などが該当する。戦後日本の貸金業者は，預金者保護等の観点から貸倒れリスクの高い貸付に慎重だった銀行等（＝預金取扱機関）を補完してきた。このことは，資力の乏しい切羽詰まった借り手が，高金利の貸金業者を頼らざるを得なかったことを意味する。それは，すなわち，そうした借り手の一定割合が，返済できない複数の債務（＝多重債務）を抱え，破綻してきたということでもある。多重債務による破綻は，当人や家族への悪影響だけにとどまらず，金融市場の健全な競争を妨げ，地域経済には借り手の滞納による税収減や福祉施策の負担増を招き，全体社会には借り手の自殺や犯罪などによって公衆衛生や治安上の問題を引き起こす。これらは多重債務問題と総称され，「借り手，貸し手の自己責任」を超えて社会的に取り組まねばならない課題である。

　改正法の目的は，多重債務問題の解決と貸金業市場の健全化であった。1991年のバブル崩壊後，銀行等が融資を引き締めたのとは対照的に，貸金業者は無担保無保証の消費者向け貸付（＝消費者ローン）残高を 91 年 11 兆円から 03年には 20 兆円と倍増させた。同時期の自然人（＝個人）の自己破産は 91 年 2

万件から03年には24万件（戦後最多）へ激増した。最高裁によれば，85年から98年までの間に受理された個人の自己破産の約8割は貸金業者からの借入だった。06年当時，多くの消費者向け貸金業者が加入する全国信用情報センター連合会によれば，消費者ローン貸付残高は約14.2兆円，利用者数は約1400万人で，そのおよそ6人に1人（約230万人）は多重債務状態であると推測される5社以上からの借入者で，その平均借入総額は一人当たり約230万円に上った。大手消費者金融会社の提出データによれば，ある時期に借入れた人々の7年後を見ると，完済は4割にすぎず，返済できず破綻した人が3割，残る3割は返済中で借入と返済を繰り返しながら債務残高は当初の借入額の約3.6倍に増えていた。これらの数値には，多重債務に至る過程が表れている。当初の借入理由は減収や物品購入等が多いが，しだいに借金返済のための借入が増える。しかも，借入の回数や金額が増えるにしたがい，金利の低い大手の消費者金融会社等から借りられなくなり，金利の高い中小業者や非合法のヤミ金融[1]業者を利用せざるを得なくなることで，ついには返済不能に陥るというものである（金融庁ほか 2007）。上記の実態は，改正法を必要とし正当とする「立法事実」として受け止められた。

　では，改正法は貸し手や借り手等にいかなる影響を与えただろうか。政府が集めた関連指標について，改正法の施行年（2007年），完全施行年（10年），最新年（19年）を表9-1にまとめた。これを見ると，改正法の施行後，借入者総数は1000万人台を維持し，5社以上からの借入者数とヤミ金融の被害額

1　ヤミ金融とは出資法を超える金利で貸し付ける違法金融をいう。多くは組織的，計画的に行われるため，その趨勢は，経済合理性（＝割に合うか否か）の点から捉えられる。ヤミ金融の経済合理性は，① 技術的条件（＝犯罪の遂行手段の確保），② 潜在需要（＝多重債務者数），③ 社会的条件（＝市民の監視，通報），④ 行政，司法，立法的条件（当局の取締や処分，借り手保護の判決や法律）などから構成される。たとえば，多重債務者が多く（＝②），手間をかけずに多重債務者を勧誘できる「名簿」，身元が割れない「他人名義の携帯電話」，非対面で金銭の授受が可能な「他人名義の預金口座」が容易に入手でき（＝①），さらに捕まらないのであれば（＝④），ヤミ金融は増える。「急激な信用収縮による副作用」が認められなかった理由の一つは，改正法成立後，多重債務者が急減し，ヤミ金融の潜在需要が縮小したためである（＝②）。政府のヤミ金融対策に先立って，クレサラ対協加盟団体「全国ヤミ金融対策会議」が，各地の被害者の会と連携（上記③）して大量に告発等を行うことで諸機関の対応能力を高めた（＝①④）ことも大きい。全国ヤミ金融対策会議が，指定暴力団山口組系五稜会元幹部を相手に「ヤミ金融業者には元本も返済不要」とする最高裁判決（08年）を得た（＝④）ことも特筆すべきである。

表 9-1　改正貸金業法施行後の貸し手・借り手等の動向（2007 年－ 2019 年）

		2007 年 3 月末	2010 年 3 月末	2019 年 3 月末	増減率 （07-19 年）
貸し手	貸金業者数（件）	11,832	4,057	1,716	-85.5%
	貸金業者貸出残高（兆円）*	43.6	29.9	23.5	-46.1%
	消費者向け無担保貸金業者貸出残高（兆円）*	10.8	5.3	2.8	-74.1%
借り手	無担保無保証借入残高がある人（万人）	1,136	1,449	1,052	-7.4%
	貸金業利用者の 1 人当たり残高金額（万円）	106.6	67.1	53	-50.3%
	5 社以上無担保無保証借入の残高がある人数（万人）	118	70	8.9	-92.5%
	「多重債務」に関する消費生活相談件数（受付年度，件）	90,101	71,824	24,844	-72.4%
その他	多重債務が原因とみられる自殺者数（暦年，人）	1733	998	703	-59.4%
	全自殺者に占める割合（暦年）	5.4%	3.3%	3.4%	-37.0%
	自然人の自己破産事件（新受件数，暦年，件）	148,248	120,930	73,084	-50.7%
	ヤミ金融（無登録・高金利）事犯検挙事件数（暦年，件）	447	307	130	-70.9%
	ヤミ金融（関連事犯含む）被害額（暦年，億円）	303.8	115.1	35.9	-88.2%

注：* の最新データは 2018 年 3 月末。
出所：金融庁ほか 2016 および 2019；警察庁 2016 および 2019 等より作成。

は 10 分の 1 程度に減っている。つまり，改正法は，多重債務者の減少の部分で影響し，当初，懸念された「急激な信用収縮による副作用」（＝借入先を失った人がヤミ金融被害に遭うこと）は認められない。貸金業者の規模縮小が確認されるが，これは改正法の趣旨の範囲とされる。

　改正法は，「画期的な法律」と評される（上柳 2008，37 頁など）。それは，当時，成立は極めて困難とされたからである。貸金業界は，巨大産業に成長し，利害関係者を多数，抱えていた（2 節）。改正法は，こうした貸し手中心の権益構造に，別の視座（＝借り手中心）から切り込んで，金融制度を含めた新たな社会の再編を促すものであった。その「影の立役者」は，1970 年代後半以降，多重債務の実態を「知ってしまった責任」から，借り手救済と金融市場への法規制を求めてきた「クレサラ運動」（クレサラとはクレジットとサラ金の意）である。3 節は，このクレサラ運動の誕生，戦略と理念，並びに法規制運動の過程を，筆者（社会学者）が行ってきた調査等に基づき見ていく。

1. 改正貸金業法の概要と歴史

1.1　改正貸金業法とは

　改正法は，①業務適正化のための参入規制や行為規制の強化，②過剰貸付抑制のための総量規制，③金利規制，④ヤミ金融対策の強化，⑤政府を挙げての多重債務対策，の5点からなる。改正法を「画期的」と言わしめたのは，②総量規制と③金利規制である。この2つは，多重債務を抑制するが，貸金業者には減収をもたらすからである。

　返済能力を超える貸付の防止は従来，日本では努力義務であった。それが②総量規制（＝年収の3分の1を超える借入は原則禁止）によって違反は行政処分の対象となった。上限金利は，従来は大手消費者金融会社の実効金利水準をにらんで「利息制限法」を上回る金利水準を設定してきた（後述）。それが③金利規制によって，初めて，大手消費者金融会社の実効金利水準（2005年3月期の5社平均年利23.4％）を下回る水準（利息制限法が定める上限15～20％）に統一された。一方，④ヤミ金融対策と⑤多重債務対策は，経済政策というより社会政策に近い。②総量規制と③金利規制の導入によって想定される信用収縮のもとで，当時230万人超と推計された多重債務者が，返済に困ってヤミ金融被害に遭わぬよう違法業者を徹底して取り締まるとともに（④ヤミ金融対策），政府に多重債務者対策本部を設けて低利の公的融資を含めた支援体制の整備，拡充を行うよう定めた（⑤多重債務対策）。

1.2　貸金業法制の歴史的経緯

　改正法は，1983年に成立し施行した「貸金業の規制等に関する法律」（以下，旧法）を，関連法規も含めて23年ぶりに抜本的に改正したものである。その歴史は，多重債務の主因とされた貸金業者との闘いであった。多重債務が問題化したのは，高度成長が終わった70年代後半である。60年代に，後に大

手となる丸糸（＝アコム，60年），関西金融（＝プロミス，62年），富士商事（＝武富士，66年），松原産業（＝アイフル，67年）が設立された。これらは，当初，サラリーマンを主な顧客としたことから「サラ金業者」（後に消費者金融会社と改称）と呼ばれた。高利多売でほぼ無審査，迅速に貸し付けるこのビジネスは儲かり，新規開業や信販会社等の参入が相次いだ。借り手の返済能力をほぼ顧みずお金を貸すのは，「借り手に無理をさせれば回収できる」という冷徹な判断があったからである。やがて返済遅滞者への過酷な取立が多発し，追い込まれた借り手の自殺や一家心中が社会問題化した（いわゆる「サラ金地獄」）。貸金業者は，83年の旧法成立および出資法改正によって，自主規制から一転，法規制下に置かれた。刑事罰を科す上限金利は，出資法改正前の109.5％から段階的に40.004％（91年）にまで引下げられ，準大手以下の廃業が続いた（「サラ金冬の時代」）。貸金業界は，経営合理化を進めた大手消費者金融会社や，信販会社，クレジット会社を中心に再編される。経済の低成長期にあって大企業向け貸付が伸び悩む銀行等も消費者や中小零細事業者への貸付に活路を見出した。

　ところが，1991年バブル崩壊後，銀行等は急激に融資を引き締めた。その間隙を縫って中小零細事業者向けの貸金業者が台頭し，保証人に無制限の保証を求める「根保証契約」や過酷な取立（「商工ローン問題」）が発生した。03年には，超高金利で貸し付けるヤミ金融の跋扈（「ヤミ金融問題」）が問題化した。旧法および出資法は，これら商工ローン問題，ヤミ金融問題への対応として99年と03年に改正（規制強化）された。03年改正の附則には，施行後3年を目途に貸金業制度等を，実態等を勘案して見直すことが定められた。改正法は，これを受けて立案され，06年に衆参とも全会一致で可決，成立した。

1.3　最大の争点

　改正法の成立をめぐる最大の争点は，既述の ③ 金利規制である。1954年制定の利息制限法は，借り手保護の観点から年利15〜20％を超える利息および損害遅延金を無効とする（第1項）一方，利息制限法の上限を超えても借り手が任意に支払う場合は返還請求できないとしていた（第2項）。その後，上限

金利を超過する部分は，最高裁判決によって残存元本に充当され（64年判決），過払いならば返還請求も認められた（68年判決）。だが，83年成立の旧法第43条は，この超過部分を，一定の条件（契約書と領収書の交付，利用者が任意に支払うこと）が揃えば「有効とみなす」と定めた。つまり，68年判決で，利息制限法の定める上限年利15〜20％を超過する部分は無効としたにもかかわらず，旧法は，借り手が超過部分を十分に納得していれば有効としたのである。その理由づけは，貸金業者を法規制下に誘導するというものだった。

司法判断で無効とされたことが一定の条件で有効になるという世にも奇妙な状況は，貸し手と借り手の間に「グレーゾーン金利」という紛争の火種を残した。刑事罰を科す出資法の上限金利（年利73％（83年）→ 54.75％（86年）→ 40.004％（91年）→ 29.2％（00年）と推移）と，返還請求可能な利息制限法の上限金利（年利15〜20％）の間は，刑事上「黒」でないが，民事上「白」とも言えないため，「グレーゾーン金利」と呼ばれた。改正法が成立する前年の2005年，貸金業者の貸出残高の7割はグレーゾーン金利であった。このため，04年から06年にかけて旧法第43条の適用を厳しく制限する最高裁判決（3節）が相次いで出されると，グレーゾーン金利の契約に基づき支払われた「過払金」の返還請求訴訟が借り手から燎原の火のごとく大量に起こり，09年に商工ローン最大手のSFCG（元・商工ファンド）が，10年に武富士が経営破たんした。これらの判決は，旧法の改正を検討していた立案担当者にも抜本的な見直しを迫った（3節）。

2．権益構造の形成と影響

改正法の成立は当初，困難とされた。貸金業者が巨大産業に成長し，その権益構造は政界，官界，財界，学界，メディア界に及んでいたからである。改正法成立のキーパーソンの一人である森雅子弁護士（後に政治家，2012-14年消費者担当大臣，2019年法務大臣）は，05年に期限付きで金融庁課長補佐に任官された際，「貸金担当になったの？　可愛そうに。あのグレーゾーンは改正

がないから。業界に反対され続けてもう二十年も改正されてないんですよ。…略…はずれくじだったね」（森 2007, 122 頁）と言われた。森は, 金融庁の諮問機関「貸金業制度等に関する懇談会」（以下, 懇談会）を担当したが, 独自調査の準備段階で部外秘の直通電話に身元不明の脅しの電話が入ったり, 多重債務者へのヒアリングを企画したとき（3節）は関係のない部署の課長に叱責されたりした。その後, 森や懇談会座長には身辺警護がついた。

2.1 消費者金融会社の台頭

　小口で無担保の貸付が主業態だった消費者金融会社は, バブル崩壊の影響も少なく, 1990 年代に入ると, ATM と自動契約機で構成される無人店舗によって低コストで少額を反復継続的に貸し付ける「リボルビング方式」を定着させた。93 年の株式公開, 99 年のノンバンク社債法による社債発行解禁は, 低利（1〜2％）で大量の資金調達が可能となった大手の寡占化を進めた。大手消費者金融会社の資金の 2〜4 割は社債等による直接調達だった。また, 91 年のバブル崩壊によって, 貸付先を失った銀行等の余剰資金は, 高収益の消費者金融会社（と既述の商工ローン）に流入した。それは, 住友信託銀行, 三菱信託銀行, 明治安田生命, 日本生命など大手の銀行や保険会社に及んだ。

　潤沢な資金を得た消費者金融会社は全国に有人, 無人店舗を置き, テレビCM（後述）を増やして販路を広げた。消費者ローン市場は, 1990 年代に入ると 20 兆円前後（信用供与額）の横ばい状態だった。この間, 銀行等のシェアは, 91 年の 41.7％から 02 年の 16.5％と減ったが, 消費者金融会社は 18.4％から 41.7％に増えて銀行等を逆転した。04 年 3 月末, 大手 5 社の保有顧客口座数は 1091 万人超, 顧客への平均貸付金利は 23.4％である。この間に, 個人の自己破産が 03 年に戦後最多の 24 万件に達した。経済生活苦による自殺は 97年の 3556 人から 03 年には 8897 人と増え, 年間自殺者数は 98 年以降 14 年間 3 万人台が続いた。改正法成立前の 04 年 3 月末の貸金業者の総貸付残高は, 事業者向け（27 兆円）も含めると 46 兆円に上った。これは国内銀行もあわせた総貸付残高 491 兆円の 9.5％で, 第二地方銀行（8.6％）, 信用組合（1.9％）を上回った。

2.2　政官財学メディアに及ぶ権益構造

　政策決定における政界，官界，財界の蜜月関係は，「（政官財の）鉄のトライアングル」とも言われる。近年はここに学界とメディア界が加わることも多い。以下では，貸金業界の権益構造とこれら5界の関わりを見ていく。

　【政界】　全国貸金業協会連合会（2007年解散。以下，全金連）は，00年に全国貸金業政治連盟を設立し，議員要請やパーティー券購入を行った。これらが奏功し，それまでは段階的に引き下げられてきた出資法の上限金利は，03年改正では29.2％に留め置かれた。05年年頭の業界紙に，元全金連会長の「前回の法改正と同様に，議員連盟をつくってほしいと何人かの議員にお願いをしている」との発言が載る（日本金融新聞2005年月1日付）。これに呼応するかのように05年から06年にかけて自民党，超党派，与党国会議員の議員連盟がそれぞれ発足した。日本には米国系貸金業者（GEキャピタル，シティフィナンシャルグループ）も参入していた。米国関係者の要請はさまざまなかたちで行われていたが（後述），シーファー駐日大使による与謝野馨財務・金融担当大臣（肩書は当時。以下，同じ）への「直談判」は，驚きをもって報じられた。

　【官界】　消費者金融会社大手5社は，旧法成立時に受けた銀行からの資金引揚げの再来を恐れ，1980年以降，旧大蔵省銀行局長や印刷局長などのほか，監督官庁である財務局元幹部などを役員等のかたちで受け入れた。「大蔵省は消費者金融会社をつぶさない」というメッセージを銀行に伝えるためであった（朝日新聞06年10月15日付）。

　【財界】　2002年から03年にかけて大手4社（アコム，プロミス，武富士，アイフル）が日本経済団体連合会に入会した。一方，米国系の財界（在日米国商工会議所）は，02年に上限金利引下げに反対する意見書を発表した。05年には，米国企業の意向を背景に，米国政府が，「消費者金融や商業金融」の「貸付の供給を増やす」ための法改正を求める「年次改革要望書」を日本政府へ送った。

　【学界】　2000年，貸金業界から寄付金を得て消費者金融サービス研究学会（現・パーソナルファイナンス学会），早稲田大学内に消費者金融サービス研究

所が設立された。前者の常任理事，後者の副所長をつとめた早稲田大学の坂野
友昭による論文は「坂野論文」と呼ばれ，消費者金融会社大手による業界団体
「消費者金融連絡会」を通じてマスコミや国会議員に広く配布された。

　【メディア】　旧法成立を機に，日本民間放送連盟は，貸金業者のテレビやラ
ジオの CM 規制を緩和した。1990 年代，単価の高い消費者金融会社のテレビ
CM 出稿料は，大手広告代理店を通じて 01 年には民放全局に行き渡る。上記
の大手 4 社の 02 年度広告宣伝費は営業利益の約 14％（計 790 億円）を占め
た。広告は，節税対策や販路拡大だけでなく，広告主になることで自社に批判
的な報道を抑えるのに役立った。象徴的なのは「武富士盗聴事件」（武富士社
員によるジャーナリスト宅の盗聴事件。盗聴を指示したとされる元会長および
武富士に有罪判決）である。90 年代後半頃より，当時最大手の武富士の苛酷
な取立による相談事例が増えたため，運動組織「クレサラ対協」（3 節）は 02
年に「武富士被害対策全国会議」（以下，武富士対策会議）を結成し，告発活
動を始めた。その活動を報じた中日・東京新聞は，当時 1 億円とみられる武富
士の広告掲載料を失った。武富士対策会議は盗聴疑惑で武富士と武富士会長を
東京地検に刑事告訴したが，大手マスコミは一切扱わなかった。マスコミが一
斉報道に転じたのは，警察が武富士本社を盗聴疑惑で捜索してからであった。

3．"クレサラ運動"——規制強化における影の立役者

3.1　クレサラ運動の誕生

　クレサラ運動は，「全国クレジット・サラ金問題対策協議会」（1978 年設立。
現・全国クレサラ・生活再建問題対策協議会。以下，クレサラ対協）による借
り手救済と貸し手規制を求める社会運動をいう。構成員は，反貧困ネットワー
ク代表や日本弁護士連合会会長も務めた宇都宮健児[2]を始めとする弁護士や司
法書士などの実務家のほか，運動の要である多重債務者（後述）が含まれる。

2　宇都宮は，多重債務問題を扱った宮部みゆきの小説『火車』（1992 年）に登場する弁護士のモ
デルとなった。

　この運動の始まりは，当時 30 代の若手弁護士だった木村達也が「サラ金問題研究会」を発足した 1977 年にさかのぼる。当面の活動は多重債務者の法的救済（任意整理や破産等）だったが，最終目標は「高金利と苛酷な取立」をなくす法規制の実現だった。78 年，研究会の趣旨に賛同する研究者ら（90 年代以降は司法書士）も加わり「全国サラ金問題対策協議会」（以下，サラ対協）が発足する。サラ対協は，多重債務の実態をマスコミに伝え，法案を作成し，立法化を国に求めた。この法規制運動は，2 節で述べた 83 年の旧法成立と出資法改正に結実し，貸金業者は「冬の時代」を迎えた。その後，サラ対協は「全国クレジット・サラ金問題対策協議会」に改称し，多発する「クレジット被害の撲滅」と「信販会社と販売店の共同責任の法的明確化」に取り組んだ。

　クレサラ対協は，1990 年代以降の貸金業市場の多様化と拡大を背景に，90年代後半から，個別領域に特化した加盟団体を次々と発足させ，その各々が事例収集，相談活動，訴訟，監督官庁やマスコミ等への要請を行った。2 節で紹介した「武富士被害対策全国会議」（02 年発足），旧法の 03 年改正（通称「ヤミ金融対策法」）の成立を導いた「全国ヤミ金融対策会議」（00 年発足），後述する「日栄・商工ファンド対策全国弁護団」（98 年発足）はその一例である。

　クレサラ運動の要は，多重債務者の組織化と可視化である。この運動において多重債務者は，貸し手—借り手間の非対称性を強調するため，「被害者」と呼ばれる（以下，被害者）。「全国クレジット・サラ金被害者連絡協議会」（1982年設立。現・全国クレサラ・生活再建問題被害者連絡協議会。以下，被連協）は，被害者による自助組織（いわゆる「被害者の会」）の連合体かつクレサラ対協の加盟団体として，日々の相談活動で多重債務の実態を把握し，被害者の債務整理と生活再建を支援した。

　被害者の組織化は，木村達也が公害問題に携わる先輩弁護士から「被害者団体を作らないと運動はつぶれる」と助言されたことに始まる。被害者の会の創設メンバーは，サラ金問題研究会の法律家とこの研究会が開設した「サラ金110 番」に駆け込んだ被害者だった。年 1 回，クレサラ対協関係者が一堂に会する「全国被害者交流集会」の開催地は，被害者の会がない都道府県が選ばれた。クレサラ対協は，開催の約 1 年前から現地に何度も足を運び，地元の実務家や市民に呼びかけ，開催を機に「被害者の会」を結成するよう促した。改正

法の検討が本格化する 2005 年，被害者の会は 47 都道府県に 88 箇所を数えた。

3.2　運動の戦略と理念

　クレサラ運動の目標と活動は 2 つある。一つは，目の前の被害者の債務整理と生活再建の支援（個別的解決），いま一つは，被害者を出さないための法規制の実現（社会的解決）である。その特徴（戦略と理念）は 4 つある。第 1 は，人々の感情と理性の両面に訴える「分業と連携」である。被害者と実務家は協力して，裁判所，監督官庁，政治家，マスコミに大量の事例をもちこみ訴える。被害者は自らの顔と名前を公表し，貸し手企業名も挙げて体験を語る。その生々しい体験談は，問題解決の必要性を直感的に伝える（感情面）。一方，実務家は，問題が起こる仕組みを解説し，解決策を提示した（理性面）。

　特徴の第 2 は，「利用可能な法的手段の活用」である。1990 年代後半までのクレサラ運動の最大の成果は，事業者破産を念頭につくられた現行破産法内で消費者破産を適用する方法を考案し，これを被害者の救済手段として全国に定着させたことである。この方法の広がりは，破産の統計に如実に表れる。クレサラ対協の弁護士らが作成した実務本は飛ぶように売れ，戦後 3 千件を超えることのなかった破産件数は，82 年の 5000 件から 83 年 1 万 7000 件，84 年の 2 万 6000 件と増えた。85 年には司法統計の「破産」項目の内訳に「自然人」，「貸金業関係」が加わり，破産と貸金業の関係が統計的に捕捉可能になった。だが，事後的で個別的な消費者破産という方法は，多重債務問題の社会的解決を目指すクレサラ運動には次善策だった。クレサラ対協に参画する黒木和彰弁護士はかつて筆者にこう説明した。「本丸が（旧法の）43 条であることは，僕たち法律家もよくわかっていました。しかし，43 条は固い岩盤からなる大きな山。目の前の相談者を救うには，山の脇をとおる倒産法制という桟道を舗装しなおしだれでも安心して通れるバイパスに変えることがまずは必要と考えたのです」。

　特徴の第 3 は，街頭署名活動や議員要請などの泥臭い「法廷外活動」も行う点である。クレサラ対協事務局長（当時）の木村達也は，こう説いた。

　この闘いは単に法廷の中だけでは駄目である。新しい判例・新しい法秩序の形成は，世論が変わり，新しい法秩序を社会が求めるようにならなければ勝てない。そのために私達は世論を変え，社会を変えるための消費者運動をプロデュースしなければいけない。この問題の解決はどこの舞台で行うべきなのかを考え，その舞台を見事に仕切るために仲間として誰が必要なのかを考える。そして人々に分かり易いキーワード，キャッチコピーを繰り出す。被害者をマスコミのカメラの前に立たせて訴え，集会やシンポを行って社会全体の共通認識を作る。刑事告訴が必要ならそれもやる。街頭宣伝が必要ならタイミングを計って行う（2006年4月13日付）（木村 2007，73-74頁）。

　特徴の第4は，以上の戦略を支える運動の理念である。それは，「サラ対協」の時代から研究者として最も長くクレサラ運動に関わってきた法学者の甲斐道太郎（大阪市立大学名誉教授）が「惻隠の心」，「素朴な正義感」と表現するものである。一般の社会と同様に，実務家の世界も利害対立や管轄争いがある。それでも大同団結を目指すのは，個別案件の解決だけでは根本的な解決にならないという合理的な理由だけでなく，目の前で苦しむ被害者を「見てしまった，知ってしまった人間の責任」（木村 2007，108頁）を感じるからである。「惻隠の心」に訴えることは，利害関心の異なる者同士をつなぎとめ，ネットワークの拡がりを可能にする。

3.3　法規制運動

(1)　最高裁判決

　クレサラ対協のメンバーの多くは，貸金業者と闘う経験と覚悟から「武闘派」と自称した。その傍らで，旧法第43条という固い岩盤をのみ一つで正面突破しようとする少数の「理論派」もいた。高度な法理論を駆使して「43条の任意性と期限の利益喪失約款の問題性，とひいてはその違憲性」を最高裁まで争った茆原洋子弁護士は，武闘派を自認する，そんな理論派の一人であった。この茆原ら理論派が加わるクレサラ対協加盟団体「日栄・商工ファンド対策全国弁護団」（以下，弁護団）は，2004年の最高裁判決で，43条の要件を厳

格に解釈すべきという滝井繁男裁判長の補足意見を勝ち得た。この判決が，その後の司法判断の流れを決定づけ，借り手保護の改正法成立につながる。そしてまた，この流れが SFCG や武富士を始めとする貸金業者の経営破たんや貸金業界の再編を促したことは既述の通りである。

　最高裁は，下級審判決が憲法や最高裁判例に反しないかどうかのみを扱うため，実際に何が起きたかの精査（事実審理）はしない。だが，最高裁判決の重みを知る弁護団は，かつて「じん肺訴訟」を手がけた椛島敏雅弁護士の提案を受け，期日までの間，最高裁の通用門付近で裁判所職員に向けて「事実」を訴える異例の「ビラ配り」を始めた。その頃のことを茆原はこう振り返る。

　　定例の研究会の時に，顔写真と仕事内容と日栄請求額と利息制限法の額，そして言いたい一言を書き込んだ「当事者の素顔」を集め，これを係属している各小法廷に提出することを決めました。この当事者の一言ずつを集めると，断っても貸し付けられた人，借入の増額を強硬に求められた人，一部元本返済しようとすると「次は手形の切り返しをしない，当座を滅茶苦茶にしてやる」といわれて高金利を曳きずり，ついに先祖の土地を手放した人，高い金利の手形決済をできなければ，事業は倒産し，保証人に莫大な損害をかけることになるので，苦しみ抜いて金策をして病気になった人，保証人で多額の請求を受け，金策で走り回っているうちに，癌の発見が遅れた人，家族や保証人に迷惑を掛けまいとして「生命保険で払うように」と言い残して自殺した人の家族のやりきれない思いなど，借主や保証人の実像が浮かび上がってきました（茆原 2008，74 頁）。

　一般に，ほとんどの弁護士は最高裁で争う経験がない。このときが実質的に初めてだった弁護団副団長の新里宏二弁護士（2011 年日弁連副会長，全国カジノ賭博場設置反対連絡協議会代表（14 年〜），全国優生保護法被害弁護団共同代表（18 年〜））は，当初，法理論の提出に注力していた。だが，全国各地から毎回 20 人ほど集まる弁護士や支援者と共に，計 30 回以上，朝 8 時半から被害者の顔写真入りのビラを配り，被害の実態を訴え，最高裁に補充書を提出した。新里は後に「徹底した現場主義と闘う仲間との連帯」（新里 2008，6 頁；

新里 2010，170 頁）こそが 04 年最高裁判決の勝因だったと振り返る。

　弁護団が集めた被害事例は 147 件。その厚さは電話帳ほどになった。2004 年 1 月 23 日，最高裁で行われた弁護団の弁論は「多重債務救済の歴史に残るスピーチ」（北 2008，67 頁）とされる。25 分の弁論はこう締めくくられた。

　　裁判官！　事業者といっても，中小零細事業者は生きた人間であることを忘れないでください。小売店，町工場などで懸命に働いて実体経済を支え，家族，従業員の生活を支え，サラリーマンより不安定な収入で，不況の中，必死で事業を続けようとして商工ファンドから借りているのです。／多数の人々の命が，明日からの生活と家族の将来が，そして人間の尊厳がかかっている 43 条の問題性，違憲性を，最高裁判所が正面から見極め，勇気ある判断をされることが，今，最も求められています。／このことを人権の最後の守り手たる最高裁裁判官に心から訴えて，私達の弁論を終わります（茆原 2008，34 頁）。

　退官後，滝井繁男は，2008 年 11 月 8 日，秋田県で開催された全国被害者交流集会に招かれ，そこでこう話した。

　　法律は形式的に解釈すると不都合がでてくる。その際，法律の趣旨をいかすため，弾力的に，柔軟に解釈することが求められる。だが裁判官は事実を知らない。事実を知っているのは，当事者，そしてそれを伝えるのが法律家。そのことの大切さを私は痛感した[3]。

(2)　金融庁「貸金業制度等に関する懇談会」

　2004 年の最高裁判決から約 2 年後の 06 年 1 月 13 日，最高裁は，グレーゾーン金利が認められる要件を極めて厳格に示す判決を出した。これは司法府が立法府に法改正を求めるものと受けとめられた（大森 2007，212 頁）。立法府での審議に向けた準備として，まず金融庁内で論点が整理された。

3　2008 年 11 月 8 日の「第 28 回全国クレジット・サラ金・商工ローン・ヤミ金被害者交流集会 in 秋田」における同氏による「基調講演」より。会場にて筆者が取ったメモと録音データに基づく。

　金融庁は，研究者や弁護士ら金融審議会委員と，議決権をもたない大手貸金業者や貸金業界代表者らオブザーバーからなる懇談会を 2005 年に発足させた。懇談会委員の空気が借り手保護へと一変したのは，商工ローンの元利用者の「生の声」を聞いてからであった。庁内で「生の声」の必要性を主張したのは，幼少期に父親が債務保証で全財産を失った森（2 節）だった。しかし，発言者探しは難航する。被害者のほとんどが，死亡していたり，精神疾患をわずらっていたりしたからである。ようやく見つかった発言者も「あまりに酷い取り立てで脳梗塞になり，後遺症でしゃべれない」ため，妻が付き添い代弁した。発言者の弟は「借金を返すため働きづめで，過労により死亡した」（森 2007，151-152 頁）。森は，官僚席を離れて夫妻の両隣に付添弁護士とともに着席した。隣室では看護師が待機した。こうして体験談は話された。

　懇談会で借り手保護の流れを決定づけたのは，当時「アイフル・ショック」と言われた消費者金融会社大手アイフルへの行政処分だった。2006 年 4 月，金融庁は，アイフルに消費者金融会社として初の 5 日間の全店業務停止命令を出した。処分理由となった認知症の女性への違法貸付等 5 つの事案は，すべてクレサラ対協加盟団体「アイフル被害対策全国会議」（以下，アイフル対策会議）が各地で集め，監督する金融庁に処分と指導を求めたものだった。この行政処分は，直後の懇談会の「中間整理」に影響した。両論併記だった原案は修正され，金利引下げの意見が「委員の大勢」と明記された。金融庁の議論はいよいよ立法府に諮られることになった。

⑶　国会

　クレサラ対協は，「出資法の上限金利を利息制限法にまで引き下げる」ことを最大の目標に掲げた。巨大産業に切り込むため，クレサラ対協は，顧客の借金相談などで法改正の必要性を感じていた労働金庫協会（以下，労金）の千原茂昭と勝又長生の知己を得て，労働団体や日本生活協同組合連合会（以下，生協）などでつくる労働福祉中央協議会（以下，中央労福協。会長は日本労働組合総連合会（以下，連合）元会長の笹森清）とクレサラ対協副代表幹事の宇都宮健児を呼びかけ人とする「クレ・サラの金利を考える連絡会議」（以下，連絡会）を 2005 年に発足した。ここには，連合や労金の代表，消費者団体，生

協も名を連ねた。連絡会を軸に，国会議員，特に与党自民党の国会議員を「世論」で「包囲」することになった。以下の4つの作戦が取られた。

【地方からの突き上げ】 国政選挙の実働部隊となる地方議員に働きかけて，国会への「金利引下げ」請願採択を地方議会に求めた。請願書の書式とマニュアルを用意し，各地に配った。クレサラ対協に参画する若手司法書士で構成される全国青年司法書士協議会（以下，全青司）が地方議員への要請を開始する。ここに地方連合や地方労福協が合流し，採択数が一気に増える。最終的に，43都道府県，1136市町村（全市町村の6割超）が金利引下げ決議を採択した。

【頂上作戦】 地方議員への要請と並行して，各選挙区に在住する者が，党派を問わず，地元事務所をまわって国会議員に要請した。

　　先生は私達の説明に驚いた様子で「分かった。西川公也先生から声がかかって，先輩でもあって勉強させてもらうつもりでOKを出したが，私は金利引下げに賛成である」と答えられた。私達は自民党の関係議員の星取り表を先生に見せて，目の前で「白丸」をつけた（木村2007，102頁）。

【キャラバン活動，署名活動】 金融庁懇談会の中間整理後，全都道府県に高金利引下げを求める特製キャラバンカーを走らせる「キャラバン活動」を開始し，各地で街頭署名を呼び掛けた。2006年，国会に提出した署名約340万筆の内訳は，クレサラ対協加盟団体「高金利引下げ全国連絡会」29万8495筆，日弁連23万4187筆，中央労福協286万8273筆である。署名提出後，参議院議員会館で集会が聞かれ，与党を除く各党議員のほか，連合会長の高木剛が参加した。キャラバン活動の総仕上げは，埼玉県秩父の椋神社から国会までの約150キロを約200人が4日間かけて「金利引下げ」の陳情書を携え走り継ぐマラソンリレーである。椋神社は，高金利に苦しむ農民が負債延納などを明治政府に求めて蜂起した場所である。クレサラ対協メンバーは，最終ランナーとして，秩父事件資料館の館長から借りた当時の衣装を身にまとい，国会近くの日比谷公園に到着した。日比谷公園では，日弁連主催，中央労福協，日本司法書士連合会，全青司，全国消費者団体連絡会，引下げ全国連絡会後援で「総決起

集会」が開かれた。終了後，集会参加者は，国会議員面会所までパレードし，陳情書を民主・公明・共産・社民議員に手渡した。パレードの後，加藤紘一自民党議員が手配した衆議院議員会館で院内集会を開いた。そこには，自民，公明，民主，共産，社民，新党日本の国会議員が出席した。

【マスコミを味方につける】　クレサラ対協が日栄・商工ファンドや武富士との「闘い」で学んだのは，マスコミに働きかけ，事件報道を通じて「世論の風向き」を変えることであった。そのために不可欠なのが，世論への訴求力が高い実名と顔出しでマスコミ取材に応じてくれる被害者の存在である。

特筆すべきは，貸金業者が借り手を被保険者として保険会社と結ぶ「消費者信用団体生命保険」の問題だった。母親を多重債務の自死で亡くした弘中照美は，この消費者信用団体生命保険が母親にかけられていたことを知る。弘中は，アイフル対策会議の支援も得て，消費者信用団体保険の幹事会社だった明治安田生命とアイフルに対し，保険金請求権不存在確認を求めて提訴した。そして，一連の体験を，アイフル対策会議が主催ないしは共催する各地の集会で語った。岩手での集会で弘中はアイフルの元女性社員と出会った。その様子を取材した毎日新聞記者は次のように書いた。

　　（元社員は）「客が自殺するとはじめはショックでした。でもだんだんと『あ，死んだ』と。（債権回収の）ノルマがすんでほっとするみたいな」。
　　弘中さんは，この女性に「話してくれてありがとうね」と手を差し出した。女性は泣き崩れ「ごめんなさい。ごめんなさい」と，顔をひざにすりつけるように頭を下げ続けたという（毎日新聞 2006 年 8 月 15 日付）。

アイフル対策会議が告発した消費者信用団体生命保険の問題はマスコミが「命を担保に」という言葉で広く報じた。自殺を保険事故とする生命保険は，与党の法案審査過程で制度として禁止するに至った（大森 2007，245 頁）。

おわりに

　改正法の主眼は，多重債務を防ぐために「過剰貸付」を抑止することだった。その手段は，貸付という商品の「価格」（金利）と「販売量」（借り手1人当たりの借入残高）を一律に規制することだった。その効果は顕著で，多重債務者は10分の1以下に減った。当初懸念された「急激な信用収縮による副作用」も認められない。このような借り手保護の金融規制を正当化していったのが，被害者と実務家が協働した「クレサラ運動」であった。

　多重債務をめぐる現在の課題は，「業態」および「国境」に限定されないより包括的な金融規制である。「業態」については，改正法の対象外だった銀行等による個人向けローンの過剰貸付が問題になっている。国内銀行のカードローン等貸付残高は，いまや貸金業者による消費者向け貸付残高を超えて5兆8000億円（2017年度）である。個人の自己破産も15年の6万件を底に上昇へ転じ，18年には5年ぶりに7万件に達した。銀行等は，消費者や中小零細事業者に15％に近い年利で貸し付け，あとの保証と債権管理は貸金業者に委ねる。つまり，「上限金利に貼り付く貸金業者のビジネスモデルをそのまま横滑りさせ，（貸金業者への）保証料をブラックボックスとして，消費者に対する優越的地位に基づく超過利潤を銀行と保証会社（である貸金業者）とで分配している」（木村 2018，51頁。括弧内は引用者）。銀行はバブル崩壊前にも同じことをしていた。それを本格的に始めたのだと言える。

　「国境」については，人口減等で国内市場の頭打ちを見越した日本の貸金業者が，2000年以降，アジア全域に進出し，台湾や韓国ではすでに日本と同様の多重債務問題が発生している。環境規制の緩い外国に移転した工場が移転先で再び環境汚染などの公害を起こすことを「公害の輸出」と言う。これと同様の「金融被害の輸出」とも言うべき状況に気づいたクレサラ対協は05年に国際交流部会を設立し，現地関係諸団体との連携協力を進めている。

　しかし，より根本的な課題は，金融制度から借り手が自律的であるための雇用および生活保障制度の構築だろう。1970年代以降，日本の家計貯蓄率は低

下し，貯蓄なし世帯は全世帯の 2 割に及ぶ。生活に困る人が無くならない限り，収奪的な金融環境は姿を変えて存在し続ける。国際的な連携協力はこの点においても必要とされている。

［参考文献］

上柳敏郎（2008）「第 2 編　改正法の概要と背景」上柳敏郎＋大森泰人編著『逐条解説　貸金業法』商事法務，17-45 頁。

大森泰人（2007）『金融システムを考える――ひとつの行政現場から――』金融財政事情研究会。

北健一（2008）『高利金融』旬報社。

木村達也（2007）『事務局長日記』耕文社。

木村裕二（2018）「銀行カードローンと過剰貸付けの私法的効力」聖学院大学論叢第 30 巻第 2 号：45-59 頁。

金融庁ほか（2007）「資料 1-1」（多重債務問題対策本部有識者会議第 1 回 1 月 29 日配布）（https://www.fsa.go.jp/singi/tajusaimu/siryou/20070129/01.pdf, 2019 年 4 月 26 日アクセス）。

金融庁ほか（2016）「資料 1　多重債務者対策の 10 年間の取組」（多重債務問題及び消費者向け金融等に関する懇談会（第 8 回）12 月 13 日配布）（https://www.kantei.go.jp/jp/singi/saimu/kondankai/dai08/siryou1.pdf, 2019 年 4 月 26 日アクセス）。

金融庁ほか（2019）「資料 1　多重債務者対策をめぐる現状及び施策の動向」（多重債務問題及び消費者向け金融等に関する懇談会（第 13 回）6 月 17 日配布）https://www.kantei.go.jp/jp/singi/saimu/kondankai/dai13/siryou1.pdf, 2019 年 9 月 19 日アクセス）。

警察庁（2016）「資料 2　過去 10 年間におけるヤミ金融事犯の検挙状況」（多重債務問題及び消費者向け金融等に関する懇談会（第 8 回）12 月 5 日配布）（https://www.kantei.go.jp/jp/singi/saimu/kondankai/dai08/siryou2.pdf, 2019 年 4 月 26 日アクセス）。

警察庁（2019）「資料 2　ヤミ金融事犯の検挙状況」（多重債務問題及び消費者向け金融等に関する懇談会（第 13 回）6 月 17 日配布）（https://www.kantei.go.jp/jp/singi/saimu/kondankai/dai13/siryou2.pdf, 2019 年 9 月 19 日アクセス）。

茆原洋子（2008）「最高裁と弁護団の活動」全国クレジット・サラ金問題対策協議会編集・発行『全国クレ・サラ対協 30 周年記念誌』20-37 頁。

新里宏二（2008）『日栄・商工ファンド対策全国弁護団の結成・その活動』全国クレジット・サラ金問題対策協議会編集・発行『全国クレ・サラ対協 30 周年記念誌――新たな被害救済運動に向けて――』2-7 頁。

新里宏二（2010）「勝ち取った貸金業制度の抜本改正」日栄・商工ファンド対策全国弁護団編集・発行『最高裁が日本を変えた』169-180 頁。

森まさこ（2007）『あきらめずまっすぐに――すべての人の笑顔のために――』グラフ社。

※本章 3 節は拙稿（2011）「惻隠の心――多重債務と貸金業市場のコントロールをめぐって――」日本社会病理学会編「現代の社会病理」第 26 号，27-50 頁の 3 節を加筆，修正した。本稿は，科研費（18K02016）の助成を受けたものである。

第 10 章

岐路に立つ国際金融秩序
——リーマン・ショック後 10 年，懸念増す金融の不安定性

はじめに

　世界経済は，リーマン・ショックから 10 年以上がたった 2019 年の年頭を，景気拡張が持続している中で迎えたとされる。たとえば，先進各国，とくにアメリカや日本などの失業率は，改善傾向にある。また，株価や地価に代表される資産価格も持ち直し直している[1]。こうした事態を背景に，連邦準備銀行（Fed—アメリカの中央銀行）は，QE（量的緩和政策）といわれる超金融緩和政策から離脱し，利上げを行ってきた。また，欧州中央銀行（ECB）も同様に量的緩和政策を年内に終了するシナリオを堅持することを理事会で決めている。さらに，2019 年秋以降には利上げも想定されている[2]。

　その一方で，金融危機が再来する可能性や経済の不安定性の高まりが声高に叫ばれ始めた。このような不安が叫ばれるのは，皮肉にも，先進各国の超金融緩和政策と財政出動とによる景気のてこ入れの効果が出てきたことに原因の一端がある。

　たとえば，カリフォルニア大学の著名な金融史研究者であるバリー・アイケングリーンは，過去の金融危機を振り返り，経済危機が大きくなるのは銀行システムが巻き込まれたときであるとした上で，以下のように現状を整理している。

1　最近のアメリカの経済状態については，Akram（2019）などが参考になる。
2　「欧州緩和終了，潜むリスク，中銀，年内方針を維持，『保護主義に懸念』，物価上昇シナリオは堅持」『日本経済新聞』2018 年 10 月 26 日，朝刊，11 頁。

　…歴史が未来の指針になるとすれば，次の金融危機は規模の大きい先進国経済で銀行システムが巻き込まれたときになるだろう。となれば米欧日の銀行の健全性に注目し，これらの国が適切な規制改革を実行してきたかを問うべきだということになる。／この点に関する限り，多くの指標は良好だ。足元の銀行の自己資本比率と流動性カバレッジ比率は 08 年より高い。国際金融規制に関するバーゼル合意の改定に基づく大規模な規制改革にも各国が同意している。米国はドッド＝フランク法（金融規制改革法）を 10 年に制定した。ユーロ圏では，規制当局の決定が国境を越えて確実に順守されるようにするため，主要銀行を対象にした単一監督メカニズムを導入した。日本では不良債権比率が下がり続けている。

　しかし，続けて次のように警告している。

　一方で好ましくない兆候もある。規制当局や政策当局は危機の教訓を忘れ，改革を後戻りさせている。この傾向が最も顕著なのが米国だ。米国では 08〜09 年の銀行危機が短期間で沈静化したため，改革派は一息つこうとしており，そこにつけ込み規制緩和の声が広がっている。トランプ大統領はドッド・フランク法の撤廃を公約に掲げており，18 年 5 月に改正法に署名した。多くの銀行がストレステスト（健全性審査）の実施義務を免除され，また小規模な銀行に対する自己勘定取引の制限が撤廃される。

　このように指摘した上で，アイケングリーンは根本的な世界経済の不安材料として次の二点をあげている。

　第 1 の要因は，ノンバンク（たとえば，年金基金やプライベート・エクイティ—PE: 非上場企業の株式を主な投資対象とするファンド—）の果たす役割が大きくなっていること。「多くの国，とりわけ米国で，非金融部門への信用供与に占めるノンバンクの比率が高まっている」とする。その結果，「米国では国内総生産（GDP）比でみた企業債務が過去最高の水準に達した」（アイケングリーン 2018）。

　こうした傾向は，世界全体で見られており，リーマン・ショック後 10 年

で，世界の債務は4割増えたとされる。内閣府は，「民間債務の増加がもたらす世界経済のリスクの点検」とサブタイトルを付けた2018年前半期の報告書『世界経済の潮流』において，世界における民間債務の現状に焦点をあてた。そこではリスク要因を点検するため世界の債務増大の状況を分析している（内閣府 2018, 第1章）。日本経済においても不動産を中心に融資残高が伸びており，債務の増大を懸念する分析は多い。

　世界経済という規模で見たとき，こうした債務の増大の主要なセクターは，新興国である。アイケングリーンは，その新興国を現在の世界経済の危機を想起させる第2の要因としている。上記で紹介した内閣府の報告書においても，現在の世界経済における民間部門の債務の増大は，新興国諸国において著しいことを明らかにしている。

　新興国債務が増大する一方で，アメリカ経済は「好調さ」を持続し，連邦準備銀行は利上げを続けている。それに引きつけられるように世界中にばらまかれたドルがアメリカに回帰し（吸収され）ている。これが新興国の資産市場の収縮と経済の減速そして貸し倒れによる銀行危機の勃発へとつながれば，世界的な経済危機は現実化する。このことは，1997年のアジアの通貨危機と同様のことが起こることを想起させる。さらに，貸し倒れに伴う金融機関の資本の毀損から危機が深刻化した事態は，アイケングリーンが指摘するまでもなく「90年代の日本がまさにそうだった」のである。

　このようにリーマン・ショック後10年を迎えた世界経済は，実は裏腹な矛盾した状況に直面している。本章では，こうした状況を評価し，経済危機の芽を明らかにしていくために，リーマン・ショック後の金融監督・規制改革の動向とその問題点を見ていく。その上で，リーマン・ショック後の世界の経済危機，経済停滞からの回復が金融規制のあり方を変遷させ，その結果が債務増大と今後の経済の不安定性を増大させていることをみていく。言い換えれば，本章では，この10年の国際金融秩序を守る制度がどのように形作られてきたか。そして，それにもかかわらず，今後の経済危機の芽が現れていることを明らかにしていく。

1. リーマン・ショック後の金融規制とその効果

1.1　リーマン・ショック以前の国際金融ガバナンス（金融規制）の変遷

　ここではまずこれまでの国際金融における監督，規制の変遷について簡単に整理しておきたい。戦後国際金融制度の大きな節目が金・ドル交換停止と変動相場制への移行にあることは言うまでもない。それは，国際金融ガバナンスのあり方も変化させた。戦後 IMF 体制（固定相場制）が崩壊すると，IMF 体制においてそれまで貫かれていた「経常取引は自由化するが資本取引については原則規制する」という理念は放棄され，「経常取引，資本取引両方の自由化」へと舵が切られたのである。

　1974 年末には，G10 諸国の中央銀行総裁により国際的な金融機関の監督を担うバーゼル銀行監督委員会が設置された。しかし，その一方で，1980 年代に入り世界的な規模で金融の自由化，規制緩和，金融肥大化が進んだことが，国際通貨制度の理念の変化を象徴的に示している。

　金融自由化，規制緩和が進むと同時に金融は肥大化し，金融の不安定化も進行した[3]。実際早くも 1980 年代前半には，ラテン・アメリカで深刻な債務危機が発生している。この流れを受けて実質的な国際金融規制の枠組みが議論されるようになり，1988 年には最初の規制（バーゼル I）の合意に至ることになる。バーゼル I では，国際的に活動する銀行の自己資本比率の測定手法や達成するべきその水準（8％以上）を規定し，92 年末までにはこの水準をクリアするよう求めた。

　しかし，90 年代に半ば以降，中南米の通貨危機に続いて 97 年にはアジアの

3　北原（2017）は，1980 年代に顕著になる「実物経済の低迷という経済環境の下で，新自由主義的イデオロギーが強くなり，米国の経済運営は実物経済重視から金融・サービス経済重視に転換し，金融面では規制緩和・自由化の方向に大きく舵を切ることとなった」と指摘し，銀行（預金金利の自由化等）や証券（証券取引手数料の自由化等）を皮切りに種々の自由化が進んだ実態を整理している。この流れは米国に留まらずに世界経済全体に広がった。

通貨危機が勃発し，危機を防ぐための国際金融規制の強化が模索された。そこで，99年にバーゼル規制の新しいフレームワークを作成することとなり，04年にバーゼルⅡが合意された。

　合意内容は，3つの柱でまとめられる。① 最低所要自己資本比率：【分母計測方法の改正】＝バーゼルⅠで課せられていた規制の修正。信用リスク計測の精緻化とオペレーショナル・リスクの追加。② 金融機関の自己管理と監督上の検証：【追加された枠組み】＝金融機関に第1の柱の対象でないリスクを含めたリスク管理および自己資本管理を要請し，それを監督当局がモニタリングする枠組み。③ 市場規律の活用：【追加された枠組み】＝金融機関の自己資本比率の状況を開示し，市場規律を通じた実効性を高める枠組み[4]。

　相次ぐ金融危機の背景には，変動相場制移行後の金融肥大化，規制緩和，自由化の中で金融取引が多様化，複雑化したという事態がある。したがって，金融自由化，規制緩和のメダルの裏側としてリスク管理手法も高度化せざるを得なくなった，それが，上記バーゼルⅡで実現した。たとえば，銀行の内部管理高度化，リスクの計測の精緻化などの規制がそれである。つまり，リスク管理は「量的」管理だけでは不十分で，「質的」管理の必要性が認識されてきたといえる。

　ところが，技術的，制度的に複雑化した金融肥大化現象の下での監督・規制においてもっとも困難な側面は，金融行動の質的管理に有効性を持たせるところであった。周知のようにリーマン・ショックの原因となったのは，サブプライム・ローンに代表されるリスク性の極めて高い貸出や，そこから発生するリスクを回避するために開発された証券化商品である。極めて革新的かつ先進的な金融商品として注目を集めたこれらの金融商品は，監督・規制をくぐり抜け，大恐慌以来と言われる世界金融危機を引き起こしたのである。結局のところ，リーマン・ショックとその後に続く世界金融危機が私たちに示した経済学的含意は，金融自由化，規制緩和という市場原理主義が支配する中で，監督・規制が強化されたはずのリスク・テイクの面から，資本主義的あるいは，金融肥大化の経済的矛盾が顕在化したという皮肉であろう。

　4　金融庁ホームページ「自己資本比率規制等（バーゼル2〜バーゼル2.5〜バーゼル3）について」（https://www.fsa.go.jp/policy/basel_ii/index.html），アクセス日：2019年3月6日。

1.2　リーマン・ショック後の国際的な金融規制と監督体制

　リーマン・ショックを受け，国際的な規制を決定する枠組みは G20 と FSB（金融安定理事会）とを軸とするものへ変化していく。G20 の下に金融安定理事会（FSB）が置かれ，その下にバーゼル銀行監督委員会（バーゼル委員会），証券監督者国際機構（IOSCO），保険監督者国際機構（IAIS）が設置されることになった。G20 と FSB との関係であるが，FAB は G20 に報告提言を行い，G20 は逆に FSB に声明等を示すという役割を果たしている。

　こうした枠組みの中でもっと注目されている金融機関規制であるバーゼルⅢが，2010 年 12 月に合意された。この規制は，2019 年まで段階的に実施に移されることになっており，直近でもこれに関する多くの論考が公にされている。ここでは先行研究に基づいて，リーマン・ショックとその後の世界金融危機を教訓としてまとめられた新たな監督・規制についてその内容と特徴を整理しておきたい[5]。

(1)　組織

　2009 年 4 月のロンドン G20 金融サミットにおいて 2008 年の世界金融危機の根本原因が，金融セクターおよび金融監督・規制における失敗にあることが確認され，金融監督に関する組織の大幅な見直しが行われた。これにより，1999 年 2 月の G7 で創設された金融安定化フォーラム（FSF）は，金融安定化理事会に改組，強化され G20 の下に置かれることになった。FSB は，各国の監督当局と中央銀行のトップないし準トップがメンバーになっている会議であり，銀行，証券，保険の他，最近では資産運用やファンドまでカバーしている。

　上記で述べたように，FSB の下でバーゼル委員会，証券監督者国際機構，保険監督者国際機構が，各分野の具体的な監督・規制の内容をとりまとめることになった。この FSB は，「アメリカやヨーロッパの議会では，FSB が力を持ち過ぎている…（中略）…。また，スタッフが少ないため，かゆいところま

　5　リーマン・ショック後の金融規制改革の具体的内容については，野下（2010），上川・上川研究室（2011），河野（2016），飯島（2017）などを参考にした。

で手が届かない」という批判にさらされる。しかし，その一方で2009年以来，金融危機対応のための制度の大きな改革を先導してきたという評価もある（河野 2016, 5頁）。

　このFSFのFSBへの改組に先立つ2008年11月に金融監督・規制の役割分担についてFSFとIMFで合意が成立していた。これによってIMFとFSFの役割分担と通貨当局の責務が明確になった（野下 2010, 22頁）。この点はFSBへの改組によっても引き継がれている。つまり，リーマン・ショックを受けてIMFは，緊急の流動性供給を担うことになり，「銀行」として性格・役割がより強くなったといえる。

　全体をまとめてみると，2009年のG20の後に国際的な金融監督・規制のそれぞれの役割は，次のように分担された。① G20が全体の方向づけを行い，② IMFが世界金融システムのサーベイランスを担う。そして，③ FSBが基準策定プロセスの監視と調整をする。その上で，④ IMFとFSBは早期警報制度について協力し，⑤ 各国は国内法・ルールを制定して監督・規制を行う（飯島 2017, 276-277頁）。

　このような組織改革が行われた背景には，リーマン・ショックまで中心に展開されていた国際的な金融規制の枠組み，つまり，個々の金融機関のリスクを管理・規制し，健全性を重視してきたミクロ・プルーデンス政策が，重大な金融危機をもたらしたシステミック・リスクへの適正な把握を欠いていたことへの反省から，マクロ・プルーデンス政策を強化しようとする国際的な合意があったのである。

　そこで次節では，具体的にどのような規制改革が行われたのかを見ていくことにする。

(2)　具体的な規制の内容

　G20-FSB（バーゼル委員会，IOSCO，IAIS）-IMF体制の下での監督・規制の内容，特徴をまとめていきたい。FSFを発展的に解消し，発足したFSBは金融改革の方向性を報告書として示してきた。その報告書から次の5つの分野での金融改革の方向性が読み取れる。① 資本，流動性，リスク管理のプルーデンス政策（監視）強化，② 透明性と資産評価の強化，③ 格付け機関の役割

と利用の変更，④ リスクに関する監督当局の対応力の強化，⑤金融システム
のストレス耐性の強化である（野下 2010, 26-31 頁）。

　これらの 5 分野での規制改革うち，ここでは注目されている 3 つの点に触れ
ておきたい。

　そのうちの第 1 は，自己資本規制の強化と金融システム流動性の強化のため
の規制の強化である。既に述べたように，ミクロ・プルーデンス政策の典型と
しての自己資本規制が，リーマン・ショックに見られるように十分に機能しな
かったことへの反省から，リスク・アセット・ベースを自己資本比率規制の中
心としつつ，マクロ・プルーデンスの観点を導入する金融規制の枠組みが提起
された。

　その内容は，① 自己資本規制によって求められる自己資本の質と量の引き
上げであり，② 流動性規制の導入による金融機関経営の健全化（例として，
流動性カバレッジ比率と安定調達比率）である。③ 金融システム上重要な機
関（SIFIs: Systemically Important Financial Institutions）という金融機関の
区分を導入すること。こうした重要な金融機関には，より高い自己資本比率を
設定し，システミック・リスクの軽減にあたる。そして，④ 今回新たにプロ
シクリカリティ（循環増幅性：procyclicality）という概念が導入され，それへ
の対処が示された。

　プロシクリカリティとは，一般的に価格変動や景気循環の増幅を過度に大き
くする現象を指すことと言える。リーマン・ショックにおける教訓では，金融
商品の時価会計やバーゼルⅡにおける銀行の自己資本規制が与信行動における
負の増幅効果を生んだとして問題視された。たとえば，金融市場の状態が悪化
しているような状況の時には，銀行などが信用供与の縮小と資産売却を強いら
れる。その一方で，市場状態が好転しているときには過度の与信を促し，市場
の過熱とその後の急速な収縮を促すことが懸念された。

　このような景気変動に対しては，たとえば，信用拡張局面では，資本賦課
（求められる自己資本額の量や質）の追加を求めることとし，逆に，信用の収
縮局面では，自己資本の一部の取り崩しを許容して，金融機関の行動をあると
きは促し，逆の場合は押さえることによって市場変動の増幅を押さえ，リスク
を軽減しようしている。

　今次見直された規制内容のうち第2の注目点は，モラル・ハザードへの対応であろう。この典型は，「大きすぎて潰せない」（TBTF: Too Big To Fail）問題，つまり大規模金融機関破綻処理改革であり，さらには金融機関の経営者等への高額報酬問題への対処にもつながる問題への改革とも言える。

　第3章でも論じられたように，そもそも TBTF とは，大手金融機関が，その規模の大きさと複雑な連鎖関係のために，破綻すると経済システムに深刻な影響を及ぼすので，破綻に直面したときには政府が支援しなければならないとする考え方＝政策である。

　しかし，この TBTF 問題が内包している真の問題は次のところにある。すなわち，いったん納税者負担を前提とする大規模金融機関への政府の支援が確立してしまうと，その保護の下で企業，経営者は，利益を求めて意図的にハイリスクの資産運用を追求するモラル・ハザードに陥りやすいという問題である。

　実は，この問題にはさらに大手金融機関経営者等が高額報酬を得ているというもう一つのモラル・ハザード問題も付随することを付け加えておきたい。

　そこで，2009年以降の金融改革では，金融機関の高額報酬問題にメスを入れると同時に，金融システムを混乱させず，市場規律を発揮して公的資金の救済による納税者負担を発生させないベイルイン（bail-in）[6]の原則を確立し，TBTF 問題に対処しようと考えられた。

　具体的に見ると，2013年 FSB 決定では グローバルなシステム上重要な銀行（G-SIBs: Global Systemically Important Banks）あるいはグローバルなシステム上重要な金融機関（G-SIFIs: Global Systemically Important Financial Institutions）は，実質的破綻に備えて，その損失を吸収できる劣後債などの債務を有して総損失吸収力（TLAC）[7]を高めることが要求された。また，2011年に FSB で決定され，11月に G20 で承認された破綻処理の国際標準化では，①秩序ある破綻処理の実行可能性を評価すること，②将来の再建・破

　6　公的資金注入による救済であるベイルアウト（bail-out）に対して，新しい救済方法として出された概念。これは，金融機関の破綻の際に規制当局が介入して，債務の元本を減額したり，株式に転換したりする措置のことを指す。

　7　Total Loss-Absorbing Capacity。BIS 規制に加え，債権者に元本の削減，免除を要求できる債券等を含めることで資本バッファーを確保する新たな規制。

縦処理計画（RRP）の策定をすること，③ G-SIFIs の母国当局と受け入れ国当局との間での危機対応を巡る協力に関する取極めを策定することなどが盛り込まれた。

　金融規制の改革の第 3 の柱は，取引の透明性とオフバランスの取引や技術革新の中で生み出される金融商品への規制であろう。この規制には店頭デリバティブ市場の改革とシャドー・バンキングに対する対策が打ち出された。店頭デリバティブ市場の改革では，例えば，標準化された店頭デリバティブ取引については，中央清算機関を利用させる清算集中義務と，中央清算機関を利用しない店頭デリバティブ取引については，取引参加者が証拠金（担保）を授受するとする証拠金規制が賦課され，透明性と安定性が図られた。

　また，シャドー・バンキング規制では，ヘッジファンド，MMF（マネー・マーケット・ファンド）など，実質的に銀行に類似した信用仲介活動を行っている銀行以外の主体・活動（シャドー・バンキング）のシステミック・リスクに対する規制・監視のあり方を検討することになった。その結果，たとえば具体的に，アセット・マネジメント業をシャドー・バンキングに分類し，銀行などと同様の規制を課すことも議論の対象になっているとみられる。

2．バーゼルⅢとその限界——金融監督・規制改革はどこまで来たのか

　2009 年以降の国際的な監督・規制の骨格をなしているのが，バーゼルⅢである。このバーゼルⅢは，バーゼル委員会から 2010 年 12 月にテキストとして公表され，その内容は 2015 年から 2019 年にかけて順次実施されている。そして，2017 年 12 月には，金融改革の議論の到達点の一つとしてバーゼルⅢが最終合意され，2022 年から 27 年にかけてこの規制が段階的に実施されることになった。このバーゼルⅢの最終化は，「世界金融危機後，10 年がかりで進められてきた規制改革プログラムがひとまず終結」（氷見野 2018, 1 頁）したことを意味している。したがって，2010 年から続けられているバーゼルⅢ の内容を見ることで現段階での監督・規制の状況と今後の展望を見ることができる。

2.1　バーゼルⅢの合意内容

　バーゼルⅢの特徴を 2010 年に公表されたテキストから見ると次の三点になる。

　第 1 に，自己資本の質・量の規制強化。最低水準の Tier1（自己資本比率）に対して資本保全バッファー（2019 年には＋2.5％）が上乗せされ，さらにカウンターシクリカル（counter-cyclical: 景気変動抑制的）な資本バッファー（0〜2.5％）を求めている。その結果，最低自己資本比率は最終的（2019 年）には 10.5％まで引き上げられる。

　第 2 に，シンプルでリスクを反映しない与信額をベースとしたレバレッジ比率の導入[8]。これによって自己資本比率の計算のベースであるリスク・レシオ・アプローチを補完した。

　第 3 に，定量的な流動性規制を導入（30 日間のストレスにさらされたときの預金流出への対応力強化）。金融危機の際，多くの銀行が資金繰りに困難を生じた反省に基づき，良質の流動資産（以下，「適格流動資産」）を保有することを求めた。さらに，長期の運用資産に関する長期・安定的な調達手段を確保する基準を設定し，リスク耐性を高めた。

　これら 3 つのリスク管理指標に加えて，TBTF の対象となるような銀行への対応が含まれた。すなわち，SIFIs について ① 破綻予防のための規制の枠組み，② 円滑な破綻処理の枠組み，③ 監督の実効性の向上等を検討し，順次実施することとした。特に，特定の大規模銀行に対しては，追加的な資本賦課，すなわち自己資本比率の引上げ等の規制が追加された。

　さらに，2012 年には，制度導入についての相互監視の仕組みを導入した。これによって，従来から各国当局に委ねられていたバーゼル規制（ルール）が，各国において確実に導入されることを担保した。

8　レバレッジ比率とは分母を与信額として比率を計算する比率を指す。分母を内部モデルで計算したリスク加重資産とした自己資本比率と異なる。これにより内部モデルのリスクの排除を目的とした。具体的には次の通り。レバレッジ比率＝資本（新定義の Tier 1）／エクスポージャー（オンバランス項目＋オフバランス項目）。

　2017 年 12 月の最終合意では，自己資本比率のリスク・アセットの計測の信頼性を得るために，銀行間の自己資本比率を比較可能にするアウトプット・フロア[9]を内部モデル手法に適用することを柱とする改革が行われた（小牧 2018）。

2.2　2009 年以降進められてきた国際金融における監督・規制への疑問
——バーゼルⅢを中心に

　これまで見てきたようにバーゼルⅢは，本来の基礎的な自己資本（Tier1）の大きさを増やしたばかりでなく，資本保全バッファーという「余力」を銀行に求める量的な規制を拡充した。さらに，このような従来から実施されてきた自己資本規制を軸にしながら，資産の中身を厳格化し，金融機関への遵守を求める比率を多重化する質的な規制を課すという規制強化を行ったことに特徴の一つがある。

　しかしながら，こうした規制にもその有効性にいくつかの疑問を提起せざるを得ない。

　第 1 に，金融機関行動の現状を追認したままで，量的・質的強化策が打ち出されている点である。こうした状況下では，規制を受ける銀行は現状を前提にしつつ，監督・規制の抜け道を探す行動を取ることになるのでないか（規制逃れへのインセンティブが働く）。一方で，形成論理的に銀行が規制に追随する結果，本来の銀行の役割を阻害するような結果（たとえば，貸し渋りや過度の金利の引き上げなどの事態）が予想される（建部 2013）。

　次のような事態も考えられる。経済の拡張期には，企業業績の回復ばかりでなく，資産価格も上昇し，自己資本内容（質）は見かけ上良くなっていく。このとき，本当にタイミング良くカウンターシクリカルな規制はできるだろうか。信用の過度の膨張は，信用システムに内包する宿命であり[10]，利潤追求が

9　アウトプット・フロアとは，金融機関が過度に低いリスク判断を行うことや機関毎の過度のばらつきが生じることを防ぐために，標準的モデルから算出されるリスク（比率）に一定比率を掛け合わせた水準をリスク比率の下限とするルール。

10　信用の暴走性，架空性はマルクス『資本論』第 3 巻の重要なテーマであった。

優位に立つ状況（循環の拡張局面）でこれを「適宜」制御することは，いわゆるソフト・ロー（soft low）[11] に依拠した現在の規制の枠組みでは困難が予想される [12]。

　また，規制を逃れるために金融機関が，リスク・ゼロ資産，すなわち，国債にその資産構成を傾斜させる可能性もある。超金融緩和が世界的に進む中で，財政政策への依存を強めつつある各国政府の財政規模は大きくなりつつある。このことは，一方で，経済全体の資産配分構成をゆがめる [13] ばかりでなく，国債の累積にともなって発生するソブリン・リスクの拡大も懸念される [14]。

　第2に，TBTF からの決別に対しても疑問を投げかけざるを得ない。今次の規制の枠組みでは，重要な銀行に対して追加的な規制を課すことでその行動を制御し，リスクを回避しようとしている。しかし，上記でも示したように，カウンターシクリカルな規制に限界がある以上，グローバルな規模で展開する巨大銀行の利潤追求運動と信用膨張を制御することは容易ではない。とくに，グローバルなシステム上重要な銀行に対して，その業態の規模や範囲の現状を追認し，その分割や業務制限の賦課が検討されていない状況では，根本的な規制につながらないのではないか。

　そうすると，現状の規模と業務範囲を前提とした上で，G-SIBs あるいは G-SIFIs の破綻処理のスキームは構築できないと言わざるを得ない。銀行は単なる預金・貸出の担い手ではなく，決済システムというインフラストラクチャーの担い手でもある。そうすると，「『金融システムを混乱させることなく』，既存のグローバルなシステム上重要な銀行を破綻させるなどといった考え方は，それこそ，机上の空論である」（建部 2013, 146-147 頁）。

　第3に，周知のように，リーマン・ショックに端を発する金融危機は，新たな金融技術の下での証券化商品の組成とそれによる資金取引に代表される，極めて複雑なストラクチャード・ファイナンスが深刻化させた面がある。した

11　ソフト・ローとは，法的強制力ではなく，国や企業が何らかの拘束感を持って従っている規範。

12　この点は，野下（2010）も，飯島（2017）も指摘しているところである。

13　基本的な経済状況は異なっているものの，公債への投資傾斜が資源配分をゆがめるという点ではかつての「クラウディング・アウト」を想起させる。

14　リーマン・ショック後にはギリシャ発のソブリン・リスクが注目されたが，今後もこの点を否定することができない。

がって，たとえば，野下は，次のように警告している。2008 年の「世界金融危機をもっぱら主導したのが，国際的な証券取引であるならば，世界金融危機からの回復に際しては国際証券取引に対する監視・規制策を具体化する必要がある」（野下 2012, 96 頁）。

これに対して，証券取引では OTC（店頭）デリバティブ取引に対して，清算集中化や証拠金授受の義務化などの規制が求められた。しかしながら，証券子会社には，最低所要自己資本は適用されても，資本保全バッファーやカウンターシクリカル資本バッファーは適用されず，証券会社本体，保険会社単体には，最低所要資本も要求されないという問題がある（建部 2013, 147-148 頁）[15]。つまり，本来規制されるべき本丸は，実はまだ不十分なまま残されたと言える。

3．不安定性を増す国際的な金融状況

以上，リーマン・ショック後の国際的な金融監督・規制の内容と，その一方でその内容になお不十分な面があることをみてきた。ここでは，金融監督・規制のシステムが構築されても，皮肉にもそれを乗り越えるように金融不安定性が増していく現実を実際の状況から拾ってみたい。

金融安定化委員会（FSB）は，規制の実施状況や影響の評価を行い，それを，毎年一回，G 20 サミットに報告することをコミットしている。最新の報告書は，2018 年 11 月に出された第 4 回の報告書（「G20 規制改革の実行と効果」）である。報告書は，「金融規制改革の実行状況」，「その全体的な効果」，「効果への評価」，「展望」という 4 つの柱で構成されている。その中で，これまでの国際金融の監督・規制の成果として次の 2 点を挙げている。第 1 に，大規模銀行の資本比率は高まり，レバレッジ比率は下がり，流動性は増強された

15　「ムニューシン財務長官が議長を務める米金融安定監視評議会（FSOC）は，厳しい規制や監督の対象にする『システム上重要な金融機関（SIFIs）』に最後まで残っていた保険会社を指定から外した。いわゆる大きすぎてつぶせない金融機関には厳格な健全性規制などが課されるが，それを免除した」（Wolf 2019）。

図10-1　拡大を続ける大銀行の規模と収益性

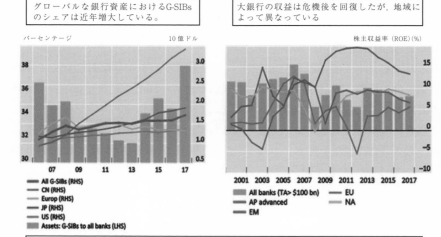

左図：（2015年の為替レートを使い）地域毎のG-SIBsの平均資産規模の絶対値を評価し，全体に対してはグローバルな銀行資産に対する割合を評価した。Source: Fitch and FSB Global Shadow Banking Monitoring Report 2017 (March 2018).

右図：2015年末時点の1000億ドル超の総資産を持つ全グローバル銀行の資本収益，加重平均し，グループ分けした。Asia Pacific (AP) advanced=Australia/Hong Kong/Japan/Korea/Singapore, EU=Europe, NA=Canada/US, EM=Emerging Markets (Brazil/China/India/Malaysia/Mexico/Qatar/Russia/Saudi Arabia/Taiwan/ Turkey/UAE). For the AP advanced region, an outlier bank was removed from the sample for 2003. Source: Fitch.

出所：FSB 2018, 21 頁。

と主張する。資産内容も健全化し，自己勘定取引の資産は減少し，非金融企業や家計，さらにより安定的な資産への貸付の割合が増えているとする（FSB 2018, 19頁）。第2に，地域毎の違いはあるものの銀行の収益は近年回復しており，特に，グローバルなシステム上重要な銀行の資産のシェアは2008年を超えているとする（図10-1）。

　しかしながら，実はこうした金融機関の収益回復と資産膨張と軌を一にして規制緩和の動きが各国ですでに出てきていたことに注意を向ける必要があろう。金融国際審議官の氷見野によれば，2015年10月あたりから「欧州当局，たとえば欧州委員会のヒル委員などから」規制改革を見直す発言が見られるようになり，FSB のカーニー議長（イングランド銀行総裁）も，2015 年 11 月

には「バーゼルⅣはやらない」と発言し，トーンが変わったという。さらに，
安定最優先の姿勢を継続していたアメリカの前政権に変わり，トランプ政権が
登場すると，ムニューシン財務長官に，経済成長と活発な金融市場を促進する
視点からの既存の金融規制の検証の指示が出され，それを受けた米財務省の3
つの報告書は，すべて「経済的な機会を創る金融システム」と題され，規制緩
和へ前向きな方向性が示された（氷見野 2018, 10-12 頁）[16]。

　このように，銀行の収益回復裏側で，あるいは歩みを一にして規制緩和が進
んでいたのである。このことを象徴するように，2019 年 3 月上旬に Fed が，
カウンターシクリカル・バッファーを 0%に据え置くことを決めた[17]。

　既に述べてきたように，カウンターシクリカルな金融規制は，過度の信用膨
張や投機的な金融行動を防ぐために，経済環境が良好な時に，将来の景気悪化
に備えて自己資本の上積みを求める仕組みであった。しかし，アメリカの景気
が上向き Fed が金利を引き上げているときに，さらに，FSB も各国の金融機
関の資産規模が拡大していることを認めているなかで金融規制緩和の継続を決
めたことになる。

　Fed は，2018 年 11 月にはストレステストの対象銀行をより大規模な銀行に
引上げ[18]，さらには米銀行のストレステストから質的評価部分を除外するとい
う規制緩和も決めたという（Wolf 2019）。これらの事実は，信用膨張（暴走
性）の歯止めが失われていることを示している。

　マーチン・ウルフは，金融規制の景気循環増幅効果を歴史的に裏付けた

16　「報告書」の巻末に掲載された作成に協力した者のリストには，監督当局として米当局と共に在
　　米 EU 代表部と金融庁が並んでいる。さらに，2018 年 10 月の麻生副総理とペンス副大統領の日
　　米経済対話の共同プレスリリースで，「日米両国は，金融規制制度は，安全性及び健全性に係る高
　　い水準を維持し，金融システムに関する国民への説明責任を確保しつつ，規制によるコスト及び
　　負担を削減するよう調整されるべきであるとの認識を共有した」と記載されている。この点から
　　見る限り，金融庁は規制緩和への大きな方向性は日米で共有できる段階にあると認識しているよ
　　うに見受けられる。（氷見野 2018, 12 頁）

17　FRB Press Release, "Federal Reserve Board votes to affirm the Countercyclical Capital Buffer
　　(CCyB) at the current level of 0 percent", March 06, 2019.

18　連邦準備制度理事会は，財務健全性基準（prudential standards）の対象となる企業について，
　　連結総資産 1000 億ドル以下の企業はその基準適用を免除した。そして，2 年サイクルでのストレ
　　ステストの対象を，1000 億ドルから 2 兆 5000 億ドルの企業へと修正する（規模を大きくし，規
　　制範囲を狭める）ことを求めた（83 Fed. Reg. 61408（November 29, 2018））。

図 10-2　規制のための資源は循環増幅的

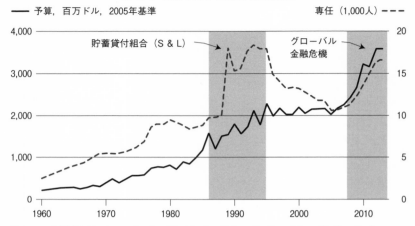

Sources: IMF; Weldenbaum Center, Washington University; Regulatory Studies Center, George Washigton University
ⒸFT

出所：Wolf 2019

　IMF のジハド・ダゲーの研究（Dagher 2018）に依拠しつつ，規制が好況時に緩和されるということが繰り返され，さらに規制緩和が景気を過熱させるケースを強調している。結局，「危機に見舞われて損失を被ると人々は我に返り，規制は強化される。このサイクルは，18 世紀初めの英国で起きた南海泡沫（ほうまつ）事件の際にも見られるし，それから 3 世紀後に起きた一連の金融危機の前後にも見られる。この 2 つの危機の間に無数の事例が存在することは言うまでもない」のである（Wolf 2019）。

　図 10-2 は，金融規制の人員や予算の動向を示したものである。これを見るとわかるように金融規制人員や予算削減され規制が弱まると，金融危機が発生する。逆に，金融危機が進行している最中に金融規制への予算や人員は増加し，金融危機の最終段階になってから，規制に関わる予算や人員はピークアウトする姿が見て取れる。

　これらの指標はいわば金融規制やその動向が，危機発生の循環を増幅するように作用している傍証の一つと言える。金融規制は，資本の動きを抑制し，あるいは適度に促進するというように都合良く作用するのではなく，むしろ暴走

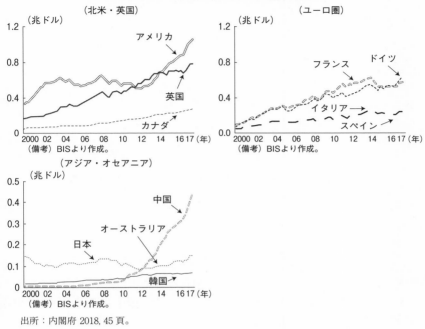

図 10-3　国別にみた企業の国際債務証券発行残高（国籍ベース）

出所：内閣府 2018, 45 頁。

の助長を許し，あるいは抑制（過剰資本を整理）するように作用する。

　国際的な金融規制が進んでいるかのように見える現在でも不安定性が残る原因を，マーチン・ウルフは次のように指摘する（Wolf 2019）。第 1 に，金融イノベーションを伴いながら，規制の厳しい部分から規制の緩い部分へとリスクを移していく適応力が，金融資本に備わっている。そのため，規制当局の規制の実行は困難になる。グローバルな金融システムは複雑で資本の規制への適応力は高い。したがって，規制当局がシャドー・バンキングの発達に追いつくのは至難の業だという。

　第 2 に，自由市場を信奉するイデオロギーは，複雑なシステムを過度に単純化して扱おうとする傾向がある。そうした思想は，規制当局の権威と強制力が市場を妨げるとみなす。この状況下では，世論は好景気にこのイデオロギーを支持し，悪くなると見向きもしなくなる。

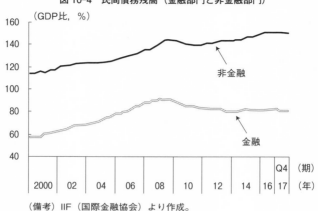

図 10-4　民間債務残高（金融部門と非金融部門）

（備考）IIF（国際金融協会）より作成。
出所：内閣府 2018, 14 頁。

　第 3 に，第 2 章で明らかにしたように，政治的要因。莫大な資金力を持つ金
融界は大きな影響力を行使する。「米国の政治献金情報を公開しているオープ
ン・シークレッツによると，18 年の米中間選挙では金融・保険・不動産の 3
業界（この 3 者は互いに密接に結びついている）による政治献金が最も多く，
全体の 7 分の 1 に達している」という。規制当局の動きを左右するのは政治家
だから，規制担当者が誠実で勤勉であっても金融資本と資金で結びついた政治
家からの圧力と影響に抗することは難しい。
　先にも述べたように世界的な金融機関（金融資本）は，規制の厳しい国から
緩い国へ移動して規制を回避する（「規制のアービトラージ」）。国際競争の下
では，金融機関の誘致を図る規制の緩い国を横目で見ながら，金融機関や金融
センターが政府や規制当局に規制緩和を迫る。政治はこれに追随せざるを得な
い。これもまた，これまでの資本主義社会で経験してきたことである。
　図 10-3 は，国別に見た企業が発行している国際債務証券の状況である。規
制緩和と超金融緩和政策の下で，国際的に債務が一貫して増大していることが
わかる。図 10-4 には，世界の民間債務を金融部門と非金融部門に分けて示し
ている。この図が示しているように，リーマン・ショック後落ち込んだ債務は
再び増勢を強めている。「はじめに」でもふれたように今日の金融不安定性の

要因の一つはこの民間債務の増大にある。しかしながら，その背景にあるのが金融機関の貸出の増加であり，金融緩和と規制緩和を進める先進国金融機関が民間貸出や証券化商品による信用の拡大を続けている姿が，民間債務増大のメダルの裏側として見て取れる。つまり，国際的な金融監督・規制の強化にもかかわらず，超金融緩和政策の下，金融機関は規制緩和を求め貸出行動を拡大し続けているのである。

おわりに

　以上，本章では，まずリーマン・ショック以降の金融監督・規制がどのように形成され，合意されてきたかをみてきた。次に，本章で確認したかったことはそうした金融監督・規制の枠組みが強化されても，その規制が貸出行動を拡大させる契機になる皮肉である。その背景にあるのが，金融危機，経済危機を克服しようとする政府の財政拡大政策と中央銀行の超金融緩和政策である。資本は，その蓄積体制を維持，拡大するために国家に危機の克服を求めていく，その結果，金融・資本市場は拡大し，一見すると「健全化」した金融資産が膨張する。金融機関の資産内容の「改善」は資産構成を拡大しようとするインセンティブを金融機関に与え，信用は膨張する。さらに，金融機関は競争環境の好転から規制の緩和を政府に求める。こうして規制の骨抜きと次の金融危機への準備が政治経済的にそろってくる。

　私たちが注目し，分析し，解明しなければならない世界経済の課題の一つは，金融不安定化を推し進める原動力，法則はなにかということである。さらに言えば，ハイマン・ミンスキーが唱えた金融不安定化のプロセスへと世界経済が突き進んでいるのか否か。今まさに私たちが注視しなければならない現実，課題がここにある

［参考文献］

アイケングリーン，バリー（2018）「リーマン危機 10 年——専門家の視点（上）（経済教室）」『日本経済新聞』9 月 12 日，朝刊，28 面。

飯島寛之（2017）「複合危機と国際経済秩序の行方」，牧野裕・紺井博則・上川孝夫編『複合危機——ゆれるグローバル経済』日本経済評論社。

上川孝夫・上川研究室（2011）「国際通貨・金融問題とグローバル・ガバナンスの行方」，上川孝夫編『国際通貨体制と世界金融危機』日本経済評論社。

河野正道（2016）「〔講演〕国際金融規制改革の最近の動向」『証券レビュー』（日本証券経済研究所）第56巻第12号。

北原徹（2017）「ポスト・リーマンの米国金融と金融肥大化の終焉」『立教経済研究』第71巻，第2号。

金融庁（2016）「国際金融規制改革の最近の動向について」https://www.fsa.go.jp/singi/singi_kinyu/soukai/siryou/20160208/06.pdf，アクセス日：2018年12月2日。

小牧敬（2018）「ようやく合意に達したバーゼルⅢの枠組みの最終化——リスク・アセットの計測方法の見直し」『野村資本市場クォータリー』（野村資本市場研究所），冬号。

建部正義（2013）「＜補論②＞バーゼルⅢはシステミックリスクを阻止できるか」，建部正義著『21世紀型世界経済危機と金融政策』，新日本出版社。

氷見野良三（2018）「金融規制の国際交渉（日本金融学会春季大会における講演）」（金融庁），5月26日，https://www.fsa.go.jp/common/conference/danwa/2018/20180526.pdf，アクセス日：2018年12月2日。

内閣府（2018）『世界の潮流——民間債務の増加がもたらす世界経済のリスクの点検』，https://www5.cao.go.jp/j-j/sekai_chouryuu/sh18-01/index-pdf.html，アクセス日：2018年11月24日。

野下保利（2010）「国際金融ガバナンスの現段階——FSF（金融安定化フォーラム）改組の意味するもの」『証券経済研究』（日本証券経済研究所），第69号。

野下保利（2012）「世界金融危機と国際協調体制——金融安定化フォーラムの改組問題を中心として」『政治研究』（国士舘大学），第3号。

みずほ総合研究所（2018）「【緊急レポート】国際的な金融規制改革の動向（13訂版）」，https://www.mizuho-ri.co.jp/publication/research/pdf/urgency/report180723.pdf，アクセス日：2018年7月23日。

Akram, Tanweer（2019）"The U.S. Economy: Long Expansion and the Risks of a Downturn," *Thrivent Financial*, February, 25.

Dagher, Jihad C.（2018）"Regulatory Cycles: Revisiting the Political Economy of Financial Crises," IMF Working Paper, No. 18/8,

FRB（Board of Governors of the Federal Reserve System）（2019）"Dodd-Frank Act Stress Test 2019: Supervisory Stress Test Methodology," March 2019.

FSB（Financial Stability Board）（2018）Implementation and Effects of the G20 Financial Regulatory Reforms, 4th Annual Report, November 28.

Wolf, Martin（2019）"Why Further Financial Crises are Inevitable: As Time Passes, Regulation Degrades and Risks Rise," *Financial Times*, March 20.

あとがき

　本書の成り立ちの経緯を書き留めて，「あとがき」に代えたい。

　2018 年 6 月 22 日に，立命館大学経済学会セミナーが開催された。セミナーのタイトルは「現代アメリカ経済の歴史的位相——繰り返す金融危機と中間層の崩壊」である。そしてセミナーの目的は，金融部門の肥大化や政治経済において金融的利害が支配的になる「金融化」と広がり続ける内外にわたる所得格差との内的連関および金融危機を避ける金融規制の現代的課題について議論することであった。

　セミナーにおける研究報告者として，大橋陽さんと萩原伸次郎さんが立った。大橋さんは，エリザベス・ウォーレン米連邦議会上院議員の著書である *This Fight is Our Fight*, 2017 を 2018 年の 4 月に邦訳出版（『この戦いはわたしたちの戦いだ——アメリカの中間層を救う闘争』蒼天社出版）したばかりであった。ウォーレンは破産法の研究で名を上げたハーバード大学ロースクールの元教授にして，いまや 2020 年大統領選挙の民主党の最有力候補であり，ウォール・ストリートによる政治支配批判の急先鋒に立つ政治家である。彼女の本は，アメリカの中間層の崩壊とウォール・ストリートのロビイングの内情をあからさまに描いている。

　もう一人の報告者である萩原伸次郎さんも，2018 年の 3 月に『世界経済危機と「資本論」』（新日本出版社）を出版したばかりだった。この本は，マルクスの『資本論』の信用論に基づいて，これまでの世界的な金融危機を K・マルクスが言う「架空資本」の膨張とその破綻の歴史的展開として，それぞれの危機の独自性を明らかにしたものである。そして理論的には，「架空資本」という概念の現代的有効性を主張したものである。現代アメリカ経済史の研究とともに『資本論』の研究を続けてきた著者ならでは，大きなテーマの本である。

　これらの二つの著作による研究報告は，セミナーの目的にかなうように考えられた。そして二人の報告に対する予定討論者として，田村太一さんと松本朗さんがコメントと論点とを提起した。田村さんはアメリカの中間層の低落と所得格差のメカニズムを解き，松本さんはマルクスの信用論の現代的意義や世界

貨幣について論及した。

　セミナーには東京から西川純子さんも参加してくださり，いつものように議論を刺激してくれた。そして研究会のあとの慰労会の場で，私は準備していたメモを4人に見せ，共同執筆して『ウォール・ストリート支配の政治経済学』として出さないかと呼びかけた。私としては，「はしがき」にも書いたように，従来の「金融化」論の批判的検討，とくに金融業界における独占（寡占）と巨大金融機関が獲得する独占利潤（レント）の視点を入れること，および金融規制の国際的課題を明らかにすることが重要だと考えていた。そこで共著の目的とその構成を簡単なメモとして書いたのである。さいわいにもその場で4人からは賛同の感触があったので，大橋さんに趣意書の作成をお願いした。大橋さんからは，ほどなくして充実した趣意書と執筆担当の構成が送られてきた。これをベースに執筆依頼をしたところ，皆さんから執筆について快諾の返事が得られた。そして執筆者会議での相互調整を経て出来上がったのが本書である。

　このような経緯で生まれた本書は，序章にも書いたように，執筆者間で細部の認識まで一致しているわけではない。しかし，ウォール・ストリートの経済的権力と政治的権力とを分析の俎上に上せ，政治経済学的方法に基づいて解剖しようとする問題意識は共有しているものと考えている。金融機関が社会から価値を吸引するのではなく，生活関連および産業関連のインフラストラクチャである金融サービスを提供し，社会の価値の創造に資するようにするためにはこのような分析は不可欠である。各執筆者とも新たなテーマで執筆しており，その執筆過程は創造的であった。小さなセミナーから生まれた本書が，各人の研究論文の総和を超えた研究価値をもつことを願って「あとがき」を閉じたい。

中本　悟

人名索引

事項索引

執筆者紹介 （執筆順，＊は編者）

大橋　陽（おおはし　あきら）＊　序章，第4章，第7章
　金城学院大学国際情報学部教授
　　主要業績：「フリンジバンキングの市場と規制——ペイデイローンの「大きな問い」をめぐって」『証券経済学会年報』第49号，2013年。「二分化された金融——低所得層の金融アクセスとフリンジ・バンキング」谷口明丈・須藤功編『現代アメリカ経済史——「問題大国」の出現』有斐閣，2017年。『この戦いはわたしたちの戦いだ——アメリカの中間層を救う闘争』（訳書）蒼天社，2018年。

中本　悟（なかもと　さとる）＊　はしがき，第1章，第2章，あとがき
　立命館大学経済学部教授
　　主要業績：『現代アメリカの通商政策——戦後における通商法の変遷と多国籍企業』有斐閣，1999年。『地域共同体とグローバリゼーション』（共編）晃洋書房，2010年。『現代世界経済をとらえるVer.5』（共編）東洋経済新報社，2010年，『現代アメリカ経済分析——理念・歴史・政策』（共編）日本評論社，2013年。

須藤　功（すとう　いさお）　第3章
　明治大学政治経済学部教授
　　主要業績：『アメリカ巨大企業体制の成立と銀行——連邦準備制度の成立と展開』名古屋大学出版会，1997年。『戦後アメリカ通貨金融政策の形成——ニューディールから「アコード」へ』名古屋大学出版会，2008年。『現代アメリカ経済史——「問題大国」の出現』（共編）有斐閣，2017年。

田村　太一（たむら　たいち）　第5章
　流通経済大学経済学部准教授
　　主要業績：『世界経済とグローバル化』（共編）学文社，2013年。「東アジアの国際分業構造と中国の付加価値貿易」『流通経済大学創立五十周年記念論文集』2016年。『現代アメリカの経済社会——理念とダイナミズム』（共編）東京大学出版会，2018年。

松嶋　紀美子（まつしま　きみこ）　第6章
　大阪市立大学大学院創造都市研究科博士後期課程
　　主要業績：「アメリカの学生ローンの発展」『国際公共経済研究』第26号，2015年。「消費のサービス化とクレジットカードの普及」『創造都市研究』第19号，2019年。

萩原　伸次郎（はぎわら　しんじろう）　第8章
　横浜国立大学名誉教授
　　主要業績：『アメリカ経済政策史——戦後「ケインズ連合」の興亡』有斐閣，1996年。『新自由主義と金融覇権——現代アメリカ経済政策史』大月書店，2016年。『世界経済危機と『資本論』』新日本出版社，2018年。

大山　小夜（おおやま　さや）　第9章
　金城学院大学人間科学部教授
　主要業績：「消費者信用取引にみる法的コントロールの成立と変容——貸し手と借り手の絶えざる攻防」宝月誠・進藤雄三編著『社会的コントロール論の現在』世界思想社，2005 年。「多重債務の社会的世界」好井裕明・藤村正之ほか編『現代の差別と排除　第4巻　福祉・医療における排除の多層性』明石書店，2010 年。『シリーズ〈基礎ゼミ〉社会学』（共編）世界思想社，2017 年。

松本　朗（まつもと　あきら）　第10章
　立命館大学経済学部教授
　主要業績：『円高・円安とバブル経済の研究』駿河台出版社，2001 年。「物価変動の変容からみた2008 年経済恐慌」『季刊 経済理論』第 47 巻第 1 号，2010 年。「リーマンショック後の金融政策の特徴に変化があるのか——金融肥大化と変動相場制下におけるゲームのルール」『信用理論研究』第 37 号，2019 年。

ウォール・ストリート支配の政治経済学

2020 年 2 月 25 日　第 1 版第 1 刷発行　　　　　　　　　　検印省略

編著者　　大　橋　　陽
　　　　　中　本　　悟

発行者　　前　野　　隆

発行所　　東京都新宿区早稲田鶴巻町 533
　　　　　株式会社　文　眞　堂
　　　　　電　話 03（3202）8480
　　　　　Ｆ Ａ Ｘ 03（3203）2638
　　　　　http://www.bunshin-do.co.jp
　　　　　郵便番号（162-0041）振替00120-2-96437

印刷・モリモト印刷／製本・高地製本所
©2020
定価はカバー裏に表示してあります
ISBN978-4-8309-5065-0 C3033